"十四五"职业教育国家规划教材

21世纪职业教育规划教材·文秘系列

档案管理实务

（第二版）

主编 何屹

北京大学出版社

PEKING UNIVERSITY PRESS

图书在版编目(CIP)数据

档案管理实务/何屹主编. —2版. —北京：北京大学出版社，2020.1
全国职业教育规划教材.文秘系列
ISBN 978-7-301-29392-8

Ⅰ.①档…　Ⅱ.①何…　Ⅲ.①档案管理—高等职业教育—教材　Ⅳ.①G271

中国版本图书馆CIP数据核字（2018）第035937号

书　　名	档案管理实务（第二版）
	DANG'AN GUANLI SHIWU（DI-ER BAN）
著作责任者	何　屹　主编
策划编辑	周　丹
责任编辑	周　丹
标准书号	ISBN 978-7-301-29392-8
出版发行	北京大学出版社
地　　址	北京市海淀区成府路205号　100871
网　　址	http://www.pup.cn　新浪微博：@北京大学出版社
电子邮箱	编辑部 zyjy@pup.cn　总编室 zpup@pup.cn
电　　话	邮购部 010-62752015　发行部 010-62750672　编辑部 010-62704142
印刷者	北京市科星印刷有限责任公司
经销者	新华书店
	787毫米×1092毫米　16开本　16印张　420千字
	2010年9月第1版
	2020年1月第2版　2024年1月第10次印刷（总第24次印刷）
定　　价	49.00元

未经许可，不得以任何方式复制或抄袭本书之部分或全部内容。
版权所有，侵权必究
举报电话：010-62752024　电子邮箱：fd@pup.cn
图书如有印装质量问题，请与出版部联系，电话：010-62756370

第二版前言

《档案管理实务》（第二版）是教育部"十四五"职业教育国家规划教材，是适用于高职文秘、档案管理等专业一门重要基础课程的教材。本书经过几年的使用，为了更好地使教材内容适应时代的发展和文秘岗位职业技能的需求，根据"就业导向，能力本位"的原则，以培养应用型人才为目标，进行了再版修订，内容已逐渐完善，得到了使用者的认可。但是，随着国家职业教育改革发展和课程思政教育的推进，以及行业新环境、新政策的变化，教材中部分管理标准、方法相较于当下新规定有所滞后。因此，为了更好地使教材内容适应当下职业教育发展和岗位职业技能的需要，突出课程思政，反映新知识、新方法，体现新规范、新标准，作者根据本人的教学实践，听取使用本教材的同行教师们的意见和建议，在此次重印时对教材部分内容进行了修订。

新版修订时，在内容质量上，本教材力求体现档案管理前沿的新政策和新水平，本着以就业为方向、以能力为本位、以应用为目的的原则，重点介绍档案管理技能操作环节。新版教材内容在原教材的基础上，结合档案管理前沿的新知识、新技术、新内容、新材料，根据档案管理的工作内容设计为十个项目板块，除重新整合档案收集整理、鉴定保管、检索编研、利用统计等档案管理的基础工作外，还增加了实务档案、社保档案和档案数据库管理等新内容，体现了最新发展动态，具有前瞻性。此次重印修订，本教材将党的二十大精神细化融入到教材之中，进一步突出了新时代中国特色社会主义思想的基本立场观点，坚持育人立德和价值导向，同时力求更好地突出课程思政，根据档案管理工作的特点，采用思政与技能并重，岗位与任务对接，将档案管理工作中需要的政治素养、职业道德、工匠精神等融于教材章节内容之中，教师在实际教学中可以根据专业与学生的特点，参考课程思政目标要求，展开研讨、训练，进行总结、分析，以更好地进行课程思政教学，培养担当民族复兴大任的时代新人。

具体的修改有：

（1）结构上的调整，增加了课程思政要求与职业箴言，并将党的二十大精神细化其中，更富时代感，突出课程思政目标。

新版修订后的教材将原来的项目六"档案检索"和项目七"档案编研"、项目八"档案利用"和项目九"档案统计"，分别合并，这是因为现在实际工作中检索基本是电子检索，很多手工的检索工具有些落后，实用性不强，因此删掉，只保留著录标引和电子检索；"档案统计与利用"删掉了部分统计方法和理论的介绍，主要是针对高等职业院校文秘专业或档案管理专业，以培养企业事业单位文秘或档案管理的应用型人才而设置的。新版修订后的教材增设了"实物档案"，"专门档案"中增加了"社保档案管理"，"档案数字化与数据库管理"中增加了"档案数据库管理"等，以适应当前档案管理工作的新技术和发展趋势。在此基础上，此次重印修订中，本教材遵照思政与技能并重，岗位与任务对接，创新了教材结构设计，将党的二十大精神与档案管理工作中需要的政治素养、职业道德、创新精神、工匠精神等融汇并细化于教材章节内容之中，在每章"学习目标"中增加

"思政要求",并增加了"职业箴言"内容,每个任务模块中新增"思政目标",明确了具体的思政点;章节案例导入及任务训练中有涉及,如"红色档案征集"等;项目五中提及的绿色环保理念等。这些内容不仅对塑造学生正确的世界观、人生观、价值观起到重要作用,也方便教师在实际教学中设计课堂教学目标,以更好地实现课程思政教学目标。

(2)内容上的增减,对照新法规修订部分内容,力求前沿性。

新版修订后的教材除了对理论部分进行大量删减外,如删掉项目一中"档案的价值及实现规律"等纯理论内容,删除后面各项目中的部分理论知识,还结合近几年国家档案局颁布的档案新法规、新规范对部分内容做了修改。此次重印修订中,根据最新颁布的《中华人民共和国档案法》(2020年修订)的内容,以及2022年的新规则,本教材对项目一中档案概念及法规阅读、项目三中档号编写、项目六中的档案著录、项目七中档案开放利用的相关内容等进行较大修改,并对教材其他章节中涉及新法规的相关知识点进行修改,以实现与新法规内容相符,与档案工作的新技术、新方法相一致。同时,新冠肺炎疫情以来,大数据的加速发展推动了档案工作模式的变化,本教材据此更换了部分陈旧案例,如项目七中"案例分析"内容,以体现时代性与创新性。此外,还修改了原教材中一些疏漏之处,使本书渐臻准确和严谨。

北京大学出版社的编辑们以及湖州职业技术学院文秘教研室的同人们都为本书的出版提出了宝贵意见和建议,付出了辛勤的劳动,在此一并表示衷心的感谢!

由于作者个人水平和时间所限,本书可能还存在一些不足,敬请同行专家和读者不吝指正。

作者

2019 年 8 月

2022 年 1 月修订

2022 年 11 月修订

2023 年 8 月修订

本教材配有教学课件或其他相关教学资源,如有老师需要,可扫描右边的二维码关注北京大学出版社微信公众号"未名创新大学堂"(zyjy-pku)索取。

- 课件申请
- 样书申请
- 教学服务
- 编读往来

本书课程思政元素

根据教育部《高等学校课程思政建设指导纲要》精神以及党的二十大精神，本教材围绕"培养什么人，怎样培养人，为谁培养人"这一教育根本问题，深入挖掘档案管理实务中蕴含的思政资源，通过单元目标、案例导入、职业箴言、知识点介绍、任务训练、法规阅读等教学素材设计与整合，以"润物细无声"的方式，将"爱国、敬业、诚信、友善"的社会主义核心价值观，以及"合作、实干、奉献、自强"等职业精神，贯穿于教材之中，以熏陶、激励大学生的理想信念，从而实现铸魂育人、德智相融的目标。

本教材根据档案管理工作特性，采用思政与技能并重，岗位与任务对接，创新了教材结构设计，将党的二十大精神与档案管理工作中需要的政治素养、职业道德、工匠精神等融汇并细化于教材章节内容之中，教师在实际教学中可根据专业与学生特点，参考以下思政内容导引，展开研讨、训练，进行总结、分析，以更好地落实课程思政教学。

章节	思政知识点	主要思政内容/案例	课程思政目标
项目一	单元目标	学习目标思政要求 职业箴言	1. 主动服务的奉献精神； 2. 认真负责的敬业精神。
任务一	档案演变	思政目标 甲骨档案 法规阅读	1. 培养自信自立和历史自豪感； 2. 爱国主义情怀； 3. 法制意识。
任务二	档案工作人员素质	思政目标 案例导入 案例分析	1. 爱岗敬业精神与勇于担当的政治品质； 2. 忠诚担当的政治品质。
项目二	单元目标	学习目标思政要求 职业箴言	1. 主动收集、守正创新的服务意识； 2. 树立严谨细心、勇于担当的职业精神。
任务一	档案收集归档	思政目标 案例导入 任务训练 案例分析	1. 爱岗敬业精神； 2. 守正创新意识； 3. 团队合作精神； 4. 做于细、成于严的做事素养。
任务二 任务三	电子文件归档 档案馆征集	案例导入 法规阅读	1. 红色档案引导学生爱党爱国； 2. 数字化意识，信息素养； 3. 守正创新，与时俱进的工作思维； 4. 家国情怀和社会责任感。
项目三	单元目标	学习目标思政要求 职业箴言	1. 实事求是、灵活创新的意识； 2. 细心、责任心的工匠精神。
任务一	分类方案	案例导入 任务训练	1. 实事求是、灵活创新的意识； 2. 懂法守规的规矩意识。
任务二	档案整理	案例导入 任务训练	1. 严谨务实的工作态度； 2. 细心耐心的职业精神。

续表

章节	思政知识点	主要思政内容/案例	课程思政目标
任务三	案卷排列、编目	案例导入 综合训练 法规阅读	1. 善于思考、独立分析并解决问题的能力； 2. 团队合作能力和规范做事的品质。
项目四	单元目标	学习目标思政要求 职业箴言	1. 实事求是的历史发展观； 2. 有责任心。
任务一	价值鉴定方法	案例导入 档案鉴定方法讲解 综合训练与知识链接	1. 做事灵活，要用历史与发展的眼光看待案卷价值； 2. 一丝不苟的职业责任感。
任务二	档案保管期限表	案例导入 法规阅读	1. 依法规范进行经费报销； 2. 知法、懂法、守法的法律意识。
任务三	档案鉴定与销毁	案例导入 课堂档案鉴定实操训练 案例分析	1. 规范评估与分析案卷； 2. 守规遵法的规矩意识。
项目五	单元目标	学习目标思政要求 职业箴言	1. 精益求精的工匠精神； 2. 安全意识、环境意识。
任务一	档案保管物质条件	案例导入 综合训练与知识链接	1. 树立绿色理念、践行环保标准； 2. 从古代档案库房的建造智慧中树立民族自豪感。
任务二	档案保管技能	案例导入 档案保管环境 法规阅读	1. 认真管档的态度； 2. 学会问题导向，形成防患于未然的安全意识与风险意识； 3. 事业心和历史使命感。
任务三	照片档案保管 电子档案保管	案例导入 照片档案实操训练 案例分析	1. 踏实认真、规范做事的职业素养； 2. 劳动光荣和历史责任感。
项目六	单元目标	学习目标思政要求 职业箴言	1. 精心、静心著录编研的职业素养； 2. 细心负责的工作态度。
任务一	档案著录检索	案例导入 案例分析 综合训练	1. 历史责任感与敬业精神； 2. 实事求是、科学严谨的做事态度。
任务三	档案编研技能	案例导入 案例分析 档案编研实操训练 法规阅读	1. 精益求精的工匠精神； 2. 科学严谨、客观公正的写作态度； 3. 主动服务的意识和责任感。
项目七	单元目标	学习目标思政要求 职业箴言	1. 实事求是、科学统计的职业素养； 2. 热心、贴心、积极服务的敬业精神。
任务一 任务二	档案统计	案例导入 综合训练	1. 创新开拓的职业精神； 2. 科学严谨的职业素养。
任务三 任务四	档案利用	案例导入 档案利用方式与操作 法规阅读	1. 创新开拓的职业精神； 2. 主动服务意识和责任感。
项目八	单元目标	学习目标思政要求 职业箴言	1. 认真尽责的职业素养； 2. 集体荣誉感和责任感。

续表

章节	思政知识点	主要思政内容/案例	课程思政目标
任务一	实物档案	案例导入 实物档案管理方法	1. 创新开拓的职业精神； 2. 集体荣誉感和责任感。
任务二	实物档案管理	案例导入 实物档案管理方法 案例分析 法规阅读	1. 创新开拓的职业精神； 2. 敬业守法、淡泊清廉的职业素养。
项目九	单元目标	学习目标思政要求 职业箴言	1. 认真尽责的职业素养； 2. 敬业、守法、清廉的职业素养。
任务一	人事档案	案例导入 人事档案管理技能 技能训练	1. 以人为本的服务意识； 2. 守正清廉的职业素养。
任务二	会计档案	案例导入 会计档案管理方法 案例分析	1. 遵纪守法的法律意识； 2. 敬业清廉的职业素养。
任务三	社保档案	案例导入 社保档案管理方法 法规阅读	1. 以人为本的服务意识； 2. 守正清廉的职业素养。
项目十	单元目标	学习目标思政要求 职业箴言	1. 创新开拓的职业素养； 2. 风险意识和责任感。
任务一	档案数字化	案例导入 档案数字化操作	1. 与时俱进、创新开拓的职业精神； 2. 风险意识； 3. 敬业尽责、精益求精的工匠精神。
任务二	档案数据库	案例导入 实物档案管理方法 案例分析 法规阅读	1. 与时俱进、创新开拓的职业精神； 2. 敬业尽责、精益求精的工匠精神。

目　录

项目一　档案及档案管理体制 ……………………………………………………（1）
　任务一　档案与档案机构 …………………………………………………………（2）
　任务二　档案管理工作及档案工作人员素质要求 ………………………………（9）

项目二　档案收集工作 ……………………………………………………………（17）
　任务一　档案室收集归档 …………………………………………………………（18）
　任务二　电子文件的归档 …………………………………………………………（23）
　任务三　综合档案馆档案接收与征集 ……………………………………………（30）

项目三　档案整理立卷 ……………………………………………………………（37）
　任务一　认识全宗及分类方案 ……………………………………………………（38）
　任务二　档案整理与立卷 …………………………………………………………（47）
　任务三　案卷排列、编号与编目 …………………………………………………（60）

项目四　档案价值鉴定 ……………………………………………………………（71）
　任务一　档案价值鉴定方法 ………………………………………………………（72）
　任务二　制定档案保管期限表 ……………………………………………………（76）
　任务三　档案鉴定组织与档案销毁 ………………………………………………（80）

项目五　档案保管工作 ……………………………………………………………（87）
　任务一　档案保管的物质条件 ……………………………………………………（88）
　任务二　库内档案保管环境与秩序管理 …………………………………………（92）
　任务三　特殊载体档案的保管 ……………………………………………………（100）

项目六　档案检索与编研 …………………………………………………………（109）
　任务一　档案检索工具与档案著录 ………………………………………………（110）
　任务二　电子档案检索 ……………………………………………………………（118）
　任务三　档案编研及流程 …………………………………………………………（131）
　任务四　常见编研产品编写 ………………………………………………………（136）

项目七　档案统计与利用 …………………………………………………………（147）
　任务一　档案统计指标与统计方法 ………………………………………………（148）
　任务二　档案馆（室）的登记和统计工作 …………………………………………（156）
　任务三　档案利用与档案开放 ……………………………………………………（173）
　任务四　传统档案利用方式与电子化服务 ………………………………………（179）

项目八　实物档案 …………………………………………………………………（189）
　任务一　认识实物档案 ……………………………………………………………（190）
　任务二　实物档案管理 ……………………………………………………………（193）

项目九　专门档案管理 ……………………………………………………（203）
任务一　人事档案管理 …………………………………………………（204）
任务二　会计档案管理 …………………………………………………（211）
任务三　社保档案管理 …………………………………………………（218）

项目十　档案数字化与数据库管理 ………………………………………（225）
任务一　传统档案数字化 ………………………………………………（226）
任务二　档案数据库管理 ………………………………………………（236）

参考文献 …………………………………………………………………（244）

档案及档案管理体制

　　档案是国家机构、社会组织及个人工作活动的原始记录，保存着人类共同的历史记忆。档案是我们人类的共同财富，是一种文化记忆，也是一种文化传承。从远古的结绳记事、刻木为契，到甲骨、简帛、纸质档案，再到今天的信息化电子文件，虽然记录档案的载体形式不断变化，但是档案的本质属性及价值不变。为了学习档案管理，应先对档案的含义、种类和档案机构等有一个初步的认识和了解，进而对档案管理工作和档案工作人员素质要求进行全面的掌握。

第一课 认识档案与档案管理

【学习目标】

　　（1）知识要求：通过本项目的学习，掌握什么是档案，掌握档案机构相关内容。

　　（2）能力要求：通过本项目的学习与任务训练，学会制定单位的档案管理制度。

　　（3）思政要求：通过本项目的学习与任务训练，增强学生的自信自立和历史荣誉感，培养爱岗敬业、主动服务的奉献精神与勇于担当的政治品质。

【职业箴言】

　　对历史负责，为现实服务，替未来着想。

　　解读：这句话是李瑞环同志为中央档案馆建馆40周年所作的题词，这是对档案工作的重要性及其意义的最好诠释，也是我国档案管理工作的基本理念。"对历史负责"就是要重收集，"为现实服务"就是要重利用，"替未来着想"就是要重保管，这三项工作是档案管理工作八个环节中最为重要的三项。

任务一　档案与档案机构

知识目标
- 掌握档案的概念及基本特性。
- 掌握档案的种类。
- 熟悉我国档案机构及其设置原则。

能力目标
- 能够区分档案馆与档案室的不同。
- 能够熟悉我国档案机构体系。

思政目标
- 培养自信自立和历史自豪感。
- 培养档案意识。

案例导入

长三角民生档案跨区域一体化在线查档平台正式上线

　　长三角民生档案跨区域一体化在线查档平台是全国首个跨省域的档案查询利用平台,实现了沪苏浙皖原有民生档案查档平台的互联互通。平台首期上线了婚姻登记、独生子女、知青等三种档案的跨省远程利用,三省一市居民可以通过互联网查档和政务网跨馆查档两种方式在长三角地区345家综合档案馆中查询与自己相关的民生档案。近年来,浙江档案部门依托档案工作信息化整体水平较高的优势,牵头建设长三角民生档案跨区域一体化在线查档平台,使长三角民生档案"异地查档、便民服务"从线下走到线上,有力推进了档案政务服务一体化,真正做到让"数据多跑路,群众查档少跑腿"。据了解,该平台上线后,三省一市居民只需实名注册任一省市的政务服务网,就可自行发起查档申请查档。同时,居民在线下也可就近到长三角地区任一综合档案馆,由工作人员代为发起查档,跨省异地档案馆通过审批后将反馈查档结果,并可通过快递等方式向居民提供档案。

　　民生档案是指各类与民生有关的专门档案,包括社会保险档案、就业人员档案、失业人员档案、房地产档案、婚姻档案、城市拆迁档案、学籍档案和企业职工档案等,事关百姓生活工作的方方面面,是党和政府改善民生、保障民生的好帮手。科学管理民生档案,做好民生档案工作是档案部门以民生需求为目标,践行党的宗旨、为党和国家工作大局服务的一大举措。长三角民生档案跨区域一体化在线查档平台的开通,是深入贯彻落实习近平新时代中国特色社会主义思想和党的二十大精神,坚持以人民为中心的发展思想,助力长三角一体化发展的一项惠民措施。

任务训练

活动目标

　　通过网络或实地调查当地档案馆,了解档案的起源与价值,以及我国不同档案机构的设置原则、工作职责等。

活动组织

根据情况灵活分组调查。

活动内容与要求

（1）学生通过自行上网或实地调查，了解档案的起源、档案的种类。

（2）学生分组、分类调查当地企业事业单位档案室或档案馆，了解我国相关档案机构及工作内容。

理论支撑

一、档案演变

(一) 档案名称的演变

在几千年的历史发展中，档案史料浩如烟海，档案的名称也经历了漫长的演变过程。"档案"一词中，"档"是横木框档，即木架柜格；"案"是几属，小桌子，后来把处理一桩事件的有关文书叫"一案"。我国的档案在不同时期有着不同的称谓：商代称为"册"，周代叫作"中"，秦汉称作"典籍"，汉魏以后为"文书""文案""案牍""案卷""簿书"，清代以后多用"档案"，今统一称作"档案"。史料记载，"档案"最早出现于明末清初，到了顺治十八年（1661），官府文书中已使用"档案"一词；康熙十九年（1680）的《起居注》中有"部中无档案"的记载。康熙四十六年（1707），杨宾的《柳边纪略》对"档案"一词的来历和含义做了详细说明："边外文字，多书于木，往来传递者曰牌子，以削木片若牌故也；存贮年久者曰档案，曰档子，以积累多，贯皮条挂壁若档故也。然今之书于纸者亦呼牌子、档子矣。"

(二) 档案载体的演变

在文字出现以前，人们只能用语言来表达自己的思想，但语言很容易被遗忘。为了记忆的需要，古人创造了"结绳"和"刻契"。《易经》中就有"上古结绳以记事"的记载，《周易注》中有"古人无文字，结绳为约，事大，大结其绳；事小，小结其绳"的描述。"结绳"和"刻契"是辅助记事的方法。稍后又出现了简牍档案、缣帛档案和金石档案等，如图1.1、图1.2、图1.3所示。这些书写工具比较笨重，据史料记载，秦始皇每天"日读一担"，即每天处理的公文就有100斤左右。20世纪我国湖南长沙，湖北江陵、云梦，甘肃敦煌等地，先后发现了大批秦汉时期的简牍档案，为研究当时的历史提供了宝贵的资料。金石档案是刻写在青铜器、石头上的文字记录材料。

图 1.1　竹简

图 1.2　帛书

图 1.3　金石档案

甲骨档案是我国迄今为止发现的年代最早的档案。甲骨文是公认的我国最早的文字，最初被发现于河南安阳小屯村的殷墟遗址。被刻写在龟甲、兽骨上的文字就被称为甲骨文。文字的发明及应用于文献记录是人类文明的一大进步，文字是语言的记录符号，是人类表达思想、交流经验最直接、最确切的工具，也是档案产生的前提条件。纸质档案的出现是档案发展史上的重大进步。西汉时期出现了新型的书写材料——纸张，从而改变了人类记录历史的形式。东汉蔡伦对纸张的生产进行改进，《后汉书·蔡伦传》记载："自古书契多编以竹简，其用缣帛者谓之为纸。缣贵而简重，并不便于人。伦乃造意，用树肤、麻头及敝布、鱼网以为纸。"纸张的出现、推广为世界文明做出了重大贡献。在造纸术传到西方之前，历史上也曾出现过羊皮档案、纸草档案、泥版档案等。

到了近现代，随着科学技术的发展，使得档案载体形式不断丰富多样，出现了录音录像档案、照片档案、电子档案等新型档案。

二、档案的概念及基本特性

《中华人民共和国档案法》（2020年修订，以下简称《档案法》）中明确指出："档案，是指过去和现在的机关、团体、企业事业单位和其他组织以及个人从事经济、政治、文化、社会、生态文明、军事、外事、科技等方面活动直接形成的对国家和社会具有保存价值的各种文字、图表、声像等不同形式的历史记录。"

档案具有以下三个基本特性：形成的广泛性与原始性，具有凭证查考价值，载体及形式的多样性。

1. 形成的广泛性与原始性

档案作为一种信息载体，和人们的社会生活紧密相关。具体地说，档案来源于各种机构和个人，是他们在从事政治、经济、科学、技术、文化、宗教等活动中产生的。前者包括机关、团体、军队、企业事业单位等组织，后者涵盖了家族、家庭和个人。可见，档案的形成主体几乎包含了社会活动的所有主体，这就决定了档案来源的广泛性。

原始性，是指档案的历史记录性，是档案的本质属性。档案不是事后编写和随意搜集的，而是在一定时间和地点直接使用原始文件材料转化而来的。

2. 具有凭证查考价值

档案直接来源于人们的各种社会活动，是"原始的第一手资料"，其内容具有原生性、真实性，能最直接、客观、准确地记述和反映形成主体活动的历史记录，因而具有凭证查考价值。

各种机关、企业事业单位为了有效地实行管理，必须切实地掌握材料。档案可以为国家机构、社会组织与个人提供证据和咨询资料，借以总结经验、制订计划、进行决策、处理各种问题等。否则，如果只靠记忆处理工作则无以为凭，往往有失准确，对间隔日久的事务难免遗忘。

事实证明，大到制定党和国家的方针政策，小至处理机关、单位的具体事务，档案乃是行政管理的一种工具，充分发挥档案的作用有助于提高工作效率。

3. 载体及形式的多样性

随着社会的进步，档案的形式是不断发展变化的。从上面的介绍可以看出，由于信息记录方式和载体形式的多样性，档案的形式也是多种多样。从档案载体的演化看，古有甲骨、金石、青铜、竹简、缣帛等，今有纸张、胶片、磁带、光盘等；从信息记录方式看，有刀刻、手写、印刷、摄影、录音、录像等；从表达方式看，有文字、图像、声音等；从档案文件的种类和名称看,有诏书、奏折、照会、条约、命令、计划、总结、手稿、日记等。

三、档案的种类

所谓的档案分类就是根据一定的标准制定分类体系对档案进行分门别类。档案的种类很多,不同的分类方法,结果也就不同。

1. 按照档案的来源可分为:公务档案与私人档案

公务档案,是指人们在公务活动中形成的档案,其形成主体主要是公务机关或其他社会组织,如国家机关档案、党派团体档案、企业档案、事业单位档案等。

私人档案,是指人们在私人生活中形成的档案,其形成主体主要为个人。

这两个相对概念解决了档案的归属及所有权问题。

2. 按照档案的内容可分为:文书档案、科技档案与专门档案

文书档案,是指行政管理档案,即在社会的行政管理活动中由各种行政性或政治性公文(如请示、批复、决定、决议、法规、法律等)转化而成的档案,其实质是突出强调了行政性在档案大家族中居主导地位。

科技档案,是指人们在科技、生产活动中形成的由纯业务性的科技文件材料转化而成的档案,如图纸、设计任务书、科研报告等。它是人类面对自然进行科学研究,进行物质生产活动的记录。

专门档案,是指除文书档案和科技档案之外的,所有在专门活动中形成的档案,如会计档案、人事档案、社保档案、诉讼档案、医院的病历档案、婚姻登记档案和工商注册登记档案等。

3. 按照档案的形成时间可分为:历史档案与现行档案

历史档案,是指形成时间较早,离现在较久远且主要起历史文化传承作用的档案,如古代档案、近代档案。我国通常分为中华人民共和国档案和中华人民共和国成立前档案,而后者又习惯按政权性质分为旧政权档案和革命历史档案。

现行档案,是指形成时间较晚、离现在的时间距离较近且主要起现实性参考作用,即对人们的现实工作生活依然有具体的实际作用的档案,主要来自各类现行机关。

4. 按照档案载体形式可分为:甲骨档案、简牍档案、金石档案、纸质档案等

甲骨档案,是我国古代以龟甲、兽骨为载体的原始记录。其主要产生于商代后期(约公元前14—前11世纪)的占卜活动中,是现存最早的中国古代档案。

简牍档案,是指以竹简、木牍为载体形成的档案。简是指竹简,牍是指木牍。

金石档案,是铭文档案和石刻档案的总称,是指将文字铸刻在青铜器、铁器、石头上而形成的档案。金是指青铜器、铁器等,石是指石头。

纸质档案,是指以纸张为载体形成的档案。最早的纸质档案——甘肃"放马滩纸",形成于西汉初期,不仅是迄今发现的世界最早的植物纤维纸,也是世界最早的纸质地图实物和最早的纸质档案。

四、我国档案机构

要做好档案管理工作,就要对我国的档案机构及其职责,档案工作的内容、性质、原则等方面有基本的认识。

档案机构是指管理档案事业的行政机构和管理档案工作的业务机构,前者为档案行政

管理机构,如国家和地方档案局;后者包括机关、企业事业单位的档案室和各级档案馆。此处所讲的档案机构主要是指业务机构。

(一) 组织形式

纵观我国档案工作的实践,可知我国的档案机构在组织形式上大致有分立型档案机构和综合型档案机构两种类型。

1. 分立型档案机构

分立型档案机构,是指仅仅负责管理组织(包括机关、团体、企业事业单位等)内某一门类的档案机构,多见于企业。由于各自只管理一类档案,所以在一个组织内部往往要设置若干个不相统属、各司其职的档案机构。例如,管理组织党务、行政、群团等方面档案的"文书档案室",管理组织职工人事方面档案的"人事档案室",管理组织产品、基建、设备等方面档案的"科技档案室"等,都属于组织档案工作机构类型中的分立型档案机构。这些机构的领导关系是各不相同的,如文书档案室归党办或厂办领导,科技档案室则归技术负责人领导;同时,这些机构之间也少有往来,缺乏业务上的联系。

分立型档案机构是档案工作发展过程中自然形成的,带有自发性的特点。过去的档案工作内容较单一,涉及的档案类型不多,利用要求不高,所以逐步形成了分立管理的模式。在新的形势下,这类机构已不太适应组织改革和档案工作发展的要求,并暴露出一些问题。例如,在某些档案材料的归属上容易发生矛盾,难以提供综合性信息,查找利用不太方便,不便于统筹管理,容易产生人力、物力、财力的浪费等。

2. 综合型档案机构

综合型档案机构,是指统一管理本组织的全部档案,归口负责组织全部档案工作的机构。

综合型档案机构又可分若干具体类型:档案处、档案科、档案馆、档案室、档案资料信息中心等。这些机构有的主要以行政机构的形式出现(如档案处、档案科),有的主要以事业机构的形式出现(如档案馆、档案资料信息中心)。有的适合大(中)型组织(如档案处、档案馆),有的适合中小型组织(如档案室)。一个组织一般只需要采取其中的一种具体类型即可。

由于机构具体类型的不同,综合型档案机构的领导关系也可分为几种情况:一是大型组织设立的直属的综合型机构,直接由组织分管负责人领导;二是中型组织设立的综合型机构,由组织分管负责人领导,如属非直属机构,可以挂靠在组织行政办公室,由行政办公室主任具体负责;三是小型组织设立的综合型机构,要有一名组织负责人分管,如属非直属机构,可以交由组织的行政办公室或总工程师办公室领导。

在实际操作中,大多数组织会建立综合型档案机构。因为与分立型档案机构相比,综合型档案机构具有以下明显的优点:

(1) 有利于档案机构的稳定。实行档案综合管理,档案机构得到调整和充实,有的成了组织内部直属单位,其稳定性增强,受组织内部机构改革的冲击减弱,可以在一定程度上保证档案工作的持续、稳定、健康发展。另外,综合型档案机构在对外联系和交往方面更加便利、有效,组织档案工作与国家整个档案事业体系的关系更为密切。

(2) 有利于档案工作职能的发挥。综合型档案机构归口统一,管理组织档案工作的所有事务,其业务管理和行政管理双重职能的行使以及相关的编制、经费等问题的落实,既能受到国家有关档案工作的政策法规保护和支持,也易得到组织本身的认可和肯定。

(3) 有利于档案工作所需人力、物力和财力的保障。实行档案统一管理,通过适当的安排和统一调配,档案工作所需的人力、物力和财力可以得到进一步的保证,甚至有一定的节约。例如,通过换岗、轮岗使档案工作人员一专多能,通过统一调配使用,保证库房、设备、装具的规范、美观和节省,通过资金的集中使用,能开展一些大的项目建设等。

(4) 有利于档案工作业务的开展。档案工作应该采取何种管理体制和管理模式,关键是要看这种体制及模式是否有利于业务工作的开展,是否有利于提高业务工作的水平和质量。实行档案综合管理,可以统一各类档案的业务管理制度和要求,使档案的业务管理水平上新的台阶,管理更规范,保管更安全,查找更便捷,利用更有效。

(二) 常见的档案机构

1. 档案室

档案室是各组织统一保存和管理本组织档案的内部机构,是整个组织的组成部分。档案室的本质特征是统一管理本组织档案,为本组织服务。它是一个组织档案信息存储、加工和传输的服务部门,与本组织的领导和各组织机构发生联系,为领导决策、处理工作、组织生产、进行科研等活动提供依据和参考材料。从全国档案工作来说,档案室是国家档案工作组织体系中最普遍、最大量、最基层的业务机构。

我国档案室数量多、分布广、类型复杂,归纳起来主要有以下几种类型:

(1) 普通档案室,又称文书档案室,是指大多数机关、团体、企业事业单位建立的档案室,负责管理本组织在行政管理中形成的各种载体形式的文书档案。文书档案室一般受本组织行政办公室领导,在业务上受同级和上级档案事业管理机关的指导、监督和检查。

(2) 科技档案室,即集中保管科技档案(一般也管理科技资料)的专门档案机构。它是档案室的一种形式,是本组织生产技术资料的信息管理中心。其主要职责是指导和检查业务部门办理的科技档案的归档移交、整理编目、上架、保管等工作,为本组织经营决策和业务指导提供信息服务。

(3) 录音录像档案室,又叫音像档案室或声像档案室,即专门管理电影片、电视片、录音带、录像带、唱片、照片的档案室。在电影制片厂、电视制作中心、新闻摄影部门、图片社、唱片公司、广播电台等单位,一般都设有管理某些或某一种类录音录像档案的档案室。

(4) 人事档案室,即单位人事部门设立的专门管理职工的履历、自传、考核、奖惩、任免、职称、学位、工资、级别、离休、退休、退职等个人材料的档案室。人事部门在工作活动中形成的一般人事文件材料,归机关文书档案室管理。

(5) 综合档案室,是指企业事业单位建立的综合型档案机构,统管本单位形成的各种类型的档案。设立综合档案室是企业事业单位档案机构设置的一个发展趋势,它有利于加强本单位档案工作的统一管理,便于综合开发和利用档案信息资源,也符合机构精简原则。

(6) 联合档案室,即同一专业系统或专业性质相近的若干机关、团体、企业事业单位共同建立的档案管理机构。联合档案室有两种联合方式:一是纵向联合,即在同一系统的业务领导机关内设置,统一管理各下属单位的档案;二是横向联合,多为政府机关单位,即在一个地区或一个政府机关内设置,统一管理本地区或本政府驻地相近的各单位的档案。这种档案室可把有限的人力、物力、财力集中使用，减轻各单位负担，并在档案管理工作中实行统筹安排，科学组织，以有效地发挥档案的作用，为各单位工作服务。

此外，一些大型企业正在试行档案、图书、情报的一体化管理，成立档案信息服务中心，它是在原有档案机构、图书机构和情报机构的基础上设立的统一的信息管理机构。这种组织形式便于建立计算机管理系统，同时也有利于实现对信息资源的联合开发利用。

2. 档案馆

（1）档案馆的职能。我国古代历朝都设皇家档案馆，如周代的天府、汉代的石渠阁、唐代的甲库、宋代及元代的架阁库、明代及清代的皇史宬等。中华人民共和国成立以后，从中央到地方都成立了档案馆。档案馆是集中保管党和国家重要档案的基地，是社会档案信息资源的中心。档案馆工作是我国档案事业的主体。根据《档案法》《档案馆工作通则》等有关文件的规定，档案馆属于党和国家的科学文化事业机构，是永久保管档案的基地，是科学研究和各方面工作利用档案史料的中心。

各级综合档案馆的职责是集中地管理国家需要长远保管的档案和史料，维护历史的真实面貌，为现实的社会主义现代化建设和历史的长远需要服务。各级综合档案馆的具体任务，主要有三个方面：一是接收和征集本级各机关、团体及其所属单位具有长期和永久保存价值的档案以及有关资料，并进行科学管理；二是通过多种方式，积极开展档案资料的利用工作；三是参与地方编史修志工作。

（2）档案馆的类型。

① 综合档案馆。综合档案馆是按照不同的行政区域或历史时期设置的收藏和管理规定范围内多种门类档案的国家档案馆。在中央设置三个综合档案馆：中央档案馆、中国第一历史档案馆、中国第二历史档案馆。在地方按行政区域分级设立综合档案馆：包括省级、市级、县级综合档案馆。国家综合档案馆数量众多，是我国档案馆和档案事业的主体。

② 专门档案馆。专门档案馆是按照国家规定收藏和管理指定范围的专门档案的档案馆。

一是指档案内容所反映的职能和领域的专门性。如中国录音录像档案馆、测绘档案馆、中国电影资料馆、气象档案馆、城市建设档案馆等。

二是指档案载体形式的特殊性。如中国照片档案馆、中国电影资料馆等。

③ 部门档案馆。部门档案馆是专业主管部门按照国家规定设置的收藏管理本部门档案的档案馆。如外交部档案馆、交通运输部档案馆、公安部档案馆、邮电档案馆等。

3. 档案行政管理机构

除了上面所讲的档案馆和档案室业务机构外，还有主管我国档案事业的档案行政管理机构，包括国家档案局及省级、市级、县级档案局等。按照我国《档案法》中的相关规定，我国档案行政管理机构实行地域管辖的管理原则。

国家档案局的主要职责有：根据有关法律、行政法规和国家有关方针政策，研究、制定档案工作规章制度和具体方针政策；组织协调全国档案事业的发展，制定发展档案事业的综合规划和专项计划，并组织实施；对有关法律、法规和国家有关方针政策的实施情况进行监督检查，依法查处档案违法行为；对中央和国家机关各部门、国务院直属企业事业单位以及依照国家有关规定不属于登记范围的全国性社会团体的档案工作，中央级国家档案馆的工作，以及省、自治区、直辖市人民政府档案行政管理部门的工作，实施监督、指导；组织、指导档案理论与科学技术研究、档案宣传与档案教育、档案工作人员培训；组织、开展档案工作的国际交流活动。

县级以上地方各级人民政府档案行政管理部门的主要职责有：贯彻执行有关法律、法规和国家有关方针政策；制定本行政区域内的档案事业发展计划和档案工作规章制度，并组织实施；监督、指导本行政区域内的档案工作，依法查处档案违法行为；组织、指导本行政区域内档案理论与科学技术研究、档案宣传与档案教育、档案工作人员培训。

（三）新型档案机构

随着我国档案事业的不断发展与完善，我国各级管理和保管档案的机构经过几次改革与重组之后，已在全国范围内形成了一个严密、完整的组织体系。与此同时，随着社会经济的多元化发展，在借鉴国外管理档案的先进经验的基础上，我国也出现了一批新型的档案机构。

1. 文件中心

文件中心是一种社会化、集约化和专业化的档案管理机构，它的设置一般不像档案室一样隶属于文件形成单位，而是按地区、按系统建立的介于文件形成单位和地方综合档案馆之间的一种过渡性档案管理机构。

文件中心最早诞生于第二次世界大战时期的美国。当时美国一些军事机关把利用率较低的非现行文件移出办公室单独保存，逐渐形成一种独立的机构，称为文件中心，此后欧洲一些国家也成立了类似的机构。除了这些公共服务性文件中心外，还有一些以营利为目的的商业性文件中心。

文件中心所保管的文件属原形成单位所有，保持原来的顺序和标记，只供原形成单位使用，其他单位未征得原形成单位同意不得使用。建立文件中心可使政府机关或私人企业的办公室减轻大量非现行文件的沉重负担，提高工作效率，降低文件保管费用。

2. 档案中介机构

档案中介机构，是指从事档案咨询、评估、鉴定、整理、寄存和数字化等中介服务的机构。经营者从工商部门注册获得营业执照后还需向地方档案行政部门提出备案申请，由档案行政部门检验合格后，并获得由当地档案局颁发的档案中介服务机构备案证书才可营业。在我国档案管理体制下，国家档案部门长期以来的服务对象多局限于党政部门和国有企业事业单位，非国有企业单位、社会团体和个人一直游离在国家档案部门监督管理之外，当它（他）们有档案代管、业务咨询、数字化等需求时，只能转向社会，它（他）们成了档案中介机构的客户群。另外一些国有企业事业单位，为了提高单位整体效益，也纷纷将档案管理业务外包给档案中介机构。档案中介机构的出现使实行档案业务外包的组织机构能够方便、快捷、安全地利用本单位外包出去的档案信息。

任务二　档案管理工作及档案工作人员素质要求

知识目标

- 掌握我国档案管理体制及管理趋势。
- 明确我国档案工作人员的素质要求。

能力目标

- 能够掌握我国档案管理体制及管理趋势。
- 明确我国档案工作人员的素质要求,并按照我国档案工作人员的素质要求来培养自己的职业素养。
- 能够制定单位的档案管理制度或档案管理办法。

思政目标

- 培养认真负责的敬业精神。
- 培养忠诚担当的政治品质。

案例导入

> **我国档案工作者誓词**
>
> 作为一名光荣的档案工作者,我庄严宣誓:忠诚忠诚档案事业,热爱档案工作,严守档案法规,加强档案管理,精通档案业务,维护档案安全。为充分发挥档案工作记载历史、传承文明、服务未来的作用而不懈努力;为国家的繁荣昌盛贡献全部力量。——这段誓言荣获2012年"中信信息杯""中国档案工作者誓词"征集评选活动的金奖,由国家档案局和中国档案报通过全国性的征集和评选产生而确立下来的。

档案工作是一项政治性和业务性很强的工作。这段不到百字的铿锵誓言指出了档案工作和档案工作者的历史使命和担当,表达了档案工作者对档案事业的热爱和忠诚,也展示了档案工作者的爱岗敬业和无私奉献的职业精神。作为档案部门和档案工作者,要始终用习近平新时代中国特色社会主义思想武装自己,做新时代档案工作的不懈奋斗者。

任务训练

活动目标

通过网络或实地调查当地档案馆或单位档案室,了解档案馆与档案室的具体工作内容。

活动组织

根据情况灵活分组调查。

活动内容与要求

(1)学生分组,自行上网或实地调查当地档案馆与单位档案室的具体工作内容。

(2)学生调查当地档案馆或单位档案室后,了解我国档案管理工作内容等,各组根据其调查情况提出对档案管理工作及档案工作人员的素质要求的认识。

理论支撑

一、档案管理体制与工作内容

(一)我国档案管理体制

档案管理工作具有科学管理性、信息服务性、政治机要性等性质,为做好档案管理工作,就要建立行之有效的档案管理体制,按照一定的工作原则去管理档案工作。建立规范的档案管理体制,是档案事业发展的基本保障。

《档案法》第四条规定:"档案工作实行统一领导、分级管理的原则,维护档案的完整与安全,便于社会各方面的利用。"这是我国档案管理工作的组织原则和管理体制,即全国档案工作在各级人民政府统一领导下,由各级档案行政部门实行统一、分级、分专业管理。国家全部档案分别由各级各类档案机构集中管理。一切机关、团体、企业事业单位及其他组织形成的档案,必须按照国家的规定,由本组织的档案机构集中管理,不得据为己有或由个人分散保存。

1. "统一领导、分级管理"的原则

"统一领导、分级管理"既是我国档案工作的基本原则,也是建设我国档案管理体制的原则、指导思想及最根本的一项组织制度。"统一领导、分级管理"原则包含着丰富的内容。

(1) 从中央到地方建立档案事业管理机关,在各级党委和政府领导下,统一制定政策、法规、标准,对全国档案工作予以指导,分级、分专业地掌握全国、本地区、本专业系统的档案事务。

(2) 按行政区域和中央条块管理体制,对国家全部档案进行分级、分类集中管理。我国各级各类档案部门受所在行政主管部门以及相应的档案专业主管部门的双重领导,即条块结合,多头管理。国家全部档案按照系统和行业进行分级、分类集中管理。

(3) 实行党政档案工作的统一管理。全国各机关档案工作和各级各类档案馆工作,均由各级档案行政机构进行统一的监督、检查和指导。另外,各机关档案工作机构、各级档案馆,必须按照统一规定的基本规章制度和基本办法进行档案管理工作,不得各行其是。

2. "局馆合一"体制

"局馆合一"即档案局与档案馆实行局馆合并,一个机构,两块牌子,履行两种职能。这种形式不是原来两个机构的简单相加,而是有机地统一形成的一种新型组织形式,从而获得一个统一、科学、高效的管理体制和运行机制。

在中央,国家档案局和中共中央档案馆合并,履行全国档案事业行政管理和中央档案保管、利用两种职能,是党中央和国务院的直属机构,由中共中央办公厅管理。在地方,省、自治区、直辖市,地、市、州、盟,县、区、旗实行档案局和档案馆合并,负责本行政区域内档案事业的行政管理和本级档案的保管利用。

实行"局馆合一"管理体制是由我国基本国情决定的。它充分考虑了档案部门的实际情况,适应了党政机构改革和经济体制改革的总体要求,使国家全部档案得到最有效的管理和最广泛的利用,体现了中国特色社会主义档案事业的特点和优势。

(二) 档案管理工作的内容

从广义上讲,档案管理工作是指国家的档案事业,包括档案室工作、档案馆工作、档案事业管理工作、档案教育工作、档案科学研究和档案宣传出版工作等。从狭义上讲,档案管理工作仅指档案室和档案馆以及其他档案保管机构对档案的管理工作。本部分指狭义的档案管理工作。档案管理工作是指用科学的原则和方法管理档案,为国家各项事业服务的一项专业工作。它的基本内容包括档案的收集、整理、鉴定、保管、检索、编研、统计、利用八个方面,也习惯称为档案管理工作的八大环节。

这八个环节是根据实践的需要而形成的,有各自的工作内容和目的。

档案收集——档案管理工作的起点。包括机关或企业事业单位档案室将部门的材料归档集中;档案馆对应接收的档案进行接收,以及对散存于社会的有价值的档案进行征集。

档案整理——档案管理工作的核心。使档案有序化,为档案管理的全部工作提供严格有序的工作基础。

档案鉴定——决定档案存毁的关键一环。对归档文件进行分析,确定保管期限,并将到期档案再鉴定,剔除销毁无价值档案,是档案管理工作中最具决定意义且难度最大的一项工作。

档案保管——通过建设档案库房,采取各种防治措施,以维护档案的完整和安全。

档案检索——联系档案利用者和管理者的桥梁和纽带。通过编制档案检索工具,为利用者查找档案材料提供便利。

档案编研——研究性较强的一项工作。以馆(室)藏档案为基础结合社会需要,研究档案信息内容,编辑出版档案文献,参与编修史志等。

档案统计——为科学管理提供准确的信息。包括登记与记录、分析与研究,以做到"心中有数"。

档案利用——是档案管理的根本目的。即档案的利用服务,通过各种方式、方法向社会直接或间接提供档案信息。

上述档案管理工作的各项内容、各个环节既有区别又互相联系,既互相制约又互相促进,构成一个相对稳定的有机整体。

二、档案管理趋势

随着信息时代的到来,档案工作的内涵发生了根本性的变革,比较明显的是:档案形式,从实体档案到电子档案;档案内容,从国家机构、社会组织的公务文件到各类社会信息;档案管理,从人工管理到广泛采用计算机软件进行信息集成管理;档案存储,从库房存储到网站、网络存储;档案基地,从实体档案馆到数字化档案馆。

(一) 档案信息电子化是档案利用工作发展的必然趋势

所谓档案信息电子化,就是以馆(室)藏档案资料(纸质或机读形式)为主要物质对象,用计算机对档案文献进行收集、筛选和不同层次的加工,使之转化成为电子化信息供人们利用的过程。它可充分利用和发挥现有计算机的潜能,提高利用率;可一次投入,多次产出,可改变信息加工工作受经费限制的局面;档案信息电子化,信息成果可多份拷贝,这有助于扩大社会影响,拓宽服务范围,可使档案信息顺利地与最新技术接轨。

(二) 档案信息集成化管理是资源共享的最佳模式

档案集成化管理是目录集成、数据集成、信息集成、多媒体集成、数据库集成管理。随着信息化社会的到来,计算机网络技术、多媒体技术与现代通信技术不断介入,档案信息集成化管理应运而生。档案信息集成化管理,就是对传统档案信息中的各要素进行优化重组,形成相互之间的竞争性互补关系,通过竞争冲突,来实现机构信息资源共享。档案信息集成化管理是电子环境下档案长久保存与利用的有效对策,是电子档案管理的必然趋势。

(三) 数字档案馆是21世纪档案馆发展的必然方向

"数字档案馆"的含义有广义和狭义之分。广义的数字档案馆是指存储和利用档案信息资源的信息空间,是一个由众多档案资源库群、档案信息资源处理中心、档案用户群构成的数字档案馆群体。狭义的数字档案馆指其中的个体档案馆,除了馆(室)藏档案数字化的工作外,还涉及档案信息的采集、整理、存储、检索、传递、保管、保护、利用、鉴定、统计等全过程,代表的是一种信息环境和基础设施的构建(包括软、硬件系统的设计和组织实体的建立)。数字档案馆具有馆藏资源数字化、信息组织与传输网络化、服务范围扩大化、信息资源共享化、信息检索便捷化等诸多特点。数字档案馆建设成为档案管理信息化建设中的核心,是21世纪档案馆发展的必然方向。

三、档案工作人员的素质要求

在信息时代,信息技术在档案管理工作中的发展和运用,使档案管理工作从传统手工作坊式的实体管理模式向现代档案的信息管理模式转变,开始大力开展档案资源信息化建设。档案工作人员要承担档案资源信息化、网络化、数字化的开发、传播、利用的重要角色,不再是"看家守业,坐等利用"的"管理员"了,而是具有一定现代科学技术能力的档案专业人才。档案工作人员要切实做好角色的转变,才能适应时代的要求。

档案工作人员的素质关系到档案事业的发展,其素质主要包括:政治思想素质、专业技能和心理素质三个方面。

1. 政治思想素质

政治思想素质包括正确的政治方向、正确的世界观和方法论、良好的职业道德。档案工作人员直接保管着党和国家的重要机密,没有较高的政治思想素质,没有强烈的责任感是无法担此重任的。档案管理工作是一项政治性很强的工作,档案工作人员具有较高的政治思想素质、较强的责任感是做好档案工作的根本保证。第一,要坚持正确的政治方向,在政治上与党中央保持高度一致;学会用马克思主义的观点和方法,观察分析事物,处理解决问题。第二,要具备良好的职业道德素质。档案工作人员必须具备良好的职业道德,塑造良好的形象。

2. 专业技能

信息社会对档案工作人员提出新要求,档案工作人员不仅需要具备档案学的业务知识,还需要具备多方面的素质,如广博的知识结构、创造性的思维能力,特别是现代信息技术的使用能力,这样,才能实施和胜任数字化和现代化的档案管理工作。现代化信息技术运用的能力包括:信息处理能力、信息问题解决能力和信息交流能力。其中,信息处理能力是档案工作人员的信息素质的最基本的要素,要求档案工作人员在档案管理上能科学地分类、鉴别、筛选、分析相关的档案信息。

3. 心理素质

在复杂多变的当今社会,个人的心理素质正起着愈加重要的作用。档案管理工作由于其复杂的资料来源,枯燥无味的工作内容,使得档案工作人员很容易出现心理问题,如职业厌倦等,进而严重影响档案工作人员工作时的积极性与热心程度,影响档案事业的发展。良好的心理素质便逐渐成为档案工作人员不可或缺的品质,档案工作人员要注意提高自身素质,克服心理障碍。

▶ **思考与练习**

一、案例分析

××纺织厂行政科长杨××,在兼任文书档案员期间,工作不负责任,管理松懈,丢失档案一卷。后虽已追回,但因该档案涉及一些人员和事件的调查、处理意见,在群众中扩散后,妨害了职工的团结,造成了不好的影响。为了严肃法纪,该厂根据《档案法》相关规定,给予杨××行政记过处分。

结合案例分析杨××的行为属于什么行为,结合杨××的行为谈谈档案工作人员的素质要求。

二、技能题

××单位行政档案工作人员招聘公告信息。

职位描述:

① 负责公司文档资料的管理工作;

② 负责日常行政工作的执行;

③ 负责领导交办的其他事务。

任职资格:

① 具备档案管理知识;

② 熟悉档案管理相关法律法规,以及企业档案管理的流程;

③ 工作认真细致,条理性强,有高度的责任心和服务意识;

④ 良好的口头表达能力和沟通协调能力,熟练使用办公设备和软件;

⑤ 保密意识强,稳定性好。

结合案例谈谈当下档案工作人员的素质要求主要集中在哪些方面。对比一下,谈谈我们应该如何强化自身职业素质。

综合训练

档案机构及工作现状调查

实训内容

分类调查企业事业单位档案室或档案馆。

实训目的

通过实训,使学生了解我国企业事业单位档案室或档案馆的档案工作内容,各类档案机构的设置原则、工作职责,以及档案工作人员的素质要求等,然后各组指定代表总结介绍他们的调查情况,并总结分析自己对档案馆、档案室、档案工作内容的认识。

实训地点

档案实训室,企业事业单位档案室或档案馆。

实训组织

学生分成几个调研小组,准备好调查问卷或访谈材料,深入企业事业单位或本学校档案室,实地了解档案工作的具体内容及工作要求。

实训过程

(1) 教师讲解档案馆(室)调研的目的及基本要求。

(2) 学生分组利用课余时间深入企业事业单位档案室或档案馆,调研了解其各自的工作内容与要求。

(3) 总结收集到的调研信息,形成详细的调研报告,课堂分组展示本组的调研成果。

知识链接

国际档案理事会

国际档案理事会(International Council on Archives,ICA)成立于1948年8月,总部设

在法国巴黎,国际档案理事会的标志如图1.4所示。它与联合国教科文组织有咨询性的合作关系,并与国际图书馆协会联合会、国际信息与文献联合会、国际电影档案馆联合会等国际组织有着密切的联系。目前已有195个国家和地区参加了这个组织。其宗旨为:通过国际合作,促进档案学的发展;保护人类的档案遗产不受损害;鼓励人们利用和研究档案。我国于1980年正式向国际档案理事会提出申请,并被接纳为甲类会员国。1996年9月,第十三届国际档案大会在中国举办。

图1.4 国际档案理事会标志

北美档案工作者职业道德规范

1. 美国档案工作者职业道德规范(局部,2005年版)

序言

美国档案工作者职业道德规范为档案从业者建立了行为准则。它既是入行新手的职业行为规范,也提醒从业多年的档案工作者铭记自身的责任,同时也可以作为各公共机构制定方针的范本。本规范旨在提升社会公众对档案界的信心。

本规范只为档案界从业人员提供道德导向,并不针对具体问题提出解决方案。

本规范所指的"档案工作者",包括所有甄选、保管、保护和管理有长远保存价值的历史文献的工作人员。

(1) 目的。美国档案工作者协会意识到,制定指导档案工作者职业行为的道德原则,对于整个行业以及广大社会公众具有重大意义。本规范提供了一套档案工作者共同追求的行为准则。

(2) 职业关系。档案工作者甄选、保管有长远保存价值的历史文件,并将其提供利用。档案工作者应当相互合作,尊重各机构各自的工作目标和收集政策。尊重与合作是与所有同事和利用者处理好职业关系的基础。

(3) 判断力。在收集、鉴定和整理历史文件过程中,档案工作者应当做出专业的判断,不应该让自身的信仰或观点影响决策。

(4) 诚信。档案工作者不应该借由优先利用和控制历史文件的权力牟利或以其他方式获利。

(5) 真实与完整。档案工作者力求通过记录文件的产生以及使用不可更改的数据格式,维护全宗内文件的真实性。档案工作者的基本职责就是维护档案文件内容与形式的完整。档案工作者不能篡改、控制或销毁数据及文件以隐瞒事实或歪曲证据。

2. 加拿大档案工作者职业道德规范(局部,1999年修订)

本规范分为两部分:原则与原则的运用。

原则

(1) 档案工作者鉴定、甄选、收集、保管档案文件,并将其提供利用。为了当今的利用者,也为了子孙后代,档案工作者有责任保护所保管文件实体的安全和内容的完整。

(2) 档案工作者有责任确保自身及其同事在一个没有歧视、没有性骚扰的环境中开展专业活动。

(3) 档案工作者在保护个人隐私、维护机密安全以及做好保管工作的同时,应尽可能地推进馆(室)藏档案利用工作。

(4) 档案工作者根据现有档案工作原则和操作规范,尽己所能履行自身职责,最大限度地推进和维持高水准的职业操守。

（5）档案工作者通过提升自身的知识与技能，以及与档案和其他专业成员交流信息和经验，为档案事业的发展做出贡献。

（6）档案工作者利用自身的专业知识和经验为整个社会的利益服务。

原则的运用（略）

（资料来源：曹胜梅.北美档案工作者职业道德规范［EB/OL］（2008-02-25）［2018-05-15］.http：//www.archives.sh.cn/dalt/wgdagz/201203/t20120313_9749.html.）

▶ 法规阅读

(1)《中华人民共和国档案法》

(2)《机关档案管理规定》

(3)《企业文件材料归档范围和档案保管期限规定》

项目二

档案收集工作

第二课
档案收集
归档

　　档案收集工作是档案管理工作的首要环节，是档案管理工作的基础，它为档案管理工作提供了实际管理的对象，只有收集到丰富的档案资源，才能真正提高档案管理工作的质量，更好地提供服务。档案收集工作包括档案室对本单位各职能部门产生的纸质和电子等不同载体的档案的收集归档、综合档案馆对所属各单位档案室移交档案的收集和散存于社会的历史档案的征集工作。本项目将对档案室的收集归档工作、电子文件的归档工作以及综合档案馆的档案接收与征集进行详细介绍。前两者适用于各机关、团体、企业事业单位等的收集工作，后者适用于各级综合档案馆的收集归档工作。

【学习目标】

　　（1）知识要求：通过本项目的学习，掌握档案室档案收集范围、收集方法，明确归档制度和要求。

　　（2）能力要求：通过本项目的学习与任务训练，能够按照档案收集方法和程序，进行立卷归档工作。

　　（3）思政要求：通过本项目的学习与任务训练，培养学生主动收集，守正创新的服务意识，勇于担当的职业态度。

【职业箴言】

　　移交一份档案，奉献一份业绩；归档存记忆，留史鉴未来。

　　解读：这两句话是说档案收集工作的重要性，收集归档是档案工作的起点，档案工作人员平时应按照归档制度和归档要求及时完整地将有价值的档案资料收集归档留存，为以后的工作进行借鉴和查考。

任务一　档案室收集归档

▶ 知识目标
- 掌握单位档案归档范围、归档时间的具体规定。
- 明确档案室收集归档工作的组织与具体流程。

▶ 能力目标
- 能够设计单位档案室收集归档工作方案。
- 能够根据档案室收集归档的具体要求进行档案归档仿真训练。

▶ 思政目标
- 培养主动收集，守正创新的服务意识。
- 培养严谨细心、勇于担当的职业态度。

▶ 案例导入

> 小王刚被分配到××公司档案室就承担了公司收集去年档案资料的工作。几个部门陆续将本部门整理好的文件材料，移交到档案室，只有研发处迟迟未送来。业务主管就叫小王去研发处催要，当他向相关人员说明来意后，不料，研发处负责人员说："还没有到时间呢，我们还没有整理好。"小王解释说："早一点收上来是为了便于档案整理归档，这是制度。"不料研发处负责人员又说："便于你们整理了，就不便于我们利用了。"说完，就不理小王了。

企业科技档案收集工作是档案管理工作的基础，档案收集工作的质量会对企业的技术储备能力、市场竞争力和档案服务于科研生产的能力产生重要的影响。小王就是出于此点考虑，才督促研发处移交档案材料的。但是研发处不同于公司其他部门，他们产生的档案具有其自身特点，研发处不愿意移交档案是因为担心不便于自己利用。档案室在制定归档制度时，应该根据各部门的特点，有区别地对待。对于研发处，可以根据其研究项目的特点，按项目完成时间归档，可以适当地延迟归档时间，而不要硬搬归档制度，不讲究灵活性，造成不必要的麻烦，进而影响公司整体工作。案例中小王应该积极探索，创新收集方法，灵活主动地做好收集工作，而不是墨守陈规。

▶ 任务训练

活动目标

设计档案室收集归档工作方案，仿真训练××单位档案归档移交工作。

活动组织

根据情况灵活分组调查，分配角色。

情景剧 2.1
档案收集归档

活动内容与要求

（1）学生分组实地调查了解××单位归档与不归档文件的范围、归档时间以及档案收集的途径与方法，然后各组综合他们的调查情况，设计档案室收集归档流程。

（2）对比分析，学生讨论"档案室如何做好档案收集工作"。

（3）分角色模拟仿真训练——文书部门与档案室进行档案移交归档工作（各相应角色预先设计好相关移交的表格和待归档的若干文件材料）。

◐ 理论支撑

档案收集工作，是指按照国家法律和规定，通过接收和征集的办法，把分散在各单位、单位内部各机构和个人手中有价值的档案，以及散失在社会上的有重要历史价值的档案，分别集中到各单位档案室和各级各类档案馆的工作，是档案馆（室）取得和积累档案及有关资料的主要途径，是档案室工作的起点。《中华人民共和国档案法实施办法》（2017年修正，以下简称《档案法实施办法》）第十二条规定："按照国家档案局关于文件材料归档的规定，应当立卷归档的材料由单位的文书或者业务机构收集齐全，并进行整理、立卷，定期交本单位档案机构或者档案工作人员集中管理；任何人都不得据为己有或者拒绝归档。"

档案收集工作的内容主要包括以下三个方面：

（1）档案室对本单位内部各部门需要归档文件的接收工作。单位各部门办理完毕的文件是档案室档案的主要来源，建立健全单位内部文件材料的归档工作制度是单位档案部门开展档案收集工作的主要途径。

（2）各级国家综合档案馆对各现行单位和撤销单位具有长久保存价值的档案的集中和接收工作。接收现行单位和撤销单位的档案，特别是接收现行单位的档案，是各级国家综合档案馆收集工作的经常性任务。

（3）对历史档案的接收和征集工作。历史档案是指中华人民共和国成立前，各机关、团体、企业事业单位以及著名人物在社会活动中形成的档案，包括革命历史档案、民国时期档案和历代王朝的档案。接收、征集历史档案是档案馆丰富馆藏的重要手段。

档案收集工作包括档案室和档案馆的档案收集，本任务主要讲解档案室的收集归档工作。

档案室收集归档流程如图2.1所示。

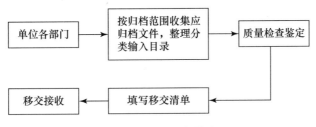

图2.1 档案室收集归档流程图

一、归档与归档制度

各单位在工作活动中形成的具有保存价值的文件材料，由本单位的文书部门或业务部门整理立卷，定期移交给档案室或负责管理档案的人员集中保存，这项工作称为"归档"。归档是国家明文规定的一项制度,即通常所说的"归档制度",主要内容包括归档范围、归档时间、归档份数、归档流程等。档案收集工作主要是依靠建立健全归档制度来完成的。

二、归档范围

归档范围是指一个单位产生的所有文件材料中需要归档的范围。目前机关文件材料的归档范围按照国家档案局 2006 年发布并施行的《机关文件材料归档范围和文书档案保管期限规定》执行;企业文件材料归档范围按照国家档案局 2012 年发布、2013 年施行的《企业文件材料归档范围和保管期限规定》执行。

(一) 机关文件材料归档与不归档范围

1. 机关文件材料归档范围

(1) 反映本机关主要职能活动和基本历史面貌的,对本机关工作、国家建设和历史研究具有利用价值的文件材料。

(2) 机关工作活动中形成的在维护国家、集体和公民权益等方面具有凭证价值的文件材料。

(3) 本机关需要贯彻执行的上级机关、同级机关的文件材料;下级机关报送的重要文件材料。

2. 机关文件材料不归档范围

(1) 上级机关的文件材料中,普发性不需本机关办理的文件材料,任免、奖惩非本机关工作人员的文件材料,供工作参考的抄件等。

(2) 本机关文件材料中的重份文件,无查考利用价值的事务性、临时性文件,一般性文件的历次修改稿、各次校对稿,无特殊保存价值的信封,不需办理的一般性人民来信、电话记录,机关内部互相抄送的文件材料,本机关负责人兼任外单位职务形成的与本机关无关的文件材料,有关工作参考的文件材料。

(3) 同级机关的文件材料中,不需贯彻执行的文件材料,不需办理的抄送文件材料。

(4) 下级机关的文件材料中,供参阅的简报、情况反映,抄报或越级抄报的文件材料。

总之,凡属机关归档范围的文件材料,必须按有关规定向本机关负责档案工作的部门移交,实行集中统一管理,任何个人不得据为己有或拒绝归档。

(二) 企业文件材料归档与不归档范围

企业文件材料是指企业在研发、生产、服务、经营和管理等活动过程中形成的各种门类和载体的记录。具体的企业文件材料归档与不归档范围如下。

1. 企业文件材料归档范围

(1) 反映本企业研发、生产、服务、经营、管理等各项活动和基本历史面貌的,对本企业各项活动、国家建设、社会发展和历史研究具有利用价值的文件材料。例如,本企业党、团、工会等党群工作文件材料;本企业设立、变更、解散过程文件材料,本企业董事会、监事会、股东会构成及变更等方面的文件材料;有关机关和上级主管部门领导、社会知名人士检查、视察、调研本企业工作时形成的文件、工作汇报、录音录像等文件材料。

(2) 本企业在各项活动中形成的对维护国家、企业和职工权益具有凭证价值的文件材料。例如,本企业资产管理文件材料;本企业承办的大型展览会、博览会、论坛、学术会议、国际性会议的文件材料。

(3) 本企业需要贯彻执行的有关机关和上级单位的文件材料,非隶属关系单位发来的需要执行或查考的文件材料;社会中介机构出具的与本企业有关的文件材料;所属和控股企业报送的重要文件材料。例如,行业协会、中介机构等对本企业做出的重要决定,出具的审计、公证、裁定等重要文件材料;直属单位、所属和控股企业的请示、报告、函与本企业的批复、复函等文件材料等。

(4) 有关法律法规规定应归档保存的文件材料和其他对本企业各项活动具有查考价值的文件材料。

2. 企业文件材料不归档范围

(1) 有关机关和上级主管单位制发的普发性不需本企业办理的文件材料,任免、奖惩非本企业工作人员的文件材料,供工作参考的抄件等。

(2) 本企业文件材料中的重份文件,无查考利用价值的事务性、临时性文件,未经会议讨论、未经领导审阅和签发的文件,一般性文件的历次修改稿、各次校对稿,无特殊保存价值的信封,不需办理的一般性来信、来电记录,企业内部互相抄送的文件材料,本企业负责人兼任外单位职务形成的与本企业无关的文件材料,有关工作参考的文件材料。

(3) 非隶属关系单位发来的不需贯彻执行和无参考价值的文件材料。

(4) 所属和控股企业报送的供参阅的一般性简报、情况反映,其他社会组织抄送不需本企业办理的文件材料。

(5) 其他不需归档的文件材料。

三、归档时间

归档时间,是指各单位文书处理部门或有关业务部门将需要归档的文件向档案部门移交的时间。应该根据各种文件的形成特点和规律,灵活地规定其归档时间。

1. 管理性文件

一般在文件形成的第二年上半年内向档案部门移交归档。

2. 科技性文件

根据文件形成的具体情况有不同的要求,科技性文件资料可以分以下五类:按项目结束时间归档、按工作阶段归档、按子项目结束时间归档、按年度归档和随时归档。项目性突出的科技文件可以按照项目结束时间归档;项目较大或延续时间较长的按工作阶段归档。一般来讲,对活动和形成周期长的科技文件或作为科技档案保存的科技管理性文件,大多按年度归档。有时因文件的机密性强或购买设备的随机材料也可以随时归档。而对于大型项目或研究课题,往往按子项目结束时间归档,因为大型项目是由若干子项目组成,这些子项目相对独立,工作进程也不尽相同,当一个子项目工程结束后,所形成的文件可先行归档。

3. 会计文件

依据《档案法》和《会计档案管理办法》(2015年修订,2016年施行)的规定,在会计年度终了后,暂由本单位财务会计部门保管一年,期满后移交给档案部门保管,但是有些工作中常用的企业财务会计文件也可适当延迟。

值得注意的是,对于一些专业性强、载体形式特殊或机密性强的文件,驻地分散的下属单位的文件、形成规律较为特殊的文件及新时期涌现出来的企业文件,为了便于实际的利用和管理,经过一段时间的实践和总结,可适当地调整归档时间,既要便于在文件形成后一定时间内企业工作人员的就近利用,也要便于有保存价值的文件及时归档。

四、归档份数

归档份数是指文件归档数量。总的来说,纸质档案凡是需要归档的文件一般归档一份,重要的、使用频繁的则需归档若干份,磁性载体档案一般要有备份。工程档案的份数一般不少于两套,但其中某套工程档案中有些材料由于利用比较频繁,出于保护原件的需要可以在归档的时候多备几份以供利用,具体可以按照实际情况由各单位自行决定,没有强制性的规定。

五、归档流程

归档文件一般由文书部门整理完毕后,按规定时间和要求向本单位档案室移交。

(1) 按档案移交目录移交,交接双方清点清楚。档案移交目录一式两份,确保无误后,双方签字,各留一份,以备查考。档案移交目录格式可参考表 2.1。

表 2.1　档案移交目录

部门:

序号	案卷标题	起止日期	卷内		保管期限	备注
			件数	页数		
1						
2						
3						

移交人:　　　　　　　接收人:　　　　　　　　　　　　交接日期:

科技文件归档时,还需编写归档文件简要说明,由归档人员编写。一般包括以下内容:项目的名称和代号,项目的任务来源、工作依据和实施过程,项目的科技水平、质量评价和技术经济效益,科技档案质量情况,项目主持人及参加者姓名和分工,文件整理者和说明书撰写人姓名、日期等。

会计材料由本单位的财务会计部门负责整理立卷或装订成册,并按规定期限将应归档的会计档案全部移交档案部门,不得自行封装保存。会计档案归档时,财务会计部门要编造清册一式两份,双方办理移交手续。会计档案移交清册格式可参考表 2.2。

表 2.2　会计档案移交清册

编号	档案种类	所属年月		数量		保存年限	保存起讫期限	原经手人	备注
		年份	月份	单位	数量				

接收单位:　　经办人:　　　移交单位:　　经办人:　　　　　　年　月　日

(2) 编制归档文件目录。归档文件移交完毕后,各单位档案部门要将每年移交的档案登记造册,编制归档文件目录及封面。

任务二　电子文件的归档

知识目标
- 掌握电子文件与电子档案的含义。
- 了解电子文件归档范围、归档时间的具体规定。
- 明确电子文件归档方式与格式、归档流程。

能力目标
- 能够设计某单位电子文件归档流程。
- 能够根据电子文件收集归档的具体要求填写移交的相关手续,如《电子文件归档登记表》等。

思政目标
- 培养守正创新、与时俱进的工作思维。
- 提高信息化素养,树立数字化意识。

案例导入

A 市 B 局实现电子文件单套制全流程管理

某省 A 市"办公自动化系统及行业业务系统电子文件单套制全流程管理——以 A 市 B 局为试点"项目于 2021 年 11 月顺利通过验收,成为 A 市档案治理体系和治理能力迈向现代化的重要成果之一。该项目通过"管理+技术+制度"系统推进电子文件单套制全流程管理,利用数字档案馆和水利应用系统的迭代升级,加强平台融合,构建"电子文件形成系统—电子文件统一管理平台—基层档案管理系统—档案馆管理系统"全流程归档模式,确保数据"一键推送、一个入口接收、归档一站管理",实现了水利电子文件接收、归档、移交、利用全流程管理。

A 市 B 局先后制定《B 局电子文件电子档案移交与接收办法》《B 局电子文件归档和电子档案管理办法》《B 局电子文件归档整理规则》等 15 项制度规范,为全市电子文件归档提供了制度保障,并加快了成果的推广应用,稳步推进了电子文件单套制全流程管理。此外,A 市 B 局健全电子签章使用机制,实现了电子公文收发文办理、流转及电子档案登记、移交、接收全流程在线电子签章;健全档案协查机制,开通档案协查直通车,实现了与档案馆及其他机关单位跨区域、跨部门档案协查办理,切实发挥电子档案利用效益。

随着信息技术的发展,电子档案日益成为信息记录、传输、交换、利用与共享的重要载体,但长期以来由于电子文件具有可复制、易篡改和依赖设备系统读取等特性,现实工作中多实行双套归档管理,即将具有永久保存价值或其他重要价值的电子文件转换为纸质文件同时归档。近年来,随着我国电子政务的快速发展,办公自动化系统、业务系统等日趋成熟,安全性越来越高,电子档案单套管理的条件已经基本成熟。

任务训练

活动目标

调查了解××单位电子文件收集归档工作(包括离线归档和在线归档);利用文档管理系统软件,仿真训练××单位电子文件归档移交工作,并根据电子文件收集归档的具体要求填写移交的相关手续。

活动组织

根据情况分组调查,上机登录文档管理软件(如创奇文件档案管理软件等)模拟训练电子档案的归档。

活动内容与要求

(1)学生分组进行实地调查,了解××单位电子文件收集归档工作,然后各组综合他们的调查情况,设计电子文件收集归档流程。

(2)学生上机登录文档管理软件,模拟训练电子文件的归档;教师预先提供移交的相关表格和待归档的文件材料若干。

理论支撑

一、电子文件与电子档案

电子文件,是指国家机构、社会组织或个人在履行其法定职责或处理事务过程中,通过计算机等电子设备形成、办理、传输和存储的数字格式的各种信息记录,主要包括电子文书、电子信件、电子报表、电子图纸等。完整的电子文件包括内容、结构和背景三要素。移交后的电子文件常被称为电子档案,即具有凭证、查考和利用价值并归档保存的电子文件及其信息的集合。

二、电子文件的基本特征

1. 操作简单,自动分类,便于管理

电子文件是在计算机中产生和处理的,其信息形态是数字化的。它改变了传统收发文件的流程。利用计算机进行文件登记,可以达到一次录入、多种形式输出的效果,方便了文件的查找和利用。电子文件信息的存储、传输、编辑等操作非常简便,自动化程度高,便于管理。

2. 体积小,容量大,节省存储空间

电子文件的存储介质是磁带、磁盘或光盘等磁性载体,体积小,容量大。一张小小光盘存储的信息量较大,采用激光写入的每位信息占据的面积很小,记录密度高,存储容量大,节省存储空间。

3. 对系统的依赖性较强

电子文件改变了传统的办文方式,文件的修改、复制、粘贴、移动变得更加便捷。但是,电子文件的起草、修改、定稿、收发、传递都在计算机上进行,其制作、处理以及归档后的全部活动都必须借助计算机系统才能实现,这就形成了对系统的依赖性。

4. 信息与载体可分离性

电子文件的内容和记录它的载体随时随地都可以分离,电子文件信息与载体的可分离性使文件容易复制,具有可操作性,为编辑、修改文件与信息共享等提供了极其便利的条件。但是在提高工作效率的同时,也造成电子信息易更改性,使文件信息随时面临着被修改、盗窃,甚至被销毁的危险,使得电子文件的安全维护更加复杂,难度更大。

三、电子文件的归档范围、时间与要求

具有保存价值的电子文件必须归档保存。各单位应根据《电子文件归档与电子档案管理规范》(GB/T 18894—2016)、《电子档案移交接收操作规程》(DA/T 93—2022)等标准和要求,将电子文件归档管理纳入单位的信息化建设规划,并从全程管理理念和前端控制原则出发,规范归档电子文件移交与接收工作,确保归档电子文件的真实、完整、可用和安全。

1. 电子文件归档范围和时间

电子文件归档范围参照国家有关纸质文件的归档范围进行归档并划定保管期限。与之相应的软件、背景信息和元数据一同归档,以保证归档电子文件的完整性。电子文件形成或者办理部门应定期将已收集、积累并经过整理的电子文件及其元数据向档案管理部门提交归档,归档时间不得迟于电子文件形成后的第 2 年 6 月。各单位电子文件操作员对移交的电子文件要进行文件的真实性、可靠性、完整性、可用性检验,发现问题及时采取补救措施。

2. 电子文件归档要求

(1) 主要收集正式版本的电子文件,各环节手续必须齐全。

(2) 电子文件格式按照国家有关规定执行,元数据应当与其一起归档。

(3) 具有永久和长期保存价值的电子文件,制成纸质文件与原电子文件的存储载体一同归档,并使两者互相关联;电子档案有相应纸质、缩微制品等载体的,应当在元数据中著录相关信息。

(4) 采用技术手段加密的电子档案应当解密后移交,压缩的电子档案应当解压后移交;特殊格式的电子档案应当与其读取平台一起移交。

(5) 应指定有关部门或专人负责本单位的电子文件的归档工作,将电子文件的收集、整理、归档、保管、利用纳入机关文书处理程序和相关人员的岗位责任。

四、电子文件归档方式与格式

1. 电子文件归档方式

以往的电子文件归档主要参照《电子文件归档与管理规范》(GB/T 18894—2002),采用逻辑归档和物理归档两种形式。而随着我国信息化建设的快速推进,以及业务系统与电子档案管理系统的不断完善,2016 年发布的国家标准《电子文件归档与电子档案管理规范》(GB/T 18894—2016)规定机关、团体、企业事业单位和其他组织所产生的"具有凭证、查考和保存价值且办理完毕、经系统整理的电子文件"应基于安全的网络环境或专用离线存储介质,采用离线归档或在线归档方式,通过电子档案管理系统客户端或归档接口完成电子文件及其元数据的归档。各单位应结合业务系统、电子档案管理系统运行环境以及本单位实际,确定电子文件及元数据归档接口并做出书面说明。归档接口通常包括 webservice 归档接口、中间数据库归档接口以及归档电子文件及其元数据的规范存储结构。

(1) 离线归档。离线归档,实际上是将电子文件与其归档的必需说明建立联系后,拷贝到电子介质上移交到档案管理部门。这种归档方式具有导出和导入两个过程,导出即将电子文件数据从原生系统中导出并存储到脱机的存储介质上;导入是将归档数据从脱机存储介质导入到电子文件管理系统,以便审查、移交与归档管理。因此离线归档要有数据导出与

导入接口程序。

(2) 在线归档。在线归档是通过办公系统与档案管理系统的连接,将需要归档的文件数据直接传送到档案管理系统,实施归档保存。与离线归档的区别在于电子文件在线归档不需要将文件从原生系统中导出,直接将归档数据导入档案管理系统即可,这样的归档方式更加快捷,前提是文件生成系统要与档案管理系统兼容。

不论是离线归档还是在线归档,都要求文件生成系统具备完善的文件管理功能,因为电子文件在生成系统内以何种方式管理及导入到档案管理系统,直接关系到电子文件的完整性与今后的管理及利用问题。没有文件管理功能的文件生成系统,归档前的电子文件只能手工整理,将文件内容与其说明文件进行关联后,再放入文件夹,一个文件一个文件地将文件的元数据、条目、正文及附件内容捆绑起来管理,然后再将这些文件以文件包的形式导入文件归档管理系统。这样的系统会增大电子文件发生错误以及丢失的风险,因此《电子文件归档与电子档案管理规范》(GB/T 18894—2016)中专门对"业务系统"提出了归档管理的功能要求:业务系统应该具备形成、收集、整理、归档电子文件的功能,以及保存修改信息,生成归档数据包,跟踪、审计电子文件的功能。另外,要求业务系统在电子文件流转期间能够实现对其元数据的收集,并且保持元数据与电子文件之间的关联。"电子档案管理系统"应具备电子档案管理配置功能、管理功能、安全管理功能等。因此各单位的信息化建设与管理部门应负责依据国家标准建设业务系统,完善电子文件归档功能,参与电子档案管理系统建设,为电子档案管理提供信息化支持。

2. 电子文件归档格式

电子文件的归档格式应具备格式开放、不绑定软硬件、显示一致性、可转换、易于利用等性能,能够支持同级国家档案馆向长期保存格式转换。《电子文件归档与电子档案管理规范》(GB/T 18894—2016)中详细地规定了文本及位图文件类、计算机辅助设计与制造类、数据库类、照片类、录音类、录像类、公务电子邮件类以及各种专业软件生成的电子文件的归档格式,操作性较强。比如,电子公文正本、定稿、公文处理单应以版式文件格式归档,其他电子文件、电子文件组件可以版式文件、RTF、WPS、DOCX、JPG、TIF 等通用格式归档;二维矢量文件以 SVG、SWF、WMF、DXF 等格式归档;三维矢量文件需永久保存的应转换为 STEP 格式归档。此外《电子文件归档与电子档案管理规范》(GB/T 18894—2016)还专门规定了电子文件元数据的归档格式,要求按照归档接口及元数据形成情况确定其归档格式,如选择 webservice 归档接口或归档电子文件及其元数据的规范存储结构接口时可以 ET、XLS、DBF、XML 等任一格式归档;选择中间数据库归档接口归档的,可与电子文件一并由业务系统数据库推送至中间数据库,再由中间数据库导出数据文件。

五、电子文件归档流程

电子文件形成单位应指定有关部门或专人负责本单位的电子文件归档工作,将电子文件的收集、整理、归档、保管、利用纳入单位文书处理程序和相关人员的岗位责任。电子文件的真实性、完整性、安全性和可识别性,移交前由形成部门负责,移交后由档案部门负责。电子文件形成单位应在电子文件处理系统中设置符合安全要求的操作日志,随时自动记录对电子文件实时操作的人员、时间、设备、项目、内容等,以保证归档电子文件的真实性。电子文件归档流程具体如图 2.2 所示。

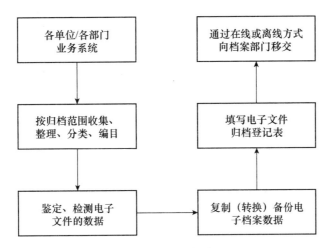

图 2.2　电子文件归档流程

(1) 电子文件形成或办理部门可在业务系统中按照归档范围将需归档的电子文件按照分类方案收集整理电子文件及组件。注意电子文件归档稿本,一般为正本或定稿,草稿、修订稿一般不归档,除非是特别重要的。此外格式要符合规范,以特殊格式归档的,其专用软件、技术资料等要齐全完整。电子文件及其元数据的形成、收集和归档要符合制度要求,并且两者要一一对应,数量准确、齐全完整。

(2) 整理、编目电子文件,并规范登记。应清点、核实电子文件门类、形成年度、保管期限、简述及其元数据的数量等信息。同时要按门类划分要求,结合本单位的专业和电子文件内容制定分类编号方案。分类编号就是按照分类编号方案的规定对电子文件进行划分,并给每份电子文件一个固定的唯一的号码,从而使全部电子文件成为一个有机的整体,并对电子文件进行登记。电子文件的整理是未来的电子档案管理和利用等工作的基础。按照归档范围和要求收集整理,分类使用计算机输入目录。离线归档的要注意载体里数据结构组织,移交载体内电子档案的存储结构如图 2.3 所示。具体要求参照《电子档案移交接收操作规程》(DA/T 93—2022)

图 2.3 中"说明文件.TXT"是用于存放本载体有关信息的,包括载体参数(如载体容量、载体类型等)、载体编号、载体保管单位、载体制作单位、载体检查单位、读取本载体内档案所需要的软硬件环境及其他各种有助于说明本载体的信息,一个载体只有一个说明文件。"目录文件.XML"是用于存放有关档案的目录信息的,目录文件与每份电子档案相对应,根据电子档案具体归档方式进行文件级描述或案卷级描述,每个条目中包括载体内电子档案顺序号、档号、责任者、题名、日期、密级、电子档案名称、备注等内容。

(3) 鉴定和检测归档的电子文件。应对电子文件的真实性、可靠性、完整性和可用性进行鉴定,鉴定合格率应达到 100%。并对电子文件和离线存储介质的进行病毒检测,确保其无病毒、无损伤、可正常使用等。

(4) 复制(转换)备份电子档案数据。归档的电子文件,应按本单位档案分类方案进行分类、整理,并复制备份,电子离线存储介质至少应制作一套。可根据异地备份、电子档案珍贵程度和利用需要等实际情况制作第二套、第三套,并在装具上标示套别。存储电子文件的载体介质要符合国家规范,包装盒上应贴有标签,标签内填写编号、名称、密级、保管期限、硬件及软件环境。此外,如部分电子数据格式不规范或与要移交的电子档案数据库不兼容的可适当进行数据转换。

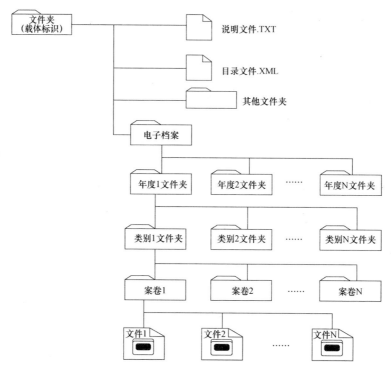

图 2.3 移交载体内电子档案的存储结构

（5）填写电子文件归档登记表。将数据库或光盘中待归档的归档电子文件门类、文件数量、归档方式、单位名称以及存储电子文件的载体检验各个项目及情况等信息进行详细登记,《电子文件归档登记表》格式如表 2.3 所示。

表 2.3 电子文件归档登记表

单位名称						
归档时间		归档电子文件门类				
归档电子文件数量	卷	件	张	分钟	字节	
归档方式		□ 在线归档		□ 离线归档		
检验项目	检验结果					
载体外观检验						
病毒检验						
真实性检验						
可靠性检验						
完整性检测						
可用性检验						
技术方法与相关软件说明登记表、软件、说明资料检验						
电子形成或办理部门(签章) 年　月　日			档案部门(签章) 年　月　日			

注：归档电子文件门类包括文书、科技、专业、声像、电子邮件、网页、社交媒体与其他。

(6)确定移交方式和接口类型,向档案部门移交保管。电子档案的移交形式可以是交接双方之间进行存储载体传递,也可以通过电子档案传输系统在网上交接。单位应建立统一的办公自动化系统与档案管理系统,否则可能会因不兼容,造成不同软件形成的数据难以转换,给电子文件归档造成困难。电子档案检验合格后办理移交手续,由交接双方在《电子档案移交与接收登记表》(其格式如表2.4所示)上签字、盖章,一式两份,一份交电子文件形成单位,一份自存。电子文件归档后按有关规定移交至档案保管部门,作为电子档案进行保管。原电子文件数据及载体在完成电子文件归档后,保留时间至少1年。

表2.4 电子档案移交与接收登记表

交接工作名称			
内容描述			
移交电子档案数量		移交数据量	
载体起止顺序号		移交载体类型、规格	
检验内容	单位名称:		
	移交单位:	接收单位:	
准确性检验			
完整性检验			
可用性检验			
安全性检验			
载体外观检验			
填表人(签名)	年 月 日	年 月 日	
审核人(签名)	年 月 日	年 月 日	
单位(印章)	年 月 日	年 月 日	

注:
① 交接工作名称按移交单位或全宗号、移交档案的年度、批次等内容描述。
② 内容描述填写交接档案内容、类别、数据类型、格式、交接方式、过程等说明事项。
③ 移交电子档案数量指交接档案的文件总数和案卷总数。
④ 移交数据量一般以 GB 为单位,精确到小数点后 3 位。
⑤ 载体起止顺序号指在线移交时,按载体内电子档案的存储结构组织数据所标注的顺序号。
⑥ 移交载体类型、规格填写时,若为在线移交,填写"在线"。
⑦ 准确性检验指检验移交档案的内容、范围的正确性及交接前后数据的一致性,可填写检验方法。
⑧ 完整性检验指对移交的档案和档案数据的完整性进行检验。
⑨ 可用性检验是检验电子档案的可读性等。
⑩ 安全性检验是对计算机病毒等进行检测。
⑪ 载体外观检验指检查载体标识、有无划痕、是否清洁等。

电子文件的形成、积累、收集、整理、鉴定和归档工作是由形成者或承办者按照归档要求将形成的电子文件积累下来,进行整理、鉴定、归档,向档案部门移交的。因为他们最熟悉电子文件的内容和电子文件之间的关系,由他们积累并整理归档才能保证电子档案的来源和质量。总之,要做好电子文件归档工作,档案形成部门应注意以下五个方面的问题:

(1) 明确收集范围,落实收集责任。电子文件的收集范围,各单位可以按照国家有关规定结合本单位具体情况确定本单位电子文件收集范围。电子文件的形成是相当分散的,单位每一个部分、每个工作人员都可能形成或处理文件。电子文件形成的这种分散性,决定了电子文件的收集积累工作不可能由单位档案部门或档案人员独自来承担,必须在单位各个部门明确相应责任到人。电子文件的积累可以分为两种:一是在计算机网络系统中,系统可预先设计自动记录功能,自动记录电子文件的产生、修改、责任者、入数据库的时间等,在入数据库之前,通过对记有档案标识的内容进行鉴定、归档;二是用存储介质传递电子文件。

(2) 电子文件在归档之前,要进行认真的鉴定。目前由于办公自动化的发展,每个单位产生的电子文件很多,这些文件不能全部收集归档,文书部门应在收集时做初步鉴定。在本单位制作的所有电子文件之中,只有那些对本单位工作具有查考利用价值或艺术保管价值的,才有必要作为电子档案保存下来,其余的电子文件可以完全删除。

(3) 选择适宜的归档方法。一是将最终版本的应归档的经过整理的电子文件存入磁、光介质上。二是压缩归档,采用数据压缩工具对网络上应归档的经过整理的电子文件,进行压缩,然后刻入磁、光介质上。但采用压缩工具的过程必须统一、规范。三是备份系统归档,一般在局域网或其他网络环境下采用,将确定要归档的电子文件在网上进行一次备份操作,也可将归档的电子文件存放在磁、光介质上。网络之中的电子文件,在移交前应通知档案管理部门做好文件接收的准备工作,然后由文件形成部门通过网络系统向档案管理部门传送归档文件,并将文件管理权向档案管理部门移交。

(4) 必须由电子文件的形成单位按统一格式编目整理后,传输给档案管理部门,不能由档案管理部门自行从网上下载,必须保证电子文件形成部门对其数据的真实性、准确性负责。档案管理部门接收的电子文件应一律存入光盘,最好不用磁盘存储。需要归档的电子文件均应编制归档文件顺序号,确定文件的保管期限,打印出文件移交目录,办理文件移交手续。

(5) 电子文件采取"双轨制"归档。鉴于电子文件载体和信息技术的不稳定性,以及电子文件的易修改性,有必要将重要的电子文件制成纸质文件存档,以确保数据的安全。目前,电子文件、纸质文件转化为档案一般采取"双轨制",归档内容形成"两套制",即纸介质与磁、光介质两种文件一起归档,形成内容相同的两套档案。在归档时,使用不同的编目方法和存储工具。

任务三　综合档案馆档案接收与征集

▶ **知识目标**
- 掌握综合档案馆接收档案的范围、时间。
- 明确综合档案馆接收和征集工作的程序及要求。

▶ **能力目标**
- 能够分析综合档案馆接收和征集工作的重要性。
- 能够掌握综合档案馆的接收程序和标准。

- 能够根据综合档案馆征集档案的相关规定对具体案例进行分析。

▶ **思政目标**
- 培养严谨务实的工作作风。
- 培养积极主动服务意识。

▶ **案例导入**

武汉市档案馆全力收集抗疫档案 保存城市战"疫"记忆

新冠肺炎疫情发生以来,武汉市档案馆全面贯彻落实中央、省委领导有关疫情档案资料收集批示精神,按照省、市部署要求,将疫情防控档案资料收集工作纳入全市疫情防控总体工作布局,全力收集武汉抗疫档案。

除收集文件材料外,武汉市档案馆还积极拓展渠道,开展声像、照片和实物档案收集,已收集北京、上海、陕西援鄂医疗队的感谢信、集体签名横幅和防护服、袖章、抗疫主题书画等实物进馆,并与部分单位和市民达成捐赠意向。市档案馆负责人表示,市档案馆将持续加大收集力度,加强与相关部门沟通,对火神山医院、雷神山医院、定点医院、方舱医院等相关实物资料,以及防护用品、工作记录、党员干部下沉社区帮扶记录等开展重点收集。这些抗疫档案为全面完整真实保存武汉这座英雄之城的抗疫历史,为今后开展爱国主义教育、应对公共突发事件、推进城市治理能力现代化提供重要档案资料和参考借鉴。

(资料来源:马秀兰,甘超逊.武汉市档案馆全力收集抗疫档案 保存城市战"疫"记忆[EB/OL].(2020-04-07)[2022-01-10]. http://www.zgdazxw.com.cn/news/2020/04/27/content_304924.htm)

征集档案资料是综合档案馆丰富馆藏的补充形式,综合档案馆要根据具体情况灵活操作、合法征集。综合档案馆的基本职责是,集中统一地管理党和国家需要长远保管的档案和史料,维护历史的真实面貌,为社会服务。武汉市档案馆作为地方综合档案馆,有责任收集一切具有历史凭证作用和科学研究价值的各种门类、各种载体的档案。新冠疫情期间,武汉档案人勇敢逆行,牢记为党管档、为国守史的职责和使命,提前谋划收集这些珍贵的抗疫档案,是我们档案人的骄傲。

▶ **任务训练**

活动目标

调查了解地方综合档案馆的收集工作(包括正常接收和零散征集),明确档案馆接收范围与接收时间、征集方式等具体要求和相关手续。

活动组织

根据情况分组调查(根据实际情况可采用网络查阅或实地调查)。

活动内容与要求

(1)学生分组进行实地或网络调查,了解地方综合档案馆关于红色革命历史档案的收集归档工作(包括接收和征集),然后各组综合他们的调查情况,设计综合档案馆收集工作流程。

(2) 结合案例辅助进行对比分析。

◐ 理论支撑

综合档案馆的收集工作，主要是接收和征集本级各机关、团体及其所属单位具有长期或永久保存价值的档案以及有关资料，科学地管理。资料是档案馆馆藏的重要组成部分，档案馆资料收集工作是弥补档案不足、延伸和扩展档案内容、填补某些档案空白的需要。

一、综合档案馆接收档案的范围

综合档案馆在地方按行政区域分为省级、市级、县级综合档案馆（本任务以市级综合档案馆为例介绍），档案馆接收档案的范围包括中华人民共和国成立前后的档案，主体是中华人民共和国成立以后的档案。根据《各级各类档案馆收集档案范围的规定》（2011年公布并实施），档案馆接收档案范围主要包括以下六个方面：

(1) 各级综合档案馆依法接收本级下列组织机构的档案：中国共产党委员会及所属各部门，人民代表大会及其常设机构，人民政府及其所属各部门和单位，人民政协及其常设机构，人民法院、人民检察院，各民主党派机关，工会、共青团、妇联等人民团体，国有企业事业单位等。

(2) 各级综合档案馆可全部或部分接收以上机构的下属单位和临时机构的档案，乡镇机构形成的档案列入县级综合档案馆接收范围。

(3) 中华人民共和国成立前本行政区内各个历史时期政权机构、社会组织、著名人物的档案列入综合档案馆收集范围。

本行政区内重大活动、重要事件形成的档案，涉及民生的专业档案列入综合档案馆收集范围。经协商同意，综合档案馆可以收集或代存本行政区内社会组织、集体和民营企事业单位、基层群众自治组织、家庭和个人形成的对国家和社会有利用价值的档案，也可以通过接受捐赠、购买等形式获取。

(4) 各级部门档案馆，收集本部门及其直属单位形成的档案，但其中履行行政管理职能的档案，要按有关规定定期向综合档案馆移交。

(5) 各级专门档案馆，收集本行政区内某一专门领域或特定载体形态的专门档案或档案副本。

(6) 国有企业、事业单位设立的档案馆，收集本单位及其所属机构形成的档案。国有企业发生破产转制，事业单位发生撤销等情况，其档案可按照有关规定由本级综合档案馆接收。

二、综合档案馆的档案接收时间

《档案法实施办法》第十三条规定："机关、团体、企业事业单位和其他组织，应当按照国家档案局关于档案移交的规定，定期向有关的国家档案馆移交档案。属于中央级和省级、设区的市级国家档案馆接收范围的档案，立档单位应当自档案形成之日起满20年即向有关的国家档案馆移交；属于县级国家档案馆接收范围的档案，立档单位应当自档案形成之日起满10年即向有关的县级国家档案馆移交。经同级档案行政管理部门检查和同意，专业性较强或者需要保密的档案，可以延长向有关档案馆移交的期限；已撤销的单位的档案或者由于保管条件恶劣可能导致不安全或者严重损毁的档案，可以提前向有关档案馆移交。"

而对于电子档案而言,如果沿用纸质档案等传统载体档案规定,15—20年再移交进馆,显然是不合适的,对电子档案的安全保管和长期可用都是极大的隐患。因此《电子档案移交与接收办法》(档发〔2012〕第7号)第六条规定:"档案移交单位一般自电子档案形成之日起5年内向同级国家综合档案馆移交。对于有特殊要求的电子档案,可以适当延长移交时间。涉密电子档案移交时间另行规定。"

三、综合档案馆的接收程序和接收标准

(一)接收程序

凡列入档案馆接收范围的机关、团体、企业事业单位和其他组织都必须按照国家规定,将反映其主要职能活动和基本历史面貌的具有长久保存价值的文书、科技、专门等各种门类和载体的档案,定期向档案馆移交。

综合档案馆:接收到期档案进馆,应提前书面通知移交单位;档案馆应提前做好档案接收准备工作,采取有效措施,确保进馆档案的安全保管和有效利用;档案馆应编制接收单位名册,建立接收档案情况登记台账;加强接收工作的计划性,有序做好档案接收工作。

立档单位:应做好档案移交各项准备工作,对移交档案进行全面检查、鉴定;在移交档案前,应及时提请档案馆对移交档案进行验收,档案馆验收档案应当有2名以上工作人员共同进行,确保移交的档案齐全、完整、规范;应根据档案信息化的要求建立文件级目录和重要文本数据库。

移交的档案验收合格后,立档单位和档案馆应按规范办理移交手续,签订档案交接文据,一式两份,双方留存。立档单位和档案馆应共同维护好档案移交工作过程中的档案安全,确保档案安全移交。

电子档案移交与接收的主要流程为:立档单位组织和迁移转换电子档案数据、检验电子档案数据、移交电子档案数据等,国家综合档案馆检验电子档案数据、办理交接手续、接收电子档案数据、著录保存交接信息、存储电子档案数据等。《电子档案移交接收操作规程》(DA/T 93—2022)第7.3条规定:"检测合格后,档案馆与档案移交单位应办理电子档案交接手续,填写完成《电子档案移交接收登记表》,由交接双方确认,各自留存。如具备符合国家有关要求的电子印章系统或其他形式可确保《电子档案移交接收登记表》上电子印章的有效性,《电子档案移交接收登记表》可采用电子形式办理和保存;否则应以纸质形式盖章留存。"

(二)接收标准

移交的档案必须齐全、完整,经过规范、系统整理,质量符合要求;其卷皮、案盒应规范、统一,符合档案馆制定的具体质量标准;进馆档案必须以全宗为单位整理编目,分阶段移交,保持全宗的完整性;进馆档案必须符合档案技术保护要求;立档单位应对移交进馆的档案进行杀虫、消毒处理,档案无霉变、褪色、尘污、破损、虫蛀、鼠咬等现象;立卷质量符合国家档案局制定的有关规范;档案的保管期限要准确;立档单位向档案馆移交档案,必须同时移交系统、齐全、规范、有效的检索工具两套。档案馆应根据档案信息化的要求建立文件及目录数据库、重要文本数据库。此外与档案有关的资料一并移交,如组织沿革、全宗指南、目录、大事记等要齐全,目录一式两份(案卷目录和卷内目录),全宗说明一式三份。

四、历史档案的征集

以1949年中华人民共和国成立为界限,在此之前产生的档案都被称为历史档案,包括1921年中国共产党成立至1949年反映中国共产党领导人民进行新民主主义革命斗争的革命历史档案、民国档案、清代档案、明代档案以及明以前各朝代的档案。

历史档案真实地记录了一个国家和地方的历史和文化,征集档案就是为了保护国家的历史文化财富。

档案馆档案征集的方法主要包括无偿征集、有偿征集、购买、征收(没收)、征购、交换等方法。无偿征集主要包括捐赠、捐献等方法;有偿征集包括补偿性、奖励性的捐赠或捐献、过滤性寄存、复制副本、交换和交流等方法;购买包括货币交易购买、竞拍购买、委托交易购买;征收和征购是档案馆或有关执法部门依法采取强制手段将档案强行征集进馆的一种档案征集方法;交换是各档案馆之间或档案馆与图书馆、博物馆、纪念馆等机构之间交换各自应当保存的属于本地区的档案、图书、文物等。

档案收集工作是档案管理工作的起点,具有一定的规范性、技术性和操作性,尤其是文件归档范围的划分、归档流程的控制,以及电子文件归档的操作,做好此项工作对整个档案管理工作具有重要意义。因此各单位档案室和各级各类综合档案馆要严格按照各自例行的接收制度和征集方法完成相应的档案收集工作。

▶ 思考与练习

一、案例分析

××贸易公司的小陈刚接任专职档案管理员的职务,就遇到了接收归档文件的工作。公司办公室的文书管理员小陆将处理完毕的文件交给了小陈,让他进行鉴定、整理,还说以往公司的立卷归档工作就是这么做的。请思考下列问题:

① 该公司文件归档工作的做法是否符合国家的规定?为什么?
② 小陈在文件归档工作中的职责有哪些?

二、技能题

下面是浙江省妇联的几份文件,请你鉴别一下哪些需要立卷归档,哪些不需要立卷归档。你的理由是什么?

① 浙江省妇联主席××在全国妇女工作会议上的典型发言。
② 中共浙江省委关于省委组织部××、×××等同志的任职通知。
③ 中共浙江省委关于浙江省纪律检查委员会刘××贪污腐化的处理决定。
④ 浙江省妇联关于全省妇女教育发展规划。
⑤ 浙江省妇联主席××在企业传承与发展论坛上的致辞。
⑥ 浙江省妇联关于妇女儿童发展规划中期监测评估报告。

▶ 综合训练

收集移交档案

实训内容

给学生××单位或××部门的文件资料,让学生结合所学知识练习档案收集,明确归档范围,填写档案移交清单等;运用电子档案管理软件系统以及常用的收集方法进行电子档案的收集、维护和归档文件目录的导出。

实训目的

通过实训,使学生了解档案整理程序中的立卷过程和要求,练习档案的分类、立卷、装订或装盒、填写案卷封面,掌握电子档案收集的方法以及文秘专业的必备的立卷技能,以适应实际的档案管理工作。

实训地点

档案实训室。

实训组织

学生一人一组上机操作,每人发一组待录入的文件以及一份移交档案清单。

实训过程

(1) 教师讲解档案收集归档的基本要求。

(2) 纸质档案的收集。

① 学习《机关文件材料归档范围与文书档案保管期限规定》,了解××单位纸质档案的收集流程。

② 明确移交档案程序,模拟填写移交档案清单。

(3) 运用电子档案常用收集方法进行电子档案的收集。

① 打开创奇文件档案管理软件,进行收文、发文录入和归档。

② 运用软件模拟归档文件的管理与维护。

③ 导出归档文件的"归档文件目录"。

(4) 学生结合所学知识进行相应的操作后完成实训报告。

知识链接

档案收集工作的要求

(1) 归档材料应当齐全、完整、优化。齐全是指门类齐全,不论是内容还是载体;完整是指归档的材料要完整、不缺损;优化是指仅在数量充分的基础上要求质量优化,具有特色。《档案法》中第十四条规定:"应当归档的材料,按照国家有关规定定期向本单位档案机构或者档案工作人员移交,集中管理,任何个人不得拒绝归档或者据为己有。国家规定不得归档的材料,禁止擅自归档。"第十五条规定:"机关、团体、企业事业单位和其他组织应当按照国家有关规定,定期向档案馆移交档案,档案馆不得拒绝接收。"

(2) 加强档案调查和指导。各机关、团体和企业事业单位的档案机构依法统一管理本单位的档案,一方面负责对本单位各部门文件材料收集、整理、归档工作进行业务指导,对所属机构的档案工作进行监督、指导;另一方面,档案管理部门要采取多种措施,通过各种途径大力加强调查,强化征集民间特色档案,促进档案资源建设,以丰富馆藏内容,改善馆藏结构,将应接收的档案及时接收进馆。

(3) 保持全宗不可分散性。全宗就是一个立档单位形成的全部档案,一个单位的各项活动是密切联系的,因此在活动中形成的各种文件材料也必然存在着固有的联系。为了确保文件的完整,在收集档案时必须坚持全宗不可分散的原则,一个单位所形成的档案应集中到一个档案室,不能人为地分散处理。

(4)加强档案工作的标准化。档案载体和书写材料应当符合档案保护和装订的要求。应当使用符合耐久性要求的书写材料,严禁使用纯蓝墨水、红墨水、铅笔、圆珠笔等非耐久性书写材料。归档材料中有电子文件的,应当与相对应的纸质文件一并存档。

▶ **法规阅读**

(1)《电子公文归档管理暂行办法》

(2)《电子档案移交接收操作规程》(DA/T 93—2022)

(3)《电子文件归档与电子档案管理规范》(GB/T 18894—2016)

(4)《各级各类档案馆收集档案范围的规定》

项目三

档案整理立卷

第三课
档案整理
立卷

档案整理立卷,是将已处理完毕的、有保存价值的零散文件进行系统整理并组成案卷的过程,包括文书部门对归档文件的整理立卷和档案室对接收的归档档案的编号和排列等,是档案管理的一项基础性业务工作。档案整理方法有两种,即传统立卷和以件为单位的整理。本项目重点介绍全宗内档案分类方案,整理立卷的两种方法,案卷排列、编号与编目,适用于各类单位。

【学习目标】

(1)知识要求:通过本项目的学习,掌握档案整理工作的内容、原则和要求;学会正确地区分档案全宗以及全宗内档案的分类方法;初步掌握档案整理的方法与要求。

(2)能力要求:通过本项目的学习与任务训练,能够按照档案整理立卷方法和程序,进行档案整理工作。

(3)思政要求:通过本项目的学习与任务训练,培养学生严谨守规的工匠精神,认真负责的工作态度。

【职业箴言】

档案整理是份清苦差事,需要耐心和匠心,才能卷卷件件皆锦绣。

解读:档案整理工作很枯燥烦琐,档案管理员每天面对的是编不完的目录、整不完的资料,需要一定的耐心和匠心才能保证整理的每一份案卷都规范合理,尤其是在充满各种诱惑的变革时代,没有乐于奉献的精神是做不好档案整理工作的。

任务一　认识全宗及分类方案

▶ **知识目标**
- 掌握全宗及立档单位的含义与构成条件。
- 明确档案整理工作中分类方案的种类、组合及制定原则与要求。

▶ **能力目标**
- 能够根据立档单位的构成条件判断具体单位能否构成立档单位。
- 能够根据不同分类方案的特点与适用要求判断具体单位的分类方案是否合理规范。

▶ **思政目标**
- 培养实事求是的工作作风,合理选择分类方案。
- 树立标准化中创新运用的工作思维。

▶ **案例导入**

> 新成立的××公司是一家小型企业,秘书常丽兼管档案工作,她采用组织机构—年度—保管期限分类法进行档案的分类。公司成立5年多来,总经理换了两任,内部组织机构变动频繁,部门调整大,而常丽采用的档案分类方法一直没有变化。一天,总经理要查一份4年前的文件,由于部门的变动,常丽已经记不清这份文件的形成部门了。结果常丽翻遍了柜子,才找到这份文件。

立档单位进行档案分类时应考虑单位的具体情况,灵活地选择实用的分类方案,文书档案的分类方案可以按问题、保管期限分类,也可以按年度、组织机构分类,但是在实际工作中往往不是单一分类,而是综合运用。每种分类方案都有自己的适用范围,不能随意用之。本任务的"案例导入"中采用组织机构—年度—保管期限分类法进行档案的分类,而内部组织机构变动频繁,部门的调整大,常丽这样做产生的后果是不利于档案分类的连续性。

▶ **任务训练**

活动目标

通过实地调查了解某单位档案分类方案,并能按照全宗内档案分类方案要求对该单位档案进行分类。

活动组织

根据情况灵活分组调查。

活动内容与要求

(1) 各组指定代表介绍本组所调研单位的分类方案。

(2) 对比各组的评价,评选出最佳调研小组。

▶ 理论支撑

一、档案整理工作的内容及原则

（一）档案整理工作的内容

档案整理工作的内容包括区分全宗、分类、立卷、装订或装盒、案卷排列和编号、编目等。

档案整理工作具体包括以下几个环节：

（1）区分全宗；

（2）全宗内档案的分类；

（3）立卷（卷内文件的排列和编号、填写卷内目录和备考表、拟写案卷标题、填写案卷封面）；

（4）装订或装盒；

（5）案卷排列和编号；

（6）编目，即编制案卷目录。

全宗内档案的分类、立卷、案卷排列和编号以及编制案卷目录等业务环节，一般由文书部门或文书人员承担，即文书立卷。归档案卷的统一编号和排列由本单位档案室承担。全宗的划分和排列多由档案馆承担。

（二）档案整理的原则

1. 保持文件之间的有机联系

文件之间的有机联系，是指文件在产生和处理过程中所形成的内部相互关系，也称文件的"内在联系"。保持文件之间的有机联系是档案整理工作的根本性原则。

文件之间的有机联系主要表现在以下几个方面：

（1）文件在来源上的联系。

来源，一般指形成档案的社会组织或个人。同属于一个形成者或同类型的形成者的文件在来源上有着密切的联系。例如，华源物业公司的收文、发文和内部文件，属于同一个形成者，具有来源上的密切联系。

因为不同来源的文件反映不同形成者的历史活动面貌，所以整理档案时必须先保持文件在来源上的联系，不同来源的档案不能混淆在一起。

（2）文件在内容上的联系。

内容，是指文件涉及的具体事务或问题。同一件事务、同一项活动、同一个问题所产生的文件之间必然具有一定的密切联系。

整理档案时保持文件之间在内容上的联系，有利于完整地反映其形成者各种活动的来龙去脉和基本情况，也便于查找利用。

（3）文件在时间上的联系。

文件的时间，是指文件的形成时间。整理档案时保持时间上的联系，有利于体现形成者活动的阶段性、连续性和完整性。

（4）文件在形式上的联系。

形式上的联系，一般指文件载体、文种、表达方式以及特定的标记等因素。整理档案时保持文件形式上的联系，有利于揭示文件的特殊价值，便于档案的保管与完整性。

2. 应符合文档一体化管理要求，便于计算机辅助管理

根据《归档文件整理规则》（DA/T 22—2015），在信息化条件下，归档文件整理必须考虑

纸质文件和电子文件的整理要求,将纸质文件材料整理与电子文件整理统一起来,尽量用电子文件管理的思路和方法去引领归档文件整理,进而实现纸质文件材料和电子文件统一标准、统一整理、统一管理的要求。

3. 应保证纸质文件材料和电子文件整理协调统一

目前纸质文件材料与电子文件在较长的时间内会并行存在,因此保证二者的协调统一是进行归档文件整理的要求。归档文件整理时一般应将归档电子文件作为第一整理对象,先在归档系统上完成电子文件的整理,再据此整理纸质归档文件,以便保持整理工作的一致性和稳定性。

4. 应区分文件的不同价值,便于保管和利用

整理时应先区分文件价值,划定不同的保管期限。《归档文件整理规则》(DA/T 22—2015)对分类的要求有,将不同年度、不同机构、不同保管期限的文件区分开来,为开展后续工作打下基础。便于保管、方便利用是归档文件整理工作的重要目标,不同价值的文件材料采取不同的保管策略,可以提高档案的管理效率。保持文件材料之间的有机联系可以提高归档文件的查全率和查准率。

二、认识全宗

(一) 全宗的概念

全宗,是指一个国家机构、社会组织或个人形成的具有有机联系的档案整体。凡是具有独立性的单位或个人的全部档案就叫一个全宗。按全宗内容的性质,可将全宗分为机关全宗和人物全宗;按构成全宗的方式,可将全宗分为独立全宗、联合全宗和全宗汇编等。

全宗具有不可分散性,同一个全宗的档案不能分散整理,不同全宗的档案不能混淆。

全宗的不可分散性的含义包括以下三点:

(1) 全宗是一个整体,不可分割。

(2) 全宗具有客观性。

(3) 全宗以一定的单位为基础,具有相对的稳定性。

(二) 立档单位的概念及构成条件

1. 立档单位的概念

立档单位,是指形成档案全宗的国家机构、社会组织或个人,也称全宗构成者。

例如,"浙江省人民政府"是一个立档单位,它的全部档案就构成一个全宗;"王××"是一个立档个人,他的全部档案就是一个全宗。

2. 立档单位的构成条件

立档单位的构成条件主要包括以下三个方面内容:

(1) 行政上,立档单位可以独立行使职权并能以自己的名义向外行文,这是构成立档单位的首要条件。

(2) 财务上,立档单位是一个经济核算单位,可以编制财务预算或财务计划。

(3) 人事上,立档单位有一定的人事任免权,设有管理人事的机构或岗位。

应特别指出的是,上述确定立档单位的条件中,第一个条件是首要条件。因为在某些特殊条件下,一些单位不同时具备三个条件。在这种情况下,判断其是否为立档单位,主要依

据第一个条件,看它能否独立行使职权并以自己的名义行文。

例如,××市××区中心学校的财务工作由该区设立的财务中心统一管理,各个学校不再单独设置自己的财务机构,不单独处理财务工作,但他们能够独立行使职权,仍是一个立档单位。

3. 确定立档单位的方法

(1) 从文件中查找。立档单位都具有相对独立的行文权,所以从文件的发文机构就可以确定立档单位的归属。

(2) 从实际工作情况考察。可以从立档单位实际工作情况来判定,基本情况包括单位名称、主要职能、机构沿革、具体的工作活动等。

(三) 区分全宗

理解了全宗的含义,在实际工作中就很容易区分全宗了,一般有以下几种情况。

1. 立档单位发生根本性的变化后全宗的区分

(1) 立档单位被撤销,工作终止,其档案应作为独立全宗予以保存。例如,××省进行机构改革,撤销了省经济委员会,将其职能划入发展和改革委员会。那么经济委员会的档案应作为撤销机关独立全宗保存,以后产生的应作为发展和改革委员会全宗档案的一个组成部分。

(2) 由几个立档单位合并而成的新的立档单位,合并前的档案分别构成独立全宗,合并后形成的档案构成一个新的全宗。如果是以其中一个立档单位为中心,兼并若干个其他单位,那么中心立档单位兼并前后的档案应作为同一个全宗,其他被兼并立档单位兼并前的档案分别构成独立全宗。

(3) 立档单位的某个内部机构或职能独立出来而形成新的立档单位,独立前的档案作为原单位全宗的一部分,独立之后的档案作为新的全宗。

(4) 某单位的某个内部机构或职能直接并入其他立档单位时,之前的档案为原全宗,之后为所并入的全宗。

(5) 合署办公的立档单位,其档案若能区分开,则一般分别构成独立全宗;如果档案区分有困难,则可以按全宗的补充形式处理。

2. 立档单位发生非根本性变化后全宗的区分

单位非根本性变化,是指立档单位名称的变更、职权范围的变化、内部组织调整、工作地点变化,一般不会引起全宗变化。

3. 临时和派出机构档案的全宗归属

对临时与派出机构的档案,应具体分析。若时间较短,职能性质不重要,档案数量不多,则不构成独立全宗,而是作为其上级主管单位的全宗的一部分;反之,可为独立全宗。

(四) 判定档案所属全宗

档案馆在整理档案时,必须准确地判定档案所属全宗,特别是在一些不同全宗的档案相互混杂或分散时。档案室因所保管的档案为同一个全宗,因此在整理时无须区分全宗,只需区分类别。

判定档案所属全宗,关键在于确定档案的形成者,可以从以下三类文件中进行判定:

(1) 立档单位的发文(印件和底稿)。发文都有机关署名,即文件作者。发文的作者就是档案的形成者,只要查明文件的作者就可以确定文件的所属全宗。

(2) 立档单位的收文。可以从文件的抬头、结语和内容反映出来。经过收文登记的还可以从登记标志反映出来。

(3) 立档单位的内部文件。判断方法和发文一样，只要看文件的作者便能知道档案所属全宗。另外，还可以从文件的纸张、书写格式、墨水、各种标记、符号、印章、日期，以及文件的内容和内容涉及的人物、时间和地点等来进行判断。对于考证不出来的可以暂存，留待今后再考证，也可以作为档案汇编进行处理。

（五）人物全宗

人物全宗，是指社会活动家、科学家、文学家、艺术家、教育家以及其他著名人物在其一生活动中所形成的档案整体。某些著名的家族和家庭也可以构成一个人物全宗。其内容包括个人的著作、手稿、日记、信件、照片、录音、录像、遗嘱，以及记录个人、家庭和家族社会活动的全部资料等。

人物全宗整理中应注意以下几点：

(1) 人物全宗中不得收入全宗构成者在公务活动中处理的官方文件的原件（复制的除外）。

(2) 个人、家庭和家族的文件材料，无论形成于何时何地，以及立档单位的政治思想和社会地位有何变化，都只能构成一个全宗。

(3) 人物全宗是国家档案的组成部分，其中往往拥有相当珍贵的材料，对于经济、政治、历史、艺术、科学、军事等方面的研究具有重要价值。

（六）全宗的补充形式

1. 联合全宗——全宗的联合体

联合全宗，是指两个以上有联系的机关形成的档案，由于混在一起难以区分立档单位而联合组成一个全宗。一般有两种情况：① 前后有继承关系的机关，由于工作关系密切，档案已经混在一起无法分开；② 职能上有密切关系的两个机关合署办公，对内是一套机构和编制，对外是两个牌子，而档案又是混在一起无法分开的。

联合全宗应冠以所有组成这个全宗的立档单位名称，档案则按一个全宗对待。

2. 全宗汇编

全宗汇编，是指将若干个性质相近的独立全宗人为地汇集起来，即由数量较少的若干个全宗按照一定的特点组成一个全宗集合单位。汇编的条件有两个：① 独立全宗的档案较少，按一个独立全宗管理不便；② 性质相近。

三、全宗内档案分类

档案分类，是指全宗内归档文件的实体分类，即将归档文件按其来源、时间、内容和形式等方面的异同，分成若干层次和类别，构成有机体系的过程。档案分类是档案系统化的关键性环节，对档案整理工作具有重要意义。全宗内档案分类工作包括选择分类方法、编制分类方案等具体内容。

（一）选择分类方法

档案分类主要有以下几种方法。

(1) 职能分类法。职能是一个机构或组织在社会生活中的作用和功能，即按档案内容所反映的管理职能分工来划分档案的类目。例如,企业的生产部门、销售部门、财务部门、物流部门等的档案分类管理;党群工作类、行政管理类、经营管理类、生产技术管理类、产品类、科技研究类、基本建设类等。这一标准和组织机构分类法不可同时使用。在中国档案实体分类和信息分类中,职能分类占据着十分重要的位置。

(2) 问题分类法。即按档案内容所反映的问题性质来划分档案的类目,又称"事由分类法"。例如,企业的技术研发问题、职工的保险问题等。这种分类法的优点是能够集中立档单位具有共同内容的档案,较好地保持了文件之间的联系,便于反映立档单位各项工作的情况。缺点是问题分类法在类别设置上需要档案工作人员根据档案的具体情况归纳、拟订,操作上比年度分类法、组织机构分类法有更大的困难。

(3) 组织机构分类法。即按单位内容设置的组织机构来划分档案的类目。如人事处、办公室等。主要有以下优点,能较好地保持档案在来源上的联系,完整地反映各个内部组织机构活动的情况;以内部机构为分类标志,概念明确、客观,有助于文件的准确归类;有共同内容的文件相对集中,便于查找。适用于立档单位内部机构比较稳定的情况,内部机构之间的档案界限清楚,便于识别和区分。

对于涉及几个部门的文件,归类的依据是看哪个机构对文件进行了实质性的办理工作,而不能仅看发文名义或处理名义,或看文件内容是否属于该机构的职权范围。例如,××建筑公司采购部起草了一份关于原料采购品种与价格的函件,以公司的名义发出,那么这份文件应归入"采购部类"当中。由立档单位领导人或中心机构负责起草的全局性、综合性文件,应归入中心机构,即办公室类。由若干个内部机构共同起草、办理的文件,应归入牵头机构或最后的经办机构的类别中;若判断不出牵头机构,则将文件归入显示存放的机构或中心机构的类别。由某一个或几个内部机构负责起草、办理的全局性、综合性文件,一般应归入中心机构类别,也可以归入起草或办理的机构中。

(4) 年度分类法。即按文件形成或处理的所属时间阶段来划分档案的类目,一般是将文件按其形成年度或内容针对的年度分开,同一年度的文件排列在一起。主要有以下优点:分类标志客观、明确,操作简单易行;符合立档单位按年度归档的制度,文件归类时界限明确;可以较好地体现立档单位工作活动的历史发展进程。

运用年度分类法,关键是准确地判定文件所属年度,尤其是文件涉及两个或两个以上年度时。一般归类如下:① 标有不同年度的文件的归类。根据文件的特点,选择一个最能说明文件时间特点的日期归类。文件本身存在几个日期,包括制发日期、批准日期、生效日期等,属于不同年度时,应根据文件的性质准确归类,一般的文件以制发日期(落款)为准,而法律法规文件一般以批准、通过或生效日期为准。如果计划、总结、预算、决算、统计报表等文件,其内容涉及若干年度时,那么计划、预算应归入内容所针对的开始年度,总结、决算、统计报表应归入结束年度。② 按专业年度形成的文件归类。某些专业采用与自然年度不同的年度进行工作,如学校的教学年度——学年,是从每年的9月1日至次年的8月31日作为一个学年。

(5) 型号分类法。即按产品或设备的种类与型号来划分单位的产品档案或设备档案的类目。企业档案多采用此法,尤其是产品或设备档案较多的,如按照产品的不同型号与种类划分。

(6) 课题分类法。即以各个独立的研究课题为分类单元,划分档案的类目。适用于对科研或科技档案的分类。

(7) 工程项目分类法。即按独立的基建工程来划分基建档案的类目。相对独立的工程项目是指一项项目、一种产品、一台设备仪器、一个科研课题等。项目较多时还要按项目性质加以归类。

（8）专业性质分类法。又叫专业特征分类法，即按档案内容所涉及和反映的专业性质来划分档案的类目，主要用于科研档案的分类。

（9）地域特征分类法。根据档案内容所反映的地域特征划分档案的类目，主要用于科技档案的分类。

（二）编制分类方案

分类方案，又称分类标准、分类原则，是指档案分类的表现形式，是以文字或图表形式表示一个全宗内档案分类方案体系的一种文件。制订分类方案，需注意方案要具有统一性、类目要具有排斥性，不能你中有我，我中有你，同时类目要有伸缩性，能随客观变化而增加或减少。

根据《企业档案工作规范》(DA/T 42—2009)附录 A 可知，企业文件归档一般分类设置十个一级类目，即经营管理类、生产管理类、行政管理类、党群管理类、产品生产类、科研开发类、项目建设类、设备仪器类、会计业务类、职工管理类。在实际工作中，可以根据单位性质、规模等方面的差异而予以灵活调整。非生产型企业可设七个大类，即经营管理类、生产管理类、行政管理类、党群管理类、科研开发类、会计业务类、职工管理类。

合理选择分类方法，很大程度上决定了分类的质量。全宗内档案分类的方法很多，《归档文件整理规则》(DA/T 22—2015)中规定基本的、通用的分类方法是年度、机构（问题）和保管期限这三种分类方法。在实际工作中，当归档文件数量较多时，单纯采用一种分类方法的情况是比较少见的，较多的是将几种分类方法结合使用，称之为复式分类法。复式分类法的分类方案是依据确定的分类法，分层标列类目名称，以固定全宗内归档文件类别的分类体系。这是归档文件整理的重要依据。下面列举七种常用的复式分类法，并对相应的分类方案加以说明。

（1）年度—机构—保管期限分类法。

年度—机构—保管期限分类法，即先将归档文件按年度分类，每个年度下按机构分类，再在机构下按保管期限分类。这种分类方法适用于内部机构设置比较稳定的立档单位，《归档文件整理规则》(DA/T 22—2015)将其列入条文中推荐采用。××建筑公司档案按该分类法分类如图3.1所示。

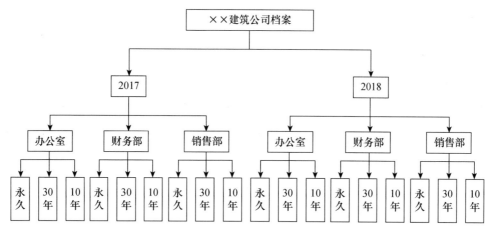

图3.1 年度—机构—保管期限分类法结构示例图

(2) 年度—保管期限—机构分类法。

年度—保管期限—机构分类法,即把一个单位的档案先按年度分开,每个年度内分为永久、30年、10年三种保管期限,然后再按组织机构分开。这种方式的优点是简便易行,与文书处理制度相吻合,标准客观,便于归类,多数单位采用此法。缺点是一个组织机构的档案被年度隔成许多部分,较分散,不便查阅。××建筑公司档案按该分类法分类如图3.2所示。

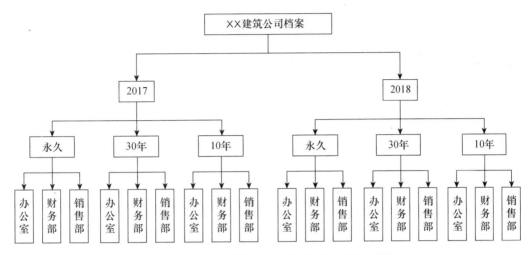

图 3.2　年度—保管期限—机构分类法结构示例图

(3) 保管期限—年度—机构分类法。

保管期限—年度—机构分类法,即先将归档文件按保管期限分类,每个保管期限下按年度分类,再在年度下按机构分类。这种分类方法同样适用于内部机构设置比较稳定的立档单位。××建筑公司档案按该分类法分类如图3.3所示。

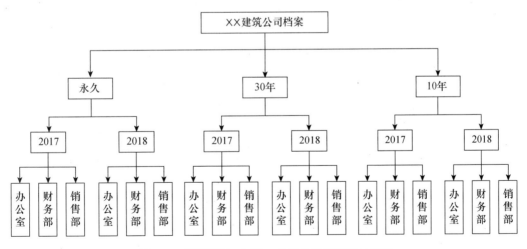

图 3.3　保管期限—年度—机构分类法结构示例图

(4) 机构—年度—保管期限分类法。

机构—年度—保管期限分类法,即先将归档文件按机构分类,每个机构下按年度分类,再在年度下按保管期限分类。这种分类方法适用于内部机构基本固定或少有变化的立档单位以及撤销机关的文件整理归档工作。××建筑公司档案按该分类法分类如图3.4所示。

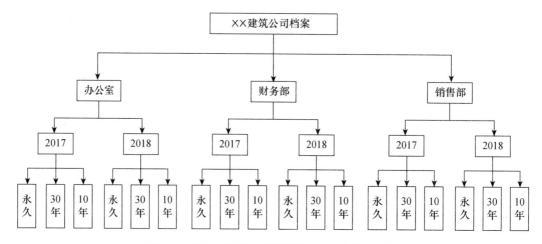

图 3.4　机构—年度—保管期限分类法结构示例图

（5）机构—保管期限—年度分类法。

机构—保管期限—年度分类法,即首先按机构分类,然后在机构下再按保管期限、年度分类。这种方法适用于机构设置比较稳定的立档单位。采用机构为首级分类符合档案形成特点,按机构分就能客观地反映立档单位各个机构工作活动的面貌和状况,能比较好地保持档案在来源上的联系,但不能保持档案内容上的一致性。××建筑公司按该分类法分类如图3.5所示。

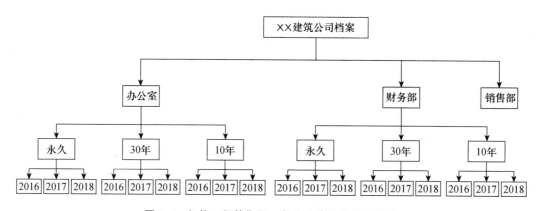

图 3.5　机构—保管期限—年度分类法结构示例图

（6）问题—年度—保管期限分类法。

问题—年度—保管期限分类法,即先将归档文件按问题分类,每个问题下按年度分类,再在年度下按保管期限分类。值得注意的是这里的"问题"与上边提到的"机构"分类两者只能选择其一,不可同时采用。因为"机构"往往对应一定"问题"的档案,比如"办公室"对应的档案就属于"行政类","财务部（处）"对应的档案从问题上讲属于"财务类"。此方法适用于撤销机关的文件整理归档工作或历史档案整理工作。××建筑公司档案按该分类法分类如图 3.6 所示。

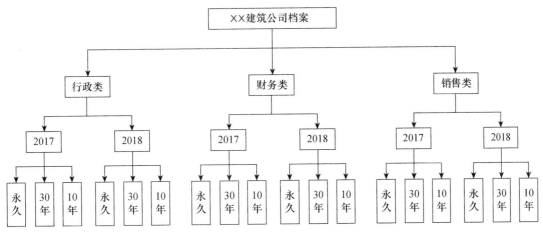

图 3.6　问题—年度—保管期限分类法结构示例图

（7）年度—保管期限分类法/保管期限—年度分类法。

这是年度和保管期限的不同组合。年度—保管期限分类法是先按年度分类，再按保管期限分类。保管期限—年度分类法是先按保管期限分类，再按年度分类。

在分类时应针对不同单位档案的具体情况，灵活地采用适合本单位具体情况的分类方案。分类方案是进行分类工作的依据，无论采用哪种分类方案进行分类，一个单位的档案分类方案应该一致，而且应保持相对稳定，使分类体系具有便捷性，便于查找利用。

值得注意的是，由于不同档案的特点不同，在实际应用时，可根据具体情况，结合其中几种灵活运用。一般基本建设档案的分类，具体到不同单位和不同基建项目，其档案主要有"性质—工程项目分类法""流域—工程项目分类法"。产品档案的分类，由于产品种类繁多，各种产品代号也不尽相同，因此在型号分类法的基础上，派生出许多具体分类方法，比较常用的有"性质—型号分类法""系列—型号分类法""年度—型号分类法"。设备档案的分类，根据组织形式和设备类型的不同，主要有"性质—型号分类法""工序—型号分类法"。科研档案主要有"学科—课题分类法""专业—课题分类法"。

任务二　档案整理与立卷

知识目标
- 掌握传统与最新档案整理与立卷工作的流程及要求。

能力目标
- 能够按照传统立卷方法将待整理的档案装订立卷，并填写卷皮及相关事项。
- 能够按照立卷改革后的新的立卷方法将待整理的档案整理装盒，并填写案盒及相关事项。

操作演示 3.1
文件的组件
与排列

思政目标

- 培养严谨务实的工作作风。
- 树立懂法守规的规矩意识。

案例导入

文书立卷　全程督控

××集团是一家成员企业数量众多的控股公司,集团对档案工作采取了"统一领导、分级管理"的原则,制定了统一的分类方案,设置文书档案、科技档案、会计档案等几大类,在各类下设多个小类,如文书档案就下设党群类、行政类等小类。同时,公司有以下规定:

(1) 坚持"谁经手谁立卷",凡红头文件及集团本部产生的重要资料,由收发人员和具体经办人员做好文件(资料)的整理、立卷、编目,填写好移交清单,于次年第一季度前移交档案室归档。

(2) 集团每年年初与各企业经营者签订年度目标管理责任书,将文书资料的档案整理标准、归档范围、归属流向及奖惩考核事项列入协议条款中;集团档案室年终对各成员企业的档案工作业绩进行考核。

(3) 对于生产型企业的参股公司所产生的文书资料,如营销客户资料、产品研发鉴定、设备技术资料及资质认证、签订的商务合同与协议等由各参股公司指定部门的相关人员担任兼职档案员,负责收集整理立卷,然后移交本企业档案室,集团档案室不直接参与日常管理,而是对相关企业进行业务指导和监督。

档案整理与立卷工作是使档案有序化的过程,关系到档案的系统性和完整性,公司应根据自己的实际情况预先制订一套档案整理与立卷方案,确定档案的分类标准,做到各司其职,全程管控。

任务训练

活动目标

通过归档文件的分类整理、立卷、装订或装盒,训练学生实际的文档整理能力。

活动组织

根据情况灵活分组,整理××单位待归档的文件。

情景剧 3.1
如此整理
归档文件

活动内容与要求

(1) 学生分组,通过具体某单位归档文件的分类、整理、立卷、装订或装盒,训练学生的文档整理能力,然后对每组的分类立卷方案进行评价。

(2) 对比评价各组装订的案卷、填写的案盒。

理论支撑

分类方案确定后,就可以在分类的范围内将零散的文件集合成案卷,分类与立卷是全宗内文件系统化过程的两个重要环节,这两个环节既有区别又有联系。分类是把全宗内文件按照一定的特点分成若干部分。立卷是把局部的零散的文件,按照一定的特点组成多个保管单位。全宗内文件的整理,一般是先分类再立卷,分类是立卷的前提和先期环节,分类是否正确,对立卷工作有着直接的影响,不是一类的文件是不能组成一个案卷的。目前档案整理有两种形式：2000年以前形成的老档案按照传统方法立卷，立卷改革后需归档的文件按照新的方法与要求整理。

一、传统文件立卷的特征

文件立卷归档，是指文件形成部门将办理完毕的、具有查考和保存价值的文件材料，按照它们在形成过程中的联系和规律组成案卷，向档案管理部门移交的行为过程。传统文件立卷主要有六个方面特征。

1. 作者特征

作者即档案形成者。作者特征，是指文件制发机关的特征。按作者特征立卷，就是将同一作者制发的文件组合在一起进行立卷。

2. 通信者特征

通信者，即往复文件的双方作者。通信者特征，是指文件收发双方共同构成的特征，是作者特征的另一种表现形式。按通信者特征立卷，就是把本单位与某一单位之间就某一问题或某些问题的往复文件集中组为一卷。

3. 问题特征

问题特征，是指文件内容所反映的主题特征。按问题特征立卷，就是将反映同一主题（包括同一问题、事件、人物、工作等）的文件组成案卷。

4. 名称特征

名称，即文种名称。名称特征，是指文种名称的特征。按名称特征立卷，就是将同一文种的文件集中在一起组成案卷。

5. 时间特征

时间特征，是指文件内容所针对的时间和文件形成的时间共同构成的特征。按时间特征立卷，就是将形成于同一时间或内容针对同一时间的文件集中在一起组成案卷。现行机关的文件立卷都是分年度进行的。

6. 地区特征

地区特征，是指文件内容所针对、涉及地区或文件形成者所在的地区共同构成的特征。按地区特征立卷，就是将来自同一地区或内容针对同一地区的文件集中起来组成案卷。

上述立卷的六大特征，在实际工作中应灵活运用，运用的要点可归纳如下两点：

(1) 综合运用六大特征。文件与文件之间的联系是非常复杂的，往往不能单从文件的某个特征去立卷，应善于将六大特征结合起来运用。在实际工作中采用单一特征组成的案卷非常少，一般运用二至四个特征的案卷较多。例如，上海宝钢总公司关于2016年产品销售问题的调查报告、策划方案，此案卷就使用了作者、时间、问题、名称等四个特征；浙江省水利开发公司关于湖州地区水利资源情况的调查报告，此案卷使用了作者、地区、问题、名称等四个特征。

(2) "一事一卷"。所谓的"一事一卷"即组小卷，就是一个问题、一次会议、一个项目、一个活动形成的文件材料，不论多少，一般只要保管价值相同，可以单独组成一卷。

在运用六大特征立卷时要"四分四注意"：即分年度，注意文件内容针对的时间；分级别，注意上下级文件之间的联系；分问题，注意问题的联系准确，结合运用文件的其他特征；分保管价值，注意材料的完整性。

二、立卷改革

随着我国档案事业的不断发展,传统的立卷制度存在的种种弊端也日益显现,对机关档案室而言,由于立卷方法烦琐,每年立卷归档工作占用大量人力、物力,并因立卷工作主观性较大,案卷质量难以保证,因而档案利用工作往往也难保证。因此国家档案局于2000年12月发布了《归档文件整理规则》(DA/T 22—2000),并于2001年开始实施,取消案卷,推行文件级(按件)整理,大幅度简化整理中的手工操作,以促进档案的科学管理。这是我国机关档案工作的一次重大改革,它改革了我国运用了五十余年之久的传统立卷方法。

立卷改革,即指文件归档时,在计算机对文件实行全文信息管理的前提条件下,取消立卷,以单份文件为保管单位按其自然联系进行整理。

文件级管理模式与传统立卷模式相比,主要有以下四个方面的变化:

（1）取消案卷,实行文件级管理；
（2）分类方法固定为年度、保管期限、机构(问题)三种,允许进行不同组合；
（3）装订以"件"为单位；
（4）简化档案盒填写。

最根本的改变就是管理单位的不同,传统上以"卷"为单位,改革后以"件"为单位。

为了适应纸质文件与电子文件并存的现状,满足信息化条件下归档文件整理的需要,新发布的《归档文件整理规则》(DA/T 22—2015)在整理原则、整理流程等方面进行了较大幅度的改动。本任务将简要介绍两种档案整理方式的整理原则和整理流程。

三、档案整理流程

目前存在两种档案整理的基本方法。一是立卷,以案卷为单位整理。即按照文件材料在形成和处理过程中的联系将其组合成案卷。以案卷为单位整理文书材料时应当符合《文书档案案卷格式》(GB/T 9705—2008)的规定。所谓案卷,就是一组有密切联系的文件的组合体。以案卷为单位整理的档案,其基本保管单位是案卷。二是装盒以件为单位整理。以件为单位整理就是以文件材料形成和处理为基本单位进行整理。一般来讲,一份文书材料、一张图纸或照片、一盘录音带或录像带、一本表册或证书、一面锦旗、一个奖杯等均为一件。以件为单位整理的档案,其基本保管单位是件。

操作演示 3.2
归档文件整理操作

（一）传统档案整理流程

传统档案整理流程包括区分全宗、分类、立卷、卷内文件整理、填写卷内文件目录、备考表和案卷封面、装订、案卷目录的编制等。

1. 了解情况,拟订方案

主要是了解立档单位的情况,包括单位职能、隶属关系、内部机构、负责人情况、文档工作情况、印章、标记,以及成立、撤销、变化的时间和原因,还应了解全宗的数量、所属年代(形成时间)、主要内容、保管状况、完整程度、混杂情况、整理质量、提供利用时间等。然后据此拟订整理方案。

2. 区分全宗,编制立卷类目

立卷类目,又叫归卷类目、案卷类目,是在文件还没有形成以前,根据机关工作活动和文件形成的规律,对一年内可能产生的文件,按照立卷的要求和方法事先编制成的一个立卷计划。立卷类目的构成由类、目、号三部分组成。

3. 细分类

细分类，是指按年度、级别、问题、价值对档案分类立卷。以下分别介绍四种细分类：

（1）按年度分类。将文件按其形成或处理的年度划分，应注意文件内容针对的时间。一般的收文和发文，放在文件形成的年度，即文件落款年度；年度计划、总结、报告、预决算、统计报表放在所针对的年度。跨年度的计划、规划、预算放在开始的年度；上一年的总结和下一年计划写在一起，可存放在总结的年度；跨年度的会议文件，有针对年的放在针对年，无针对年的放在闭幕的年度；跨多年的临时性工作形成的文件，放在形成的年度；跨年度的请示与批复，放在批复的年度，也可以放在批复问题的针对或生效年度立卷；无批复的重要请示放在请示年度，并在备考表内说明。法规性文件放在批准或公开的年度；案件材料放在结案的年度。

（2）按级别分类。文件按其来源，分成本级、上级、同级和下级，注意本级与上、下级文件之间联系，密不可分的应放在一起立卷。本级的请示与上级的批复，下级的请示与本级的批复，由本单位文件承办部门立卷；上级针对本级的指示、通知、通报、批示、任免、命令等，由本单位文件承办部门和执行部门一起立卷。

（3）按问题分类。将文件按其内容所反映的问题划分，注意一个问题、一项工作、一起案件、一次会议形成的文件必须组成一卷或连续几卷；一份文件的正本与定稿、正件与附件、请示与批复、转发文与被转发文和多种文字形成的同一份文件，必须放在一起立卷；同一事、同一问题或反映同性质问题的纸质文件、电子文件应一起立卷；反映两个以上问题的相近文件材料，以其反映的主要问题为准；传真件必须复制后存档，并将传真件与复制件一起立卷，复制件在前，传真件在后。

（4）按价值分类。按照档案归档范围及保管期限表规定的保管期限，将文件结合价值大小按永久、30年、10年三个不同的保管期限分别立卷。

4. 立卷

案卷组合要求为经过分类的文件材料，一般以问题为主，兼顾其他特征，适当分级、区别价值，照顾数量的立卷方法，将文件组成案卷。应达到问题单一、类型鲜明、年度不混、保管期限准确的要求。

案卷文件数量，一般不超过200页。若案卷太薄，一般可将几个问题相近、保管期限相同的材料合在一起立卷，但对反映单位重要工作和重大活动的文件材料要单独立卷。若案卷太厚可组成若干个卷，对一事多卷的档案，在编卷内文件页号时，每卷页号都应从1开始，卷与卷之间不能连续编页号。

科研课题、基建项目按其部件、结构、阶段等分别立卷；与设备仪器、科研课题、基建项目关系密切的管理性文件，应列入设备仪器类、科研开发类、项目建设类中立卷；同类型产品、设备的科技文件材料，一般应选择一起立卷。

与外单位分工合作完成的科研、工程项目，由主办单位保存一整套档案，合作单位除保存自己承担任务有关的档案正本外，应将一份复制件交主办单位；为保证档案的真实凭证性和永久保存，进馆档案应为原件，特殊情况存复制件时应注明原因及原件出处；照片档案、录音录像档案应用文字标出摄影、录音和录像的对象、事由、时间、地点、中心内容和责任者；反映本单位主要职能活动的奖杯、奖状、奖章和奖旗等实物，应写说明、编号登记，移交综合档案室集中保管。

5. 初步排列卷内文件的顺序

排列卷内文件的顺序,是指在分类方案的最低一级类目内,根据一定的方法确定归档文件先后次序,以使卷内文件系统化、固定化的过程。卷内文件排列可以按时间顺序、作者顺序、活动的发展顺序或问题等顺序排列,无论采取哪种顺序排列,必须注意请示与批复、正件与附件或复制件、同一文件的不同稿本(正本、原稿、草案等)之间不可分离,要放在一起。卷内文件排列方法要统一,不能随意变动。

卷内文件排列一般按照文件形成的自然规律,根据文件之间的有机联系有秩序地排列。一个问题、一个作者组成的案卷,卷内文件按时间顺序排列;一个问题、几个作者组成的案卷,按作者—时间排列;一个作者、几个问题组成的案卷,按问题—时间排序;几个问题、几个作者组成的案卷,按问题—作者—时间排列;密不可分的文件材料按"五前五后"方法依次排列,即"批复、批示在前,请示、报告在后;正件在前,附件在后;转发文在前,被转发文在后;正本在前,定稿在后;非诉讼案件结论、判决性材料在前,依据性材料在后";一个卷内有重要的和次要的文件,按重要程度、时间顺序排列;一个卷内有几个机关来往文件,先按机关,再按时间顺序排列,同一个具体事情,则按问题联系与时间顺序排列;基建工程按依据性材料、基础性材料、工程设计(含初步设计、技术设计、施工设计)、工程施工、工程竣工验收等排列;科研课题按准备阶段、研究实验阶段、总结鉴定阶段、成果申报奖励和推广应用等时间阶段排列;设备仪器按依据性材料、设备开箱验收、设备安装调试、设备运行维修、随机图样等排列,随机图样也可单独立卷。

6. 编号定卷

编号定卷,是指将排列好的案卷,用编制页号的方法使案卷固定下来的行为过程,包括编页号与盖归档章。卷内文件排列定位后,应按排列顺序用号码机在有文字材料的正面的右上角、背面的左上角打号,以固定文件在卷内的位置。凡有字迹或图表的画面都要打号,空白面不打号,同一卷内页号不得重复出现,更不要漏页;书册能利用原页号的可不再打号;注意请示与批复、正件与附件或复制件、同一文件的不同稿本(正本、原稿、草案等),编制页号时是逐一计算的。一页编一个号,即页号,页号的位置,正面在右上角,反面在左上角。

整卷装订的案卷,如果文书材料没有与案盒或卷皮装订在一起,应在案卷封面的右上方,加盖归档章,归档章的式样如表 3.1 所示。

全宗号,档案馆给定每个全宗的代码,用 4 位数字或字母与数字的结合标记,按《档号编制规则》(DA/T 13—1994)编制。

目录号,对每一本案卷目录的编号。

案卷号,对每一个案卷的编号。

表 3.1 以案卷为单位装订时所用归档章式样

全宗号	目录号	案卷号

7. 填写卷内文件目录、备考表和案卷封面等项目

(1) 填写卷内文件目录。

卷内文件目录,又叫卷首目录。它放在卷首,用以介绍卷内文件的内容,便于查阅和统

计卷内文件。卷内文件目录格式如表3.2所示。

表3.2　卷内文件目录

顺序号	文件编号（发文字号）	责任者	题名	日期	页次	备注

卷内文件目录的填写一般是逐件登记。顺序号就是卷内文件的件号。计算件数时，一般以每份文件为一件。有些看似两件的，也只能算作一件。下列情况均可算作一件：正本与定稿为一件；正文与附件为一件；原件与复制件为一件；转发文与被转发文为一件；来文与复文为一件；报表、名册、图册等一册（本）为一件。文件稿本与装订顺序对照如表3.3所示。

表3.3　文件稿本与装订顺序对照表

整理时要求	装订时排放要求
文件正本与定稿为一件	正本在前，定稿在后
文件正文与附件为一件	正文在前，附件在后
文件原件与复制件为一件	原件在前，复制件在后
转发文与被转发文为一件	转发文在前，被转发文在后
来文与复文为一件	复文在前，来文在后
报表、名册、图册等每册（本）为一件	

卷内文件目录填写方法如下：

① 文件编号一般填写文件的发文字号。发文字号又称公文编号，是发文机关同一年度公文排列的顺序号，由发文机关代字、发文年份和文件顺序号组成。如国务院文件"国发〔2014〕3号"中，"国发"是发文机关代字，"2014"是发文年份，"3号"为文件序号，表明这份文件是国务院在2014年度制发的第3号文件。

② 责任者即文件作者。

③ 题名即文件标题，登记时按原文填写，如果有些文件的标题不能确切地反映文件的内容，或无标题，填写时应根据文件内容拟写确切的标题，自拟的要加〔〕以示区别。

④ 日期即文件的形成日期，采用8位阿拉伯数字表示。

⑤ 页次即文件所在的页码，一般填写文件第一页所在的页号。具体填写示例如表3.4所示。

表3.4　卷内文件目录填写示例

顺序号	文件编号	责任者	题名	日期	页次	备注
1	××职院党发〔2023〕1号	党委	××职业技术学院辅导员队伍建设实施细则（试行）	20230116	1	
2	××职院党发〔2023〕4号	党委	××职业技术学院领导干部和正高职称人员出国（境）管理暂行规定	20230409	9	

续表

顺序号	文件编号	责任者	题名	日期	页次	备注
3		党委	××职业技术学院2023年校园治安综合治理工作方案	20230420	11	
4	××职院党发〔2023〕8号	党委	××职业技术学院"十一五"发展规划	20230530	14	
5	××职院办〔2023〕8号	办公室	关于李华等同志任职的通知	20230118	32	
6	××职院办〔2023〕9号	办公室	关于肖凤等同志职务任免的通知	20230118	34	

（2）填写卷内备考表和案卷封面。

卷内备考表放在卷尾，其作用主要有两个方面：一是用于立卷时说明卷内文件的情况，便于档案工作人员和利用者了解案卷情况；二是用于调整案卷时记载卷内文件的异动情况。

卷内备考表的项目主要有本卷情况说明、立卷人签名、检查人签名、立卷时间等信息，具体式样如表3.5所示。

表3.5 卷内备考表式样

本卷情况说明：

立卷人：
检查人：
立卷时间：

卷内备考表填写时，本卷情况说明是填写卷内文件缺损、修改、补充、移出、销毁等情况；案卷组好以后发生或发现的问题由有关的档案工作人员填写、签名并标注时间；立卷人由责任立卷者签名；检查人由案卷质量审核者（部门负责人）签名；立卷时间填写完成立卷的日期。

案卷封面主要包括全宗名称、类目名称、案卷题名等。具体式样如图3.7所示。

案卷封面填写时，全宗名称应填写立档单位全称或通用的简称。类目名称应填写立档单位档案分类方案中确定的一级类目的名称，如"党群工作""办公室"等。案卷题名在填写时第一行空两格，回行时顶格，基本结构为"作者＋问题（事由）＋文种（名称）"三部分，必要时可标明地区、时间等信息。卷内文件起止日期应填写卷内最早一份和最迟一份文件材料的形成日期。保管期限应填写所确定的保管期限。卷内文件的件数和页数应填写卷内文件材料实有的总件数和总页数。归档号是文书部门和业务部门立卷时的临时编号，一般不用填写。全宗号、案卷目录号、案卷号的填写方法同归档章中的填写方法一样。

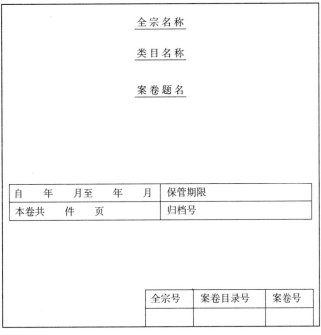

图 3.7　案卷封面式样

案卷封面填写环节中,较难操作的是案卷题名拟写,案卷题名文字不得超过 50 字。除会议文件外,不得用"××文件材料";除一般函件外,不得用"××来往文书";除了诉讼案件材料外,不得用"××案件"。一般要求如下。

① 熟悉案卷内文件的情况。立卷人员在拟写案卷题名时不可仓促填写,应将卷内文件从头到尾浏览一遍,熟悉卷内文件的基本情况,包括内容、文种、作者、时间等。

② 案卷题名要力求简练、表达准确。案卷题名在拟写时一定不要冗长,应注意概括,力求简洁明了。尤其是当卷内文件内容和文种等成分比较复杂时,标题就更要精确概括,做到让利用者一看标题就能知道卷内是一些什么文件,能真正起到引导作用。

③ 案卷题名结构要完整。案卷题名的结构一般是由三个部分组成,即"作者+问题(事由)+文种(名称)"。案卷题名拟写示例如下:

<u>鹏飞计算机公司</u>　<u>关于加强技术信息管理</u>　<u>的决定、方案</u>
　　作者　　　　　　　　问题　　　　　　　　文种

<u>华佗制药公司</u>　<u>关于浙江省</u>　<u>2003 年度</u>　<u>销售情况</u>　<u>统计表</u>
　　作者　　　　　地区　　　　时间　　　　问题　　　　名称

此外,为了案卷上架后查找方便,整理时常常会将案卷封面的部分项目,如案卷题名、保管期限、所属年度、档号、卷号等填写在案卷脊背上。在实际工作中,各单位脊背式样和所填项目不尽相同,往往会根据本单位档案管理的需要自行设计,或者使用脊贴形式。

8. 归档文件的装订或装盒

装订,是指把案卷用卷绳组装起来的行为过程。一般来说,采用左上角装订的,应将左、上侧对齐;采用左侧装订的,应将左、下侧对齐。根据立档单位实际情况,可单份装订或整卷装订,装订方法和使用的装订材料应符合档案保护和利用要求。常用的传统装订方法为"三孔一线"法,使用的是棉线,长为160mm左右,结头打在背部,装订示意图如图3.8所示。

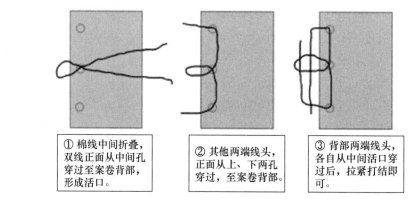

操作演示3.3
"三孔一线"
装订法

① 棉线中间折叠,双线正面从中间孔穿过至案卷背部,形成活口。

② 其他两端线头,正面从上、下两孔穿过,至案卷背部。

③ 背部两端线头,各自从中间活口穿过后,拉紧打结即可。

图3.8 "三孔一线"装订法示意图

9. 案卷目录的编制

案卷目录,是指以全宗为单位登记案卷题名及其他特征,并按案卷号次序编排而成的一种档案目录,案卷目录的编制是在移交档案馆(室)后进行的,它标志着档案整理工作基本完成。案卷目录的编制将在本项目任务三中重点讲解。

(二)新规则下的档案整理流程

目前各单位的归档文件整理主要按照新规则执行,参考规范主要有《归档文件整理规则》(DA/T 22—2015)以及《纸质归档文件装订规范》(DA/T 69—2018),新规则在整理原则、整理流程以及装订等方面进行了较大幅度的修改。修改后归档文件是以"件"为单位,通过计算机辅助进行整理,主要流程有组件、分类、排列、修整、装订、编页、装盒、编号、编目、排架等过程。

1. 组件

组件,即件的组织,一般以每份文件为一件。件的构成和原来传统立卷中"件"的理解相似,比如正文、附件为一件;文件正本与定稿(包括法律法规等重要文件的历次修改稿)为一件;转发文与被转发文为一件;原件与复制件为一件;正本与翻译本为一件;中文本与外文本为一件;报表、名册、图册等一册(本)为一件(作为文件附件时除外);简报、周报等材料一期为一件;会议纪要、会议记录一般一次会议为一件,会议记录一年一本的,一本为一件;来文与复文(请示与批复、报告与批示、函与复函等)一般独立成件,也可为一件。有文件处理单或发文稿纸的,文件处理单或发文稿纸与相关文件为一件。

2. 分类

与传统立卷相比,新规则简化了分类标准,突出"年度"分类法,明确规定归档文件一般采用"年度—机构(问题)—保管期限""年度—保管期限—机构(问题)"等方法进行三级分类。规模较小或公文办理程序不适于按机构(问题)分类的立档单位,可以采取"年度—保管期限"进行两级分类。其他门类档案或企业单位有其他特殊规定的,根据具体情况采用相应分类方法。值得注意的是,对于跨年度文件如计划、总结、预算、统计报表、表彰先进以及法规性文件等,由于涉及不同年度,统一按文件签发日期判定所属年度。跨年度形成的会议文件归入闭幕年。跨年度办理的文件归入办结年。当形成年度无法考证时,年度为其归档年度,并在附注项加以说明。

3. 排列

归档文件应在分类方案的最低一级类目内,按时间结合事由排列;同一事由中的文件,按文件形成先后顺序排列;会议文件、统计报表等成套性文件可集中排列。排序时,不同稿本文件按照传统方法排列顺序,可参考表3.3,注意不同文字的文本,无特殊规定的,汉文文本在前,少数民族文字文本在后,中文本在前,外文本在后。

归档文件应在每件文件首页上端的空白位置加盖归档章并填写相关内容。电子文件可以由系统生成归档章或以条形码等形式在归档文件上进行标识。归档章式样参考表3.6,其中全宗号、年度、件号、保管期限以及页数为必备项,机构/问题可以作为选择项,二选一,保管期限可以使用"永久(Y)""30年(D30)""10年(D10)"简称标识,页数用阿拉伯数字标识,机构/问题可以用规范化汉字简称或汉语拼音缩写字母标识,如"办公室",也可写为"BGS"等。归档章填写示例如表3.7所示。

表 3.6　以件为单位装订时所用归档章式样

（全宗号）	（年度）	（件号）
＊（机构/问题）	（保管期限）	（页数）

表 3.7　归档章填写示例

Z120	（2018）	（1）
BGS	（D30）	（15）

4. 修整、装订

归档文件装订前,应对不符合要求的文件材料进行修整。归档文件已破损的,应按照《档案修裱技术规范》(DA/T 25—2000)予以修复;字迹模糊或易褪色的,应予复制。对于幅面过大的文件,应在不影响其日后使用效果的前提下进行折叠。

装订应尽量减少对归档文件本身的影响,原装订方式符合要求的,应维持不变。此外还应根据归档文件保管期限确定装订方式,装订使用的材料与保管期限要求应相匹配;为便于管理,相同期限的归档文件装订方式应尽量保持一致。归档文件的装订方式多种多样,主要有线装法、不锈钢订书机装订、糨糊装订等,各种装订方式适用于不同保管期限的文件,如表3.8所示。

操作演示 3.4
大图图纸折叠方法

表 3.8　归档文件保管期限与装订方式对照表

保管期限	装订方式				
	线装法（三孔一线、直角、缝纫机轧边）	不锈钢订书机装订	糨糊装订	不锈钢夹装订	封套装订
永久保存	√	√	√	×	×
定期保存需移交档案馆	√	√	√	×	×
定期保存不需移交档案馆	√	√	√	√	√

从不同角度,对各种装订方式进行评价,如表3.9所示。

表3.9 各种装订方式比较

评价角度	装订方式				
	线装法(三孔一线、直角、缝纫机轧边)	不锈钢订书机装订	糨糊装订	不锈钢夹装订	封套装订
利于保存	最优	最差	较优	差	一般
牢固度	最优	较优	差	较差	一般
占用空间	较优	优	最优	差	一般
管理成本	最低	低	较低	高	较高
操作难易	最难	最简单	较难	简单	较简
综合评价	最优	一般	较优	最差	较差

一般来讲,需要长期或永久保存的档案要重点考虑"利于保存""牢固度""占用空间"这几个关键因素。综合来看,在这些因素中明显占优势的有线装法、不锈钢订书机装订、糨糊装订,这三种比较适合于档案馆(室)保管期限较长的归档文件。不过三者在管理成本、操作难易上存在一定的局限性;此外,糨糊装订的可逆性差,后期复印及扫描案卷时不能拆除。对于保管期限较短的档案,一般多采用操作简单的装订方式。线装法中"三孔一线"装订方法与传统立卷的装订方法相同,可用电动三孔打孔机辅助打孔。"直角"装订方法可手工操作,也可使用装订机辅助,方法和效果参考《归档文件整理规则》(DA/T 22—2015)中附录C:直角装订。而"缝纫机轧边"法一般在文件的左上角和左边轧边。

5. 编页、装盒

纸质归档文件一般应以件为单位编制页码。编页方法和传统立卷方法基本相似。

将归档文件按顺序装入档案盒后,要填写档案盒(封面和盒脊/底边、备考表等项目。不同年度、机构(问题)、保管期限的归档文件不能装入同一个档案盒。档案盒封面填写项目比以前简化,不需要拟写案卷题名,只需标明全宗名称。档案盒的外形尺寸为310mm×220mm(长×宽),盒脊厚度可以根据需要设置为20mm、30mm、40mm、50mm等,档案盒的式样如图3.9所示。

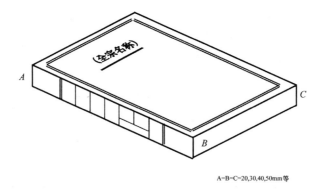

图3.9 档案盒封面式样及规格

档案盒应根据摆放方式的不同,在盒脊或底边设置全宗号、年度、保管期限、起止件号、盒号等必备项,并可设置机构(问题)等选择项,一般竖放填写盒脊,式样如图3.10所示;档案盒平放填写底边,具体项目与盒脊项目相同。

图3.10　档案盒盒脊式样

备考表置于盒内文件之后,项目与传统立卷的备考表基本相似,包括盒内文件情况说明、整理人、整理日期、检查人、检查日期等,主要用来记录盒内文件整理以及后续缺损、修改、补充、移出、销毁等情况。

6.编号、编目与排架

这是归档文件整理的最后环节,归档文件应依分类方案和排列顺序编写档号,再依据档号顺序编制归档文件目录,便于检索。对于盒内的归档文件目录,新的整理规则不再要求必须在每个档案盒中放置归档文件目录,单位可根据实际情况,可延续以往的习惯在盒内放置归档文件目录,也可以只在库房架柜位置放置相应的本年度归档文件目录。归档文件目录最好是由档案管理系统自动生成或使用电子表格进行统一编制。具体格式和项目可参考表3.10,其中"题名"一般为文件标题,个别标题过长或过短可由整理者自行归纳拟写。"密级"一般可填写为绝密、机密、秘密或内部。

表3.10　归档文件目录

序号	档号	文号	责任者	题名	日期	密级	页数	备注

归档文件应逐件编目,编目完毕装盒后,即可上架排列,排架时应避免频繁倒架。具体编写方法在本项目任务三中详细介绍。

任务三　案卷排列、编号与编目

知识目标
- 掌握归档档案进入档案馆(室)后案卷排列、编号与编目的要求及方法。

能力目标
- 能够按照案卷排列方法将整理、装订好的案卷排列并填写相关事项。
- 能够按照案卷编号方法将整理好的案卷或案盒编号,并填写相关事项。
- 能够按照案卷编目方法将整理好的案卷编制案卷目录,并填写相关事项。

思政目标
- 提升学生善于思考、独立分析并解决问题的能力。
- 培养学生团队合作能力和规范做事的品质。

案例导入

> ××物业公司不太重视档案管理,负责人更换较频繁,在物业档案管理上,任意改动案卷的排列,排列方法较乱,难以统一,造成前后很难保持一致,不便于管理和查找利用。而且该物业公司档案的类别较多,案卷目录混乱,案卷目录号有重复现象。

物业档案的案卷排列顺序固定以后,应依次编制卷号。案卷排列既要考虑档案之间的有机联系,又要排列有序,整齐美观。案卷目录即案卷花名册,应按各物业管理部门各门类档案的排列顺序编排案卷目录号,案卷目录应编制1—3份,否则会给档案查找利用带来不便。上面案例中物业公司在案卷的排列与编号上存在很多不规范的地方,应予以重视并加以整改。

任务训练

活动目标

通过对整理好的案卷或装盒进行排列、编号与编目,训练学生实际的文档整理能力。

活动组织

根据情况灵活分组训练。

活动内容与要求

(1) 学生对整理好的案卷或装盒进行排列、编号与编目,填写相关事项,以训练其实际的排列、编号与编目能力,然后对每组的排列、编号与编目方法进行评价。

(2) 对比评价,评选出最规范小组。

理论支撑

一、案卷排列

案卷排列,是指对分类立卷后的案卷进行系统排列,以编目排列上架,它是编制案卷目录的前提。根据分类方案,确定案卷在每类内的存放位置与前后顺序。

案卷排列应根据分类方案进行。如果是按组织机构排列,可以按照习惯顺序或组织机构编制表顺序排列。如果是按问题分类,就应按照问题的重要程度排列。

二、案卷编号

归档文件应依分类方案和排列顺序编写档号。档号,是以字符形式赋予档案的一组唯一代码,用于反映、固定和识别档案排列顺序。根据《档号编制规则》(DA/T 13—2022),档号构成的元素包括:全宗号、类别号、案卷号/组号/册号、件号/页号四个部分,各项之间使用"－"连接。

全宗号:档案所属全宗的代码。一般采用4位代码标识全宗号。其中第1位用大写汉语拼音字母标识全宗属性,后3位用阿拉伯数字标识顺序号。

类别号:按照分类方案赋予全宗内各层级档案类别的代码。

案卷号:案卷排列的顺序代码,按组或册整理的档案可用组号或册号。采用阿拉伯数字标识案卷号/组号/册号,档案馆(室)应按照实际数量确定案卷号/组号/册号的位数。

件号:归档的文件排列的顺序代码。采用阿拉伯数字标识件号,档案馆(室)应按照实际数量确定件号的位数。

页号:案卷内文件每页排列的顺序代码。采用阿拉伯数字标识页号,档案馆(室)应按照实际数量确定页号的位数。

具体结构样式如下:

(一) 按卷整理档案档号结构

按卷整理的档号结构应为:全宗号－类别号－案卷号/组号/册号－件号/页号。如图3.11所示。

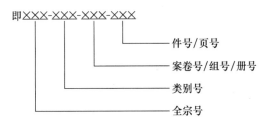

图3.11 按卷整理档案的档号样式

[说明:"×××"不代表各代码所占的位数。左边为上位代码,右边为下位代码,连写时上、下位代码之间用连接号"－"(短横线)相隔。]

按卷整理的档号结构中,类别号的构成元素包括一级类别号(档案门类代码)、二级及三级类别号、目录号、项目号、年度、保管期限代码。不同性质单位具体操作时其结构按相关规定或根据实际需要确定。同级代码之间用间隔号"·"相隔。连接号和间隔号各占半个字位置,上下居中。各元素具体编制方法:

一级类别号(档案门类代码):采用2位大写汉语拼音字母标识档案门类代码。如机关档案门类代码标识为:文书"WS"、科技"KJ"、人事"RS"、会计"KU"、专业"ZY"、照片"ZP"、录音"LY"、录像"LX"、业务数据"SJ"、公务电子邮件"YJ"、网页信息"WY"、社交媒体"MT"、实物档案"SW"。

二级及三级类别号:设置应科学、简洁。根据实际情况,可扩展至四级。如:行政许可档案中登记注册档案中的注册类档案,标识为"XK·ZC·01"。

目录号:全宗内案卷所属目录的编号,在同一个全宗内不允许出现重复的案卷目录号。

项目号:采用项目、课题、设备仪器等的代号或型号标识项目号。

年度:采用4位阿拉伯数字标识文件(档案)的形成年度。

保管期限代码:采用大写汉语拼音字母或大写汉语拼音字母与阿拉伯数字的组合标识保管期限。以代码"Y"标识永久;以代码"D+年限"标识定期,比如定期30年的标识为"D30",定期10年表示为"D10"。

机构/问题代码的编制方法采用大写汉语拼音字母、阿拉伯数字或汉字标识机构/问题。如办公室可以汉字"办公室"标识,也可以字母"BGS"标识,或采用代码2—3位阿拉伯数字标识。

按卷整理的档号结构中,类别号的构成元素示例如下,实际操作非完全一致,可根据实际需要选择使用。如图3.12所示。

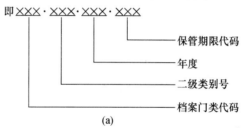

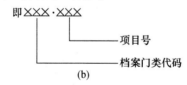

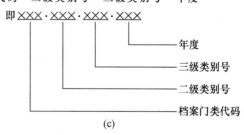

图3.12 类别号结构示例(按卷整理)

例如:档号 X032-KJ·KY·2022?D30-001-002,其中 X032 为全宗号,KJ 为档案门类代码(科技档案),KY 为二级类别号(科研档案),2022 为年度,D30 为保管期限,001 为案卷号,002 为件号。

(二) 按件整理档案的档号结构

按件整理的档号结构为:全宗号－类别号－件号,与按卷整理相比,去掉了"案卷号/组号/册号",适应于当下档案数字化管理环境。如图 3.13 所示。

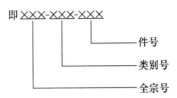

图 3.13　案件整理档案的档号样式

按件整理的档号结构中,类别号的构成元素包括一级类别号(档案门类代码)、二级及三级类别号、年度、保管期限代码、机构/问题代码。可根据实际需要进行取舍确定。如图 3.14 所示。

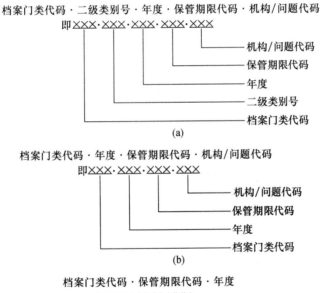

图 3.14　类别号结构示例(按件整理)

例如,档号 Z109 － WS·2022·Y·办公室－ 0001。Z109 为全宗号,WS 为档案门类代码(文书),2022 为年度,Y 为保管期限代码,办公室为机构代码,0001 为件号。

《档号编制规则》(DA/T 13—2022)从档案的整理方式出发,分别提出了按卷整理档案、按件整理档案的两种档号基本结构,规定了元素选用要求,设置了必选元素和可选元素(如表 3.11 所示)。

表 3.11　两种整理方式的档号结构

项目	按卷整理的档号	按件整理的档号
档号结构	全宗号－类别号－案卷号/组号/册号－件号/页号	全宗号－类别号－件号
类别号构成元素	一级类别号(档案门类代码) 二级及三级类别号 目录号 项目号 年度 保管期限代码	一级类别号(档案门类代码) 二级及三级类别号 年度 保管期限代码 机构/问题代码
档号必选元素	全宗号 一级类别号(档案门类代码) 案卷号/组号/册号	全宗号 一级类别号(档案门类代码) 年度 保管期限代码 件号
档号可选元素	二级及三级类别号 目录号 项目号 年度 保管期限代码 件号/页号	二级及三级类别号 机构(问题)代码

总之,无论是按卷整理档案档号还是按件整理档案档号,均应遵守档号的唯一性、稳定性、扩充性、简单性原则。其档号结构,一级类别号都应采用档案门类代码,如文书档案代码、科技档案代码等,其余类别号结构各单位在编制档号时可根据自身实际需要采用或者放弃可选项,达到稳定性与灵活性的辩证统一,使档号结构更加灵活和适用。

三、案卷编目

编制案卷目录(以下称编目),即指将案卷题名和其他特征登记造册,以固定案卷排列次序的工作。它标志着档案整理工作基本完成,通过这种形式可以固定全宗内档案的分类体系和案卷的排列顺序。案卷目录是查找利用案卷的最基本的和必备的检索工具,是编制其他检索工具的重要依据。

操作演示 3.5
归档文件目录编写

案卷目录的类型主要有以下两种,一是以全宗为单位编制的综合目录;二是以全宗内各种门类为单位编制的分册目录。案卷目录类型的选择,应根据全宗的大小、全宗内案卷数量的多少、分类方案的结构、立档单位的组织状况,以及立卷归档制度等情况而定。

本部分将重点介绍全宗内案卷目录的编制。

(一)编目的注意事项

编目的注意事项主要有以下几点:

(1)编目一般按照全宗来编。一般来讲,一个全宗编一本案卷目录。如果全宗案卷过多,可以分成若干个案卷目录。如果全宗内分类方案的结构、立档单位的组织状况较复杂,可以采取以全宗内各门类为单位编制分册目录。采用何种编制方法视实际情况而定。

（2）案卷目录不宜过厚或过薄。案卷目录厚度要适中，一般以将案卷数控制在千位以内为宜，卷号不足一千的，无特殊情况，一般可编一本案卷目录。如果案卷数量过多，则应分册编制目录。

（3）立档单位的编目工作一般由文书部门负责编制。文书部门将归档案卷整理完毕后，可登记案卷目录，然后连同案卷向档案馆（室）移交。不过实际工作中，较小的基层单位，多是由办公室人员、档案工作人员负责编制。目录编制应能准确反映单位的分类方案和排列方法。

（4）案卷目录应一式多份。一份存档，一份备用，各单位根据档案性质与利用情况确定具体份数和用途，同时确保纸质目录与电子目录双套并行。

（二）案卷目录结构

档案整理有两种方法，即传统立卷与新规则下以"件"为单位整理，所以案卷目录也有两种形式，一种以"卷"为单位登记编目，一种以"件"为单位登记编目。

1. 以"卷"为单位编目

以"卷"为单位编制的案卷目录一般包括封面、案卷说明、目次、案卷目录表等项目。

（1）封面，即案卷目录封面，主要包括全宗号、案卷目录号、目录名称、编制单位以及形成案卷时间等，其中编制单位相当于立档单位。案卷目录封面式样如图 3.15 所示。

（2）案卷说明，即案卷目录序言，放在案卷目录的开头，对案卷数量、分类和立卷原则、档案整理情况以及案卷内容、特点、存放情况等作简要说明，为档案查找利用提供了方便。

（3）目次，是案卷目录的索引，主要是写明各个类、项、目的名称及其所在页码，对于案卷数量多的大全宗尤为必要。

（4）案卷目录表，是案卷目录的主体部分，应该认真逐项填好。它以表格形式直接登记案卷封面上的各项内容。主要项目包括案卷号、题名、年度、页数、期限、备注。案卷目录表的格式可参考表 3.12。

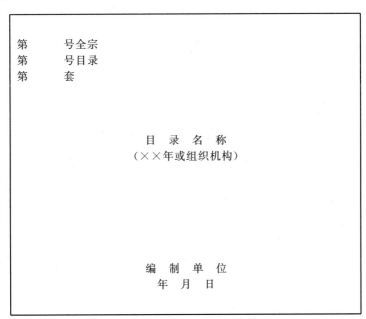

图 3.15　案卷目录封面式样

表 3.12　案卷目录表

案卷号		题名	年度	页数	期限	备注
档案室编	档案馆编					

案卷号,是指案卷在目录中的排列顺序号,分档案室编和将来移交档案馆后的档案馆编,不能重复。题名、年度、页数等项目的填写与案卷封面填写相同。

期限,是指案卷封面注明的保管期限。一般是在案卷目录内保管期限不一致的情况下才有必要填写,若按照保管期限编写案卷目录封面的,就无须此项。

备注,是指用来说明个别案卷的情况的文字。如卷内文件字迹模糊、残破等,以及案卷的变化情况(如案卷的移出、销毁和卷内文件数量的增减等)。

案卷目录表填写示例如表 3.13 所示。

表 3.13　案卷目录表填写示例

案卷号		题名	年度	页数	期限	备注
档案室编	档案馆编					
178		中共某市委关于某问题的文件	2000	112(1-112)	永久	
179		某市政府关于土地问题的报告	2000	100(113-213)	D30	

2. 以"件"为单位编目

《归档文件整理规则》(DA/T 22—2015)规定,归档文件整理编目要以"件"为单位进行,归档文件目录推荐由系统生成或使用电子表格进行编制,目录表格采用 A4 大小,页面宜横向设置。档案编好序号,然后在同一保管期限中按年度顺序从左到右,从上到下依次根据序号上架排列。

归档文件目录除保存电子版本外,还应打印后装订成册。归档文件目录可以按年度装订成册,也可每年再按照不同保管期限装订成册。一般每年归档档案数量较多的单位多采用按照保管期限分开编目。装订成册的归档文件目录都应编制封面。封面设置有:全宗号、全宗名称、年度、保管期限、机构(问题)等项目,具体封面式样如图 3.16 所示。

全宗号是档案馆分配给立档单位的代号;全宗名称即立档单位名称,填写时应使用全称或规范化简称;年度、保管期限、机构(问题)等指标和归档章的填写方法相同,保管期限可填永久(Y)、30 年(D30)、10 年(D10);机构与问题还是二选一,可用类的代号或汉字简称或汉语拼音简称。

归档文件应逐件编目,归档文件目录设置序号、档号、文号、责任者、题名、日期、密级、页数、备注等项目。此外归档文件目录要注意确保纸质目录与电子版目录双套并行。

档案整理是档案管理工作的基础,是将档案有序化的关键环节,其内容包括区分全宗、分类、立卷、编制案卷目录等一系列的活动,其中档案装订是档案整理工作中具有规范性、技术性和操作性的一环。本部分重点是传统档案整理立卷与新规则下归档整理的流程和方法以及档案装订的要求。

归档文件目录

全 宗 号 ________
全宗名称 ________
年 度 ________
保管期限 ________
*机构（问题）________

图 3.16 归档文件目录封面式样

思考与练习

一、案例分析

(1) ××单位实习秘书肖××在整理公司文书准备归档，她把文书按照不同文种加以分类，在每类中按时间排列。还把文件后的附件一一分离出来，单独装订。在每份文件上标上页号，文件左侧统一用订书机装订。最后把这些文件按照时间顺序依次装入档案盒中，填好档案案卷封面，然后移交给档案室。档案室管理员陆××看了后直摇头。

根据上述案例，回答以下问题。

① 请判断实习秘书肖××在文书归档整理过程中有哪些不妥之处？

② 请列出档案管理工作主要有几个方面，具体有哪些内容。

(2) 文秘专业的小王大学毕业后，应聘到当地的一家旅行社的业务部工作，辅助经理负责业务部市场开发及日常管理工作。由于人手紧张，游客接待量又逐年增加，旅行社业务档案管理工作长期处于无人管理状态，业务档案整理和归档不规范、不及时、不全面，有的没有将合同归入，合同使用也不规范(有的合同没有写日期、有的没盖公章等)，市旅游局对旅行社总经理进行约谈，责令其限期改正。于是文秘出身的小王被指派负责此项工作。小王按照旅游管理部门的相应要求，同时又根据自身业务发展特点，制定本公司档案整理规范，并依据旅游局提供的样本，制作本公司的相关材料范本，包括国内旅游合同、旅游行程计划说明书、旅游者名单、授权委托书、旅行社团队确认单、组团行程计划单、服务质量反馈表、旅游安全相关材料(如保险单据等)等，然后对公司档案进行了一次整理立卷，初步完善了公司的业务档案，改变了档案管理混乱、不规范的局面。

根据上述案例，结合档案管理工作内容及要求，简要评价一下小王在此次旅行社业务档案整理归档工作中的做法。

二、技能题

(1) 下面选取的是××市卫生局某年度形成的10份文件材料,请你按已学过的立卷方法,将其进行分类并组成案卷,拟写出案卷标题。

① ××市卫生局关于干部职工中级培训的几点意见。
② ××市卫生局关于全市卫生系统干部职工免费脱产学习几个问题的通知。
③ ××市卫生局关于2020年卫生护士学校招生的通知。
④ ××市中心医院关于对余××所犯错误的处分决定。
⑤ ××市卫生局转发市中心医院《关于对余××所犯错误的处分决定》的通知。
⑥ ××市卫生局关于举办中等技术培训班的通知。
⑦ 中共××市委关于任命刘×为卫生局党组副书记的决定。
⑧ ××市卫生局关于王×等同志职务任免的通知。
⑨ ××市人民政府关于卫生局李×等同志的任职通知。
⑩ ××市卫生局关于钟×等同志的任职通知。

(2) 下面是××公司的几份待归档文件,请你判断一下应放在哪一年度立卷,并说明理由。

① ××公司2018年工作计划(2017年12月30日成文)。
② ××公司2018年工作总结和2019年工作重点(2019年1月10日成文)。
③ ××公司2016—2018年三年发展规划(2017年1月15日成文)。
④ ××公司2016—2018年三年工作总结(2019年1月10日成文)。
⑤ ××公司第三届科研成果交流会材料(该次会议于2018年12月25日召开,2019年1月5日闭幕,材料包括会议议程、开幕词、参加交流的科研论文、获奖者名单、闭幕词等)。

综合训练

整理单位归档文件

实训内容

给学生相应的档案案卷资料,让学生结合所学知识练习档案分类、立卷、装订或装盒、填写案卷封面等。

实训目的

培养学生的实际操作能力,提高动手能力。通过实训,练习档案的分类、立卷、装订和装盒、填写案卷封面,使学生掌握档案整理的方法以及文秘专业的必备的立卷技能,以适应实际的档案管理工作。

实训地点

档案实训室

实训组织

学生若干人分成一组,每组发一套待整理的案卷、装订线、剪刀、复印纸(A4)、铅笔、碳素笔、夹子、装订案卷的锥子或打孔机、卷皮和案盒、卷内文件目录及备考表等材料。

实训过程

(1) 教师讲解档案整理的基本要求。
(2) 教师讲解档案整理的程序。

(3) 教师图示各种表格的格式,讲解其填写要求。
(4) 讨论:按件整理装盒比传统装订立卷有何优点?

法规阅读

(1)《纸质归档文件装订规范》(DA/T 69—2018)

(2)《归档文件整理规则》(DA/T 22—2015)

(3)《档号编制规则》(DA/T 13—2022)

项目四

档案价值鉴定

第四课 档案价值鉴定

档案价值鉴定是甄别档案文件的现实价值和历史价值,进行存毁处置的一项档案业务工作,必须按照一定的原则、标准和方法进行科学判定。本项目重点介绍档案价值鉴定方法,如何制定档案保管期限表,档案鉴定的组织与销毁,其内容适用于各类单位的档案价值鉴定工作。

【学习目标】

(1) 知识要求:通过本项目的学习,掌握档案价值鉴定工作的内容、原则和方法;学会正确地判断档案的保管期限;了解档案鉴定和销毁的流程。

(2) 能力要求:通过本项目的学习与任务训练,能够按照档案鉴定的方法和程序,进行档案价值鉴定,并正确判定档案保管期限。

(3) 思政要求:通过本项目的学习与任务训练,培养学生实事求是、严谨守规的工匠精神。

【职业箴言】

按标准综合评,划期限定存毁;瞻前顾后,弹性处理。

解读:前两句说的是档案鉴定工作内容,后两句说的是鉴定方法。档案鉴定是一项主观性较强的工作,为避免失误,鉴定小组一般按照鉴定标准与规则逐卷逐件综合分析鉴定;"瞻前顾后,弹性处理"是说在鉴定时要用历史与发展的观点去分析,对于保管期限有歧义的,可本着对历史负责的态度进行弹性处理。

任务一　档案价值鉴定方法

知识目标
- 掌握档案价值鉴定的工作内容及原则。
- 掌握档案价值鉴定的工作方法、工作程序。

能力目标
- 能够根据影响档案保存价值的两大因素以及档案价值鉴定的方法判定具体档案的价值。
- 能够明确档案价值鉴定的工作程序。

思政目标
- 引导学生用历史与发展眼光去分析案卷、准确鉴定。
- 培养学生树立严谨一丝不苟职业责任感。

案例导入

> ××建筑公司是一家刚成立不久的新公司,档案管理制度和规范不健全,单位档案的价值鉴定标准过宽,宁宽勿严,宁多勿少,导致文件转化为永久保存档案的比例过大,同时,期满档案鉴定不及时,档案销而不毁,造成档案有增无减,档案库房紧张。最让档案员小常为难的是每次进行文件鉴定时,鉴定小组人员对于一些文件的保存价值分歧很大。有的人认为:归档主要保留上级机关发给本单位的文件;本单位的文件不需要重点保存;下属单位的文件更没有保存的价值。为了统一鉴定小组人员的认识,档案员小常找来了《企业文件材料归档范围和档案保管期限规定》等文件资料供大家学习,并决定参考相关标准制定本公司的档案鉴定标准。

档案价值鉴定是一项受主观影响、以价值评价为核心的鉴别工作。在进行档案价值鉴定时,标准不可过于宽松或严格,要根据单位工作性质与重点,制定统一的标准。决定档案保存价值有内外两大影响因素,应遵循一定的原则,按照一定的方法,规范地开展档案价值鉴定工作。

任务训练

活动目标

通过分析具体案卷的内外两大影响因素的情况,训练学生的档案价值鉴定能力。

活动组织

根据情况灵活分组训练。

活动内容与要求

(1) 学生对归档文件或期满档案的内外两大影响因素情况进行分析,判定归档文件或期满档案的价值,然后通过案例辅助及讨论的形式使学生对档案的价值进行鉴定。

(2) 对比评价各组学生的鉴定情况。

理论支撑

一、档案价值鉴定工作内容及原则

（一）档案价值鉴定工作内容

档案价值鉴定工作内容主要包括：制定鉴定的原则与标准（归档与不归档范围和档案保管期限表）；对有保存价值的档案划分保管期限；对期满档案再鉴定，剔除无价值档案并进行销毁。

（二）档案价值鉴定原则

档案价值鉴定工作是一项主观性相对较强的工作，因此操作时要按照一定的原则、标准和方法才能做好档案价值鉴定工作。

1. 全面的观点

档案价值具有一定的相对性和多维性。同一份档案对于不同的利用者具有不同质或同质不同量的价值，同时，同一份档案在不同的时间、空间条件下具有不同的价值。我们在开展档案价值鉴定工作时，一定既要全面观察一个全宗和档案的整体情况，又要具体分析某份档案本身固有的价值；既要分析文件本身的各种因素，又要考虑社会利用的情况，只有把各种因素结合起来，才能全面地评价档案的价值。

2. 历史的观点

任何档案都是在特定历史条件下产生的，它是当时社会情况的记录和反映，是档案形成者思想、行动的直接体现。因此，判断档案价值和作用，要有历史的观点，要将它放到它形成的特定的历史环境下去分析，分析它的内容、形式以及与相关文件的关系，不能用现在的眼光去观察、衡量一份档案是否有价值和价值的大小。

3. 发展的观点

社会是不断发展变化的，社会对档案的利用也是随着各种因素和情况的变化而不断发展变化的，档案的价值也是随之变化的。因此，判断档案的价值和作用，要有发展的观点，既要看到档案在现实生活中的作用，又要看到它在未来工作中的作用，要把二者有机地联系起来。

上述三个原则是辩证统一的，不可偏于某一原则，应力求兼顾各方面，这样才能准确而合理地判断档案的保存价值，为国家各项建设积累宝贵的资料。

二、档案价值鉴定的工作方法

档案价值鉴定工作需要综合分析档案保存价值的两大因素，即档案自身特点和状况以及社会利用的需求情况。

（一）决定档案保存价值的两大因素

档案的保存价值是由档案自身属性与档案对社会利用以及长远历史的作用决定的。自身属性是基础，利用需求是关键。

1. 档案自身特点和状况是决定档案保存的基础

档案的自身特点包括档案的内容、形成时间、来源、名称、可靠程度、有效性、外形特点以及完整性等,这些都不同程度地影响着档案的价值。档案的价值是多方面的,具有多维性、潜在性、相对性,因此分析和判定档案的价值应以反映单位基本职能活动为出发点,以分析档案内容为中心,结合考虑档案的来源、时间、形式等其他因素。

2. 社会利用的需要是决定档案保存价值的主要因素

社会对档案资料的利用和需要直接影响着档案材料的保存价值,如果一份档案对社会没有利用的价值,它就没有继续保存的必要。

以上两者是相互作用、辩证统一的,缺一不可。档案自身是档案社会价值的物质承担者,利用档案的需要是档案价值实现的社会条件,这两个方面的因素都是客观存在的。

(二) 鉴定档案价值的方法

档案价值是客观存在的,而鉴定工作是人们对档案价值的认识和评价,带有一定的主观性,为保证鉴定质量,必须建立明确的档案价值鉴定方法。

1. 分析档案的内容

档案的内容,是指档案所记录的信息和反映的情况,是鉴定档案价值的基础,是分析判定档案价值的关键因素,内容重要的档案价值就大,一般的价值就小。分析档案的内容是鉴定档案价值的一个最重要的方面,因为档案的价值往往是通过档案内容体现出来的。对于内容的分析,通常围绕内容的重要性、独特性、时效性进行考虑。

(1) 档案内容的重要性。例如,反映党和国家有关方针政策、反映本单位主要职能活动和业务工作、反映本单位重大事件和中心工作的档案,反映有针对性、依据性且需要贯彻执行的档案,反映全局性的档案,反映典型性的档案等,由于内容重要,保存价值较大,保管期限应当从长;而反映日常事务性活动的档案,其保存价值相对就很小,保管期限应当从短。

(2) 档案内容的独特性。档案内容的独特性,是指档案内容新颖、独特,能够与时俱进,与一般的档案内容不同,具有独特性的档案能让人耳目一新,并且能体现档案针对时代的特殊性。因此,凡具有本单位、本系统、本地区特色的档案,以及一些特殊事件、特殊人物、特殊产品,具有新时代意义的新人、新事、新方针政策等的特色档案,应尽可能地进行保存,并延长保管期限。

(3) 档案内容的时效性。档案内容的时效性就是指档案内容是否在有效期,一般的档案文件都具有一定的时效性,尤其是规范性文件。时效的产生,除档案文件中明确规定生效的时间外,所有档案文件都以"成文日期"为生效时间。文件时效的丧失,一般有两种情况:一是明确宣布被某一新的文件代替,从新的文件产生之日起,原旧文件的时效即行停止;二是随着客观形势的变化,有些文件的时效自然地被终止。一般来说还在有效期内的文件,价值大些,保管期限长些;已失效文件的价值会大大降低。

2. 分析档案的来源

档案的来源不同往往具有不同的价值,分析档案的来源就是从考察档案的形成者和责任者入手来分析档案的价值。一是看单位的社会地位和作用,一般党政领导机关、上级主管机关、重要单位和著名人物形成的档案,其保存价值相对大些;二是看档案的责任者,本单位档案价值大于外单位档案价值,以单位本身名义形成的档案的保存价值大于单位内部组织机构形成的档案等。

3. 分析档案产生的时间

档案产生的时间不同,档案保存价值往往也会不同。一般来讲,档案产生的时间越早,保存量越少,就越珍贵。尤其对于一些历史档案,一般不得随意销毁。现在很多国家对于历史档案的保存都非常严格,甚至制定了禁销档案的日期,在禁销档案日期以前的档案禁止随意销毁。我国规定中华人民共和国成立以前的档案若要进行销毁,地方档案馆无权决定,必须报国家档案局批准。一般情况下,档案形成的时间越早,保存下来的越少,它作为证据性材料,历史研究价值十分突出,也就越显得珍贵。早在20世纪初,德国档案学家迈斯奈尔就提出"高龄案卷应当受到尊重"的思想。对于这些产生时间早、数量少的档案应从长保存,不得随意销毁。如古代的甲骨、竹简等,本身内容较简单,但因时间长、数量少,价值就珍贵,能反映一定的历史,应长期保存。

4. 分析档案的名称、稿本和外形特征

档案的名称或文种在一定程度上反映档案的价值。档案的名称,表示了档案不同的作用,相应价值也不同。例如,决定、命令、指示、条例、会议纪要、总结等,往往比通知、来往信函、简报等档案的保存价值大;成果报告、部件图、竣工图比阶段小结、零件图、施工图价值要大。

档案有草稿、定稿、正本、副本等不同稿本,其价值也有较大区别。一般来讲,定稿、正本的价值大些,草稿、副本的价值小一些。

档案的外形特点也影响档案的价值。例如,有些档案内容一般,但由于档案中有著名人物的重要批示、签字等,这些档案的价值就大大增加了,就应该从长保管。

5. 分析档案的完整性

完整性,是指档案全宗中的完整程度。通常情况下,全宗内档案比较完整,在分析时要从严,若档案较零散,在分析时要从宽。档案材料往往因不完整而保存价值大大降低。例如,机关的年度报表,一般作为永久保存以便查考,而季度报表和月报表一般保存时间相对比较短,但在年度报表缺失的情况下,季度报表和月报表就会弥补年度报表缺失的不足而显出其重要性,保存时间就相对增长。

6. 分析档案的时效性

档案的时效性,是指在一定时间内,档案在现实工作、生产活动中具有的法律和行政效力,表现为档案在不同时期内具有的现实使用价值能满足社会的需要。例如,合同、协议条约、法律、指示、规章制度等一般在特定时间和条件下具有效力,一旦超越了特定时限,其有效性就会消失,档案的价值自然会相应降低,甚至失去保存价值。

以上几个方面是相互联系,有机统一的。在档案鉴定分析时,要兼顾各方面,综合考虑,不能偏于某个方面。鉴定时要有一定的弹性,对于去留有疑义的,不要匆忙下结论;"保存从宽,销毁从严;孤本从宽,复本从严;本机关从宽,外机关从严";当鉴定的档案保管期限处于两可之间的,就高不就低,即介于永久、30年、10年之间两可的档案,可采取取高的保管期限。

在剔除保管期满的档案时,一般以卷为单位,以短从长,尽量不拆卷。如果一卷中只有一两份档案要继续保存的可以将其挑选出来。

三、档案价值鉴定的工作程序

档案价值鉴定的工作程序通常分四阶段进行,即文件归档鉴定、划定文件的保管期限、档案价值复审和销毁无价值档案。鉴定的工作程序如图4.1所示。

1. 文件归档鉴定

这是各单位对于处理完毕的文件所进行的划定归档范围的工作,依据的是国家档案局制定的《机关文件材料归档范围和文书档案保管期限规定》。通常由单位的文书人员或秘书人员承担。确定机关归档文件的范围,同时剔除部分没有保存价值的文件,由文书部门或业务部门暂时保管1—2年后销毁。

```
文件归档鉴定 ──→ 划定文件的保管期限 ──→ 档案价值复审 ──→ 销毁无价值档案
                                              ↙     ↘
                                          到期复审   移交复审
```

图 4.1　档案价值鉴定工作程序

2．划定文件的保管期限

通常由单位的文书人员或秘书人员承担,依据单位的档案保管期限表,具体划定归档文件和案卷的保管期限,档案工作人员复查后移入档案馆(室)保管。

3．档案价值复审

除永久保存的档案外,其他定期保存的文件在保管期满后,需要对其价值进行复审,以确定是继续保存还是予以淘汰。将期满后仍有保存价值的档案重新划定保管期限,将期满但没有保存价值的档案材料剔除出来,单独造册登记,保管1—2年后销毁。

档案价值复审主要采用以下两种形式:

(1)到期复审。针对非永久保管的档案,可以逐年进行,也可以每若干年度进行一次。由档案馆(室)承担。

(2)移交复审。档案室向档案馆移交档案时,档案室移交人员和档案馆接收人员共同对所移交的档案的保管期限进行复查工作。

4．销毁无价值档案

对于经归档鉴定和价值复审确认为没有保存价值的档案,应按照规定手续和方法予以销毁,由档案馆(室)承担。

档案价值取决于档案主体,因为档案主体丰富多样,档案价值必然会在现实实践中表现出丰富多样的形式,因此在鉴定工作程序的各个环节都要慎重分析,不可轻视。

任务二　制定档案保管期限表

▶ 知识目标
- 掌握档案保管期限表的类型和结构。
- 掌握档案保管期限划分技巧。

▶ 能力目标
- 能够按照国家标准设计某单位的档案保管期限表。
- 能够按照设计出的某单位档案保管期限表,将单位归档的具体档案初步划分保管期限。

思政目标
- 引导学生实事求是结合单位实际规范编写可行的档案保管期限表。
- 树立严谨一丝不苟的职业责任感。

案例导入

几年之前,学习文秘专业的小常毕业后到浙江一家建立不久的机械设备公司担任档案管理员,在初步熟悉单位的档案工作后,他发现由于公司资金不足及重视不够,档案管理比较混乱,没有一套规范的档案管理规章制度,各部门自行管理本部门产生的档案,且档案保管期限判定比较主观随意,与国家标准不符,长期保存的档案中有些价值并不高,只是一般性管理文件,而有些档案价值较高,却因重视不够而被随意放置或随意销毁。现在,随着公司的发展,公司领导决定规范档案资料管理,于是就叫小常于近期制定一个适合本公司的档案保管期限表。小常迅速召开由各部门档案资料负责人参加的会议,商讨确定了本公司的主要文件资料类型及归档范围,并参照《机关文件材料归档范围和文书档案保管期限规定》及其附件《文书档案保管期限表》,结合公司实际情况,最终确定了本公司的档案保管期限表,终于解决了公司档案鉴定混乱的问题。

小常的做法是值得肯定的,制定公司的档案保管期限表的做法是比较规范的。档案价值鉴定是一项较为主观的工作,如果没有统一的档案保管期限表,档案价值的判定就更难把握。虽然我国有国家档案保管期限表的标准,但是比较宽泛,各单位要结合实际情况划定本单位的归档范围及相应文件资料的保管期限。

任务训练

活动目标
(1)通过设计××单位档案保管期限表,训练学生综合分析档案价值的能力。
(2)通过对××单位档案的价值进行判定,明确档案保管期限表的制订方法。

活动组织
根据情况灵活分组,确定××单位待归档的文件应划分的保管期限。

活动内容与要求
(1)让学生分组参照国家通用标准,设计××单位档案保管期限表,然后对每组的设计成果进行评价。
(2)学生进行设计成果的展示,教师对比评价各组设计成果。

理论支撑

一、档案保管期限表及其类型

档案保管期限表,是指以表册形式列举档案的来源、内容和形式,并指明其保管期限的指导性文件。它是鉴定档案保存价值和确定档案保管期限的依据。《档案法》第二十一条规定:"鉴定档案保存价值的原则、保管期限的标准以及销毁档案的程序和办法,由国家档案主管部门制定。禁止篡改、损毁、伪造档案。禁止擅自销毁档案。"《机关档案工作条例》第十六条规定:"机关档案部门应根据国家的有关规定,编制本机关或本专业系统的《档案材料保管期限表》，经机关领导人批准后执行，并报同级档案业务管理机关备案。"

档案保管期限表大致可以分为以下几种类型。

1. 通用档案保管期限表

通用档案保管期限表，是指由国家档案事业管理机关编制的，供全国各机关、团体、企业事业单位鉴定档案价值时使用，也可以作为全国各机关确定一般性档案保管期限的标准和制定其他各种类型档案保管期限表的指南。1987年国家档案局颁布了《关于机关档案保管期限的规定》和《机关文件材料归档和不归档的范围》两个规范性文件，又修订了《国家档案局关于机关档案保管期限的规定》，2006年颁布了《机关文件材料归档范围和文书档案保管期限规定》，宣布1987年的《关于机关档案保管期限的规定》和《机关文件材料归档和不归档的范围》作废，成为当前各级各类单位制定档案保管期限表的指南。

2. 专门档案保管期限表

专门档案保管期限表，是由国家档案事业管理机关会同有关主管部门编制的，是各机关、团体、企业事业单位鉴定专门档案时的依据和标准。专门档案是针对具体工作部门和业务范围，根据特殊需要专门产生的，具有其特殊性，其保管期限与通用档案保管期限有差别，因此须单独列出。例如，2015年12月财政部、国家档案局修订的《会计档案管理办法》，对各类单位的会计档案保管期限进行了专门的规定。

3. 同系统档案保管期限表

同系统档案保管期限表，是由主管领导或业务机关编制的供同一系统内各机关、单位鉴定档案价值时使用的依据和标准。这种档案保管期限表须经过本部门领导人批准后执行，并要报送国家档案局，抄送各省档案局。例如，金融、司法系统都有本系统的档案保管期限表。

4. 同类型单位档案保管期限表

同类型单位档案保管期限表，是由档案事业管理机关或主管领导机关编制的，同一类型（如学校、医院、工厂等）单位鉴定档案时通用的依据和标准。例如，××市学校档案保管期限表。

5. 本单位档案保管期限表

本单位档案保管期限表是各单位依据通用的或者本系统的档案保管期限表，结合本单位的工作实际编制的，是供本单位划分档案保管期限的标准性文件，这类保管期限表应经本单位领导批准后执行，并报上级主管单位或同级档案行政管理部门备案。本单位相关规定的编制不能太粗，也不能太细，可以只把大的类别和要求提出来。编制本单位档案保管期限表的要求，概括起来就是符合实际、便于操作以及遵守审批程序。

以上五种类型档案保管期限表之间有一定的关系：通用档案保管期限表对其他几种保管期限表具有指导意义；本单位档案保管期限表必须以通用档案保管期限表和上级机关颁发的各种档案保管期限表所规定的保管期限为依据，不能随意改变通用档案保管期限表所规定的保管期限。

二、档案保管期限表的结构

档案保管期限表一般由顺序号、条款、保管期限、附注以及说明等部分构成，其中条款和保管期限是最基本的项目。

1. 顺序号

顺序号,是指档案保管期限表的各条款经系统排列后,在各条款前统一编排的号码。

2. 条款

条款用以列举档案的来源、内容和形式,它是一组类型相同的文件的名称或标题。例如,"本单位召开会议的文件材料"。值得注意的是,所拟定的条款要能反映出同一组文件的来源、内容和形式。例如,"省直属各局""报表",并不绝对要求文件的来源、内容、形式三者齐全。保管期限表的条款排列可以分类排列,也可不分类排列,但一般条款较多的保管期限表,会把条款再加以分类。

3. 保管期限

保管期限,是指根据各类文件的保存价值所确定的保管年限。一般对应列于每一条款之后,说明此类文件的保管时间。

4. 附注

附注,是指在条款之后对条款及其保管期限所进行的必要的注解或说明。例如,对条款中"重要的"和"一般的"可以进行注释。

5. 说明

说明,包括档案保管期限表的适用范围、制定档案保管期限表的依据、保管期限表的结构、档案保管期限的计算方法以及其他应该说明的。

档案保管期限表格式有表单式和表格式两种,表单式,是指文字书写格式(即文字打印格式)的档案保管期限表;表格式,是指以表格的形式逐条标注的档案保管期限表。两种格式的基本内容有类目(顺序号)—归档范围(即条款名称)—保管期限,每个单位会根据本单位的档案分类多少选择适合本单位实际情况的档案保管期限表。表单式档案保管期限表格式如表 4.1 所示。表格式档案保管期限表格式如表 4.2 所示。

表 4.1 表单式档案保管期限表范例(局部)

3	上级机关召开的重要会议文件材料	
	3.1 主要文件材料	永久
	3.2 其他文件材料	10
4	上级机关颁发的文件材料	
	4.1 直属上级机关颁发的,属本机关主管业务的,和非直属上级机关颁发的针对本机关主管业务并要执行的重要的文件材料	永久
	4.2 直属上级机关颁发的属本机关主管业务并要执行的一般文件材料	30
	4.3 其他需要执行的文件材料	10

表 4.2 表格式档案保管期限表范例(局部)

××学院档案保管期限表				
序号	归档内容		保管期限	
1	上级机关有关教学改革、发展规划、学制及教学管理等方面的指示、规定、重要通知	(1)针对本院的、重要的	永久	
		(2)需要长期参照执行、查考的	30	
		(3)需要短期参照执行、查考的	10	
2	本院教学工作的请示及上级批复		30	
3	本院教学改革、培养目标、培养规划、学制等方面指示、规定和办法		永久	
4	本院召开的教学工作会议记录、纪要、决议		永久	
……	……		……	

三、我国档案保管期限的划分

档案保管期限表中,条款较多的,还须把条款加以分类。条款用以列举档案的来源、内容和形式,保管期限则标明不同条款的保管期限。

我国 2006 年以前实行的档案保管期限,主要有三级:永久、长期和短期。对于文件材料保管期限的计算,文书文件材料应从案卷所属年度计算,科技文件材料应从归档以后(如一个项目分批归档,则从最后一批归档后)的下一年 1 月 1 日算起。

(1) 永久。就是将档案尽可能长久地保存下来。主要包括两部分:本单位工作中形成的重要文件,如指示、命令、决定、各种会议纪要等;直属上级机关颁发的属于单位主管业务并需要贯彻执行的重要文件等,非直属上级主管单位颁发的针对本单位主管业务的并要贯彻执行的重要材料。

(2) 长期。年限为 16—50 年。凡是反映本单位一般工作活动,不具有广泛社会意义和科学历史意义,但本机关在相当长时间内需要查考利用的文件材料。

(3) 短期。年限为 15 年(含 15 年)以下。凡是在较短时间内需要查考利用的各种文件材料。

2006 年国家档案局发布的《机关文件材料归档范围和文书档案保管期限规定》,改革了文书档案保管期限划分方法:将原有的永久、长期、短期保管期限的划分方法改变为永久、定期,定期中再实行标时制,一般分为 30 年和 10 年,改变了过去短期为 1—15 年、长期为 16—50 年的时段式划分方法,更方便档案管理部门对到期的定期档案及时地进行鉴定处理,减少保管压力,节省保管空间和人力、物力。划分保管期限尤其要把握文件材料的"一般性",要看文件材料涉及的问题是否是常规性、技术性等方面的问题。

任务三　档案鉴定组织与档案销毁

▶ 知识目标

- 掌握档案鉴定组织与销毁流程。
- 明确档案销毁审批流程,掌握如何编制档案销毁清册。

▶ 能力目标

- 能够鉴定具体档案是否销毁。
- 能够编制档案销毁清册。

▶ 思政目标

- 引导学生规范地评估与分析案卷。
- 培养学生养成规矩意识,规范地做好档案鉴定与销毁工作。

案例导入

擅自销毁档案　直接负责人担责

2002年，××区档案馆在接收辖区内××乡移交的档案时,发现该乡档案有严重缺损现象。经检查核实,该乡机关部分存放档案的库房由于年久失修,漏雨严重,加之无人管理,造成档案严重破损霉变,使档案丧失使用价值,乡机关领导便口头同意销毁这些档案。于是,该乡机关销毁了1960—1980年间的会计档案和1971—1983年间的婚姻登记档案。

××区档案局遂着手调查取证,确定案情后根据相关程序依照《档案法》,对该乡机关直接责任人发出了给予行政处分的建议函,并对损毁和销毁档案造成的损失进行价值鉴定后,责令该机关赔偿损失。

档案销毁,必须严格执行审批制度,履行审批手续,任何机构和个人不得随意销毁档案。档案销毁要按照一定的程序去操作,由于各种难以完全避免的原因,类似事件时有发生,而档案的唯一性又决定了一旦误销档案,将会造成无可挽回的损失。案例中的该乡机关领导擅自同意并销毁档案,严重地违背了我国档案销毁制度,给国家带来了损失,应当进行处罚。

任务训练

活动目标

通过模拟对具体案卷的鉴定,让学生熟悉档案鉴定工作的组织和档案销毁的流程,训练学生实际的档案鉴定能力。

活动组织

根据情况灵活分组训练。

活动内容与要求

(1) 学生对归档文件或期满档案的价值进行鉴定,判定实际的保管期限,并对没有价值的案卷进行销毁。

(2) 对比评价各组学生的鉴定和销毁情况。

理论支撑

一、档案鉴定组织与工作流程

(一) 档案馆的鉴定工作

档案馆的鉴定工作主要包括对保管期限已满档案的鉴定销毁,对满30年应向社会开放档案的鉴定,以及对未满30年可公开的政策、法规性文件,经济、文化、教育等方面档案的及时鉴定。

1. 档案馆的鉴定工作组织

(1) 成立鉴定委员会。局(馆)长兼任主任,分管副局(馆)长任专职副主任,委员6—8人。负责档案鉴定工作计划的审定、留存销毁档案的审查及意见签署等。

(2) 成立鉴定小组。由档案业务人员参加,分管领导任小组组长、档案业务主管处

(室)领导任小组副组长,成员4—6人。职责是指导、监督档案价值的鉴定工作;讨论、审核档案销毁清册和待销毁档案内容的分析报告;对档案的存毁做出决定,并报请有关领导批准;鉴定结束后,提交鉴定工作报告。

2. 档案馆的鉴定工作流程

(1)确定依据和标准。销毁档案的鉴定工作的基本原则是销毁档案从严、留存档案从宽。销毁档案鉴定的依据是《档案法》《机关文件材料归档范围和文书档案保管期限规定》,同时,馆藏专业档案的销毁鉴定,必须有专业档案的主管部门有关专业人员参加,制定有关到期档案的存毁依据。

(2)确定范围,制订计划。组织鉴定专业人员对馆藏满保管期限的档案进行调查摸底,将已满保管期限的档案纳入当年鉴定工作计划,报请局(馆)领导批准,方可进行档案鉴定工作。鉴定前要制订可行的鉴定方案,方案包括依据和标准、鉴定方法、鉴定范围、所属时间、数量、销毁工作流程等。

(3)档案鉴定。档案鉴定采用直接鉴定法,逐卷、逐件地审阅案卷内容,可从档案来源、档案内容、档案形式等方面来考虑档案价值,全面地分析鉴别,以确定档案存毁。集体审查是在个人鉴定的基础上,进行集体讨论,由鉴定小组负责人将意见填入鉴定卡上的形式。一般分为基础鉴定、初审、复审、审批四个步骤:

① 基础鉴定。由鉴定小组成员承担,对档案逐卷、逐件地审阅,提出档案存毁的意见。

② 初审。由鉴定小组副组长负责,对初审销毁档案意见进行核实,编制"档案销毁清册",草拟销毁档案鉴定报告和销毁档案目录。

③ 复审。由鉴定小组组长负责,对销毁档案进行审核,并在鉴定报告和送审的销毁档案目录上签署审核意见。

④ 审批。由鉴定委员会对鉴定小组形成的鉴定报告及销毁档案目录进行集体讨论审查,形成审查意见,报请上级机关审批。

经过鉴定,保管期限已超过但仍有利用价值的档案,应重新编目继续保存;其余无须继续保存的档案,应编制档案文件销毁清册,征求档案形成单位的意见,报上级和同级档案行政管理部门批准后方可销毁。档案销毁应由两名以上专人监销,档案销毁完毕后,经办人签名盖章,拟写鉴定工作报告,报上级和同级档案行政管理部门备案。销毁档案清册和鉴定工作报告应及时归档,永久保存。

(二)单位档案室的鉴定工作

档案室的档案鉴定已经成为各单位档案室的一项工作制度,具体操作如下。

1. 成立鉴定小组

由单位档案室和相关文书部门相关人员组成,一般是由企业领导或单位办公室主任担任档案鉴定小组组长,档案室主要负责人担任副组长,文书部门、业务部门人员和档案工作人员担任鉴定小组成员。例如,××广告公司档案鉴定工作是由主管办公室工作的副经理直接领导,鉴定小组由办公室主任任组长,档案室主任任副组长,公司主要业务部门相关人员组成小组成员。

通常来说,单位的鉴定小组确定下来就基本固定了,主要负责本单位档案的价值鉴定,尤其是期满档案的鉴定工作。也可选择和配备合适的人员,组织临时性的鉴定委员会或鉴定小组,专门从事鉴定工作。

2. 单位档案室的鉴定工作流程

为保证档案鉴定工作的质量,必须有计划、有步骤地做好档案鉴定工作。通常单位档案的鉴定遵照以下程序,有领导、有组织地进行。

(1) 制定档案鉴定的标准。参照《机关文件材料归档范围和文书档案保管期限规定》,由本单位档案室会同文书部门和业务部门制定本单位归档范围与档案保管期限表,作为本单位档案鉴定实施的标准,对本单位文书部门、业务部门档案归档与不归档文书材料范围与种类、保管期限做出明确规定。

(2) 制订一个周密可行的鉴定工作方案。其内容包括鉴定目的与内容、鉴定范围与对象、库藏档案状况与分析、鉴定方法与步骤、具体时间安排与人员分工等。

(3) 对移交和到期复审的案卷逐一鉴定,确定保管期限。文书部门、业务部门根据保管期限表,对归档和期满的案卷确定保管期限。可从档案来源、档案内容、档案形式等方面来考虑,采取个人阅卷与集体审查相结合的办法,定性与定量相结合地进行价值判定。

(4) 对应剔除的档案材料进行销毁处理,并针对档案的变化情况调整档案管理体系,总结鉴定工作,做好善后处理工作。剔除部分没有保存价值的文件,可由机关文书部门或业务部门保管1—2年后销毁。

二、档案销毁

(一) 销毁档案的审批

鉴定工作结束后,应提交鉴定工作报告,对需要销毁的档案登记造册,编制"档案销毁清册",经机关领导人和主管机关批准后才能销毁。中华人民共和国成立前的档案必须上报国家档案局批准,未经批准的不得销毁。

(1) 编制档案销毁清册。档案销毁清册是登记被销毁档案题名、数量等内容,并由责任人签署的文件。档案销毁清册封面式样如图4.2所示,档案销毁清册内页格式可参考表4.3。

全宗号:	全宗名称:
×××单位 档案销毁清册	
鉴定时间:	执行销毁时间:
经办人:	监毁人:
负责人:	销毁人:
审核人:	

图4.2 档案销毁清册封面式样

表4.3 档案销毁清册

序号	年度	档号	案卷或文件题名	文件数量(页/件)	原保管期限	销毁原因	鉴定时间	备注

(2) 上报审批。档案销毁清册必须按照各个全宗分别编制，每份销毁清册一式两份，一份留档案馆（室），一份送机关领导人审批。如果上报上级机关审批，还需再多编一份。为了方便上级机关审批，上报时须附送一份立档单位与全宗的简要说明，内容包括立档单位成立的时间、工作职能、内部机构的名称，全宗档案所属年代、保管期限、保管档案的情况和完整程度、现在档案的主要成分和类型，以及准备销毁的档案数量、内容、鉴定工作的概况和销毁的理由。目的是让审批的领导人或机关了解基本的情况。

（二）销毁执行与监督

档案销毁，是指经过鉴定对失去价值的档案作毁灭性处置的过程，主要有以下几个程序。

(1) 销毁执行。待销毁的档案应单独保管，未批准的档案要及时拣出另行保管，并在档案销毁清册上作必要说明。为保守机密，经批准可以销毁的档案严禁出卖或移作他用，可根据档案密级级别和数量选择适宜的销毁形式，在监销人的监督下，一般送造纸厂或保密局指定的销毁点销毁。

(2) 监督销毁。档案销毁，应按《档案法》和有关规定进行，并严格遵守档案销毁制度，对正式批准销毁的档案，要统一组织，指派监销人（2—3人）负责销毁工作。销毁后须在"销毁报告"和档案销毁清册上注明"已销毁"字样和销毁日期，并由监销人在销毁清册上签名盖章，以示负责。销毁报告、销毁目录以及档案销毁审批件一同归档，以备查考。

（三）善后处理工作

档案销毁的善后处理工作主要包括以下几个方面。

(1) 注销。将销毁的档案从登记簿上勾掉，并从有关检索工具中注明或撤销。

(2) 变更。对调整过的管理工具做相应的变更。

(3) 调整案卷和排架。案卷内凡是有部分销毁的，应当对库房里案卷或排架进行调整或重新组合。

(4) 整理鉴定工作文件。将鉴定工作文件按其编号排列，装订成册，与鉴定工作中形成的其他文件，包括鉴定报告、销毁清册、保管期限表等，一起组成鉴定工作案卷且妥善保存。

▶ 思考与练习

一、案例分析

小常是××贸易有限公司的档案管理员。在一次档案鉴定中，她发现了几份关于该公司已撤销的一个内部机构的管理性文件，她当时认为那个机构已经撤销了，这几份文件自然没用了。于是，小常把那几份文件用碎纸机销毁了。过了一段时间，公司领导想找出这几份文件作为参考，但小常再也无法找回来了。

根据上面情况分析：小常这样做对吗？请你谈谈档案鉴定工作应从哪些方面分析档案的保存价值。

二、技能题

(1) ××服装公司在进行文件归档鉴定时发现，统计类文件中，年度综合统计报表、季度报表、月度报表都齐全，而在总结类文件中缺少年度总结，只有季度总结和一些单项工作总结，有一份本单位职工代表大会的工作报告定稿遗失，现存的只有草稿。

根据上述情况,请思考下列问题:
① 该单位统计类文件的价值如何判定?为什么?
② 该单位总结类文件的价值如何判定?为什么?
③ 该单位职工代表大会工作报告的草稿需要留存吗?为什么?

(2) ××职业技术学院档案室需要对一批保管期限已满的档案进行价值复审,通过复审将剔出无保存价值的档案,并予以销毁。

根据上述情况,请思考下列问题:
① 档案复审工作如何组织?
② 对于经过复审剔出的需要销毁的文件应经过哪些程序才能执行销毁?
③ 销毁档案时可以采取的方式及应执行的制度是什么?

▶ 综合训练

鉴定文件价值 划定保管期限

实训内容

通过鉴定归档文件的价值,确定归档文件的保管期限。

实训目的

通过实训,进一步巩固本项目所学的知识,掌握档案价值鉴定及其注意事项;了解档案保管期限表和档案销毁清册的格式和内容,并能够填写相关事项。

实训地点

档案实训室。

实训组织

学生分成若干实训小组,每组发一套××单位待鉴定的案卷(至少20件文件)、档案销毁清册表等材料。

实训过程

(1) 教师介绍《机关文件材料归档范围和文书档案保管期限规定》等规范性文件和鉴定要求。

(2) 学生分组根据老师提供的××单位档案保管期限表,判定待鉴定的案卷中具体文件的保管期限,并将无保存价值的档案单独登记,填写档案销毁清册。

(3) 学生讨论总结实训心得。

▶ 知识链接

国外的主要鉴定理论标准

1. "年龄鉴定论"

1901年德国档案学家迈斯奈尔首次提出"年龄鉴定论",即"高龄案卷应当受到尊重"。这一理论体系由六条一般原则和七条具体标准组成,其鉴定标准可概括为档案内容和档案来源两方面。

2. "职能鉴定论"

20世纪二三十年代波兰档案学家卡林斯基提出"职能鉴定论"。这是在研究继承迈斯奈尔鉴定理论的基础上提出的,认为应按照文件形成机关在政府机构体系的地位和职能的重要性来确定档案文件的价值及保管期限。他把档案分为两类：一类是最高行政机关的文件，一般应永久保存；一类是低级机关的文件，只需保存一定时期后就可以销毁。

3．"文件双重价值论"

美国档案学家谢伦伯格在1956年出版的代表作《现代档案——原则与技术》一书中，系统地阐述了"文件双重价值论"这一鉴定理论，指出文件价值中存在着第一价值和第二价值的区别，这是参照文件的主体进行划分的。他指出公共文件的价值首先体现为对原形成机关的原始价值，即第一价值，具体体现为行政价值、财务价值、法律价值和科研价值。而后再体现为对其他机关及非政府方面利用者的从属价值，即第二价值，分为证据价值和情报价值两种形式。对这两种不同价值，在鉴定时应予以充分考虑。谢伦伯格被誉为"美国档案鉴定理论之父"。

4．"利用决定论"

代表人物主要有美国的菲斯本、布里奇弗德和芬奇，核心观点是将学者特别是历史学家的实际利用和预期利用视为档案鉴定的最重要标准，认为第二价值决定档案的根本性质。其局限性不容否认，即档案鉴定过程带有很大的随意性，实际上破坏了文件在其形成者业务活动中形成的有机联系。

（资料来源：黄霄羽.外国档案鉴定理论的历史发展及其规律[J].中国档案，2003，9：28-30，35.）

▶ **法规阅读**

《机关文件材料归档范围和文书档案保管期限规定》

项目五

档案保管工作

档案保管是档案管理工作的基础，主要是借助一定的物质条件（库房、保管设备、装具等）来保管档案，确保档案实体的完整和信息的安全，延长档案的寿命。本项目将重点介绍档案保管的物质条件、库内档案保管环境与秩序管理、特殊载体档案的保管，具体内容适用于各类单位档案室及档案馆的保管工作。

第五课 档案库房与保管工作

【学习目标】

（1）知识要求：通过本项目的学习，掌握档案保管的物质条件、库房档案日常管理方法，明确档案保管工作的基本技能，学会温度与湿度的控制与调节、防光、防尘、防微生物等技能，以适应将来的档案保管工作。

（2）能力要求：通过本项目的学习与任务训练，能够按照档案保管方法和技巧，进行档案日常保管工作。

（3）思政要求：通过本项目的学习与任务训练，培养学生爱岗敬业的职业素养、严谨守规的工匠精神，以及防患于未然的安全意识与风险意识。

【职业箴言】

管好档案，功在当代，利及千秋；为国家管档，为民族守史。

解读：这句话精确地指出了档案保管工作的重要意义，作为档案工作人员，日常工作就是维护档案的安全与完整，消除有损档案寿命的不利因素，延长档案寿命，为国家保存历史，服务人民。

任务一　档案保管的物质条件

▶ **知识目标**
- 掌握档案库房、档案保管设备及档案装具的基本情况。
- 明确档案库房建设标准、档案保管设备及档案装具的种类。

▶ **能力目标**
- 能够了解档案保管工作在档案整体工作中的地位。
- 能够根据档案保管的物质条件判断库房是否规范,主要从库房建设标准、保管设备情况和档案装具情况3个方面判断。

▶ **思政目标**
- 培养学生爱岗敬业的职业素养。
- 树立民族自豪感。
- 培养学生树立绿色理念,践行环保标准。

▶ **案例导入**

A 省提出档案室安全保管"二十防"要求

　　为加强对档案室安全保管保护工作的督导,A 省档案局印发了《档案室安全保管保护条件建设指引》,对档案室的安全体系建设工作提出了"二十防"要求。A 省档案局梳理了有关法律法规、文件和标准的相关内容,参照档案馆设计、建设的有关标准,结合当地的气候特点,从八个方面对档案室安全保管保护建设工作提出了要求,包括档案工作用房整体规划要求;档案保管、责任追究、应急预案等制度建设要求、档案用房功能要求;档案用房布局要求;档案库房建设要求;档案安全防护要求;档案装具及设备要求;档案信息化建设要求。并针对当地气候特征与地理特点,把档案室的安全保管保护要求提高到"二十防",要求各单位建立健全人防、物防、技防"三位一体"的档案安全体系,切实采取防盗、防火、防雷、防震、防水、防潮、防高温、防霉、防虫、防鼠、防光、防尘、防磁、防污染、防辐射、防汛、防台风、防失泄密、防电子病毒等措施,确保档案绝对安全。

　　档案库房建设及保管设备非常重要。文件归档进入档案管理部门以后,一方面因利用的需要经常被调出借阅,另一方面档案库房的环境对档案安全也会产生一定的影响。这就要求档案管理部门做好档案有序、安全的保管工作。档案保管工作不仅需要一定的物质条件,更需要建立健全的管理制度,完善手续,加强日常管理和监测,这样才能为档案营造一个良好的保管环境。

任务训练

活动目标

通过实地调查了解档案保管的物质条件,确定档案库房建设、档案保管设备和档案装具的要求,按照我国档案库房建设相关标准对具体档案库房建设与保管行为进行判断。

活动组织

根据情况灵活分组调查。

活动内容与要求

学生分组实地调查了解××单位档案室或档案馆库房档案保管制度、档案保管的环境要求和状态,然后各组指定代表介绍他们的调查情况,并总结分析规范的档案库房建设和保管设备标准。

理论支撑

档案保管,是档案管理中的一项重要内容,是档案馆(室)对档案进行系统存放和安全保护的工作。

档案是以一定的物质形式存在的,并且其中有一部分要永久保存下去。但是随着社会的发展和时间的推移,一方面档案的数量和种类在日益增加和不断丰富,另一方面档案又处在不断损毁的过程中,例如,纸张老化、字迹褪色模糊、档案虫害等。因此,我们就需要对档案进行规范的保管,而档案保管是需要依靠一定的物质条件的,如专业化的档案库房、保管设备及装具。

一、档案库房的建设标准

档案馆库房是永久保管档案的基地,为贯彻执行国家节约资源和保护环境的基本国策,推进行业的可持续发展,国家档案局、住房和城乡建设部制定了相关标准,如《档案馆建筑设计规范》(JGJ 25—2010)、《绿色档案馆建筑评价标准》(DA/T 76—2019)等,对档案馆的选址、建筑设计、档案防护、防火设计、建筑设备、建筑环境等提出了更高的要求,规范了全国绿色档案馆建筑的评价标准,最大限度地节约资源(节能、节地、节水、节材)、保护环境和减少污染,为档案资料提供适宜、安全和便捷的存储空间,同时为档案馆建筑使用者提供健康、适用和高效的使用空间,并与自然和谐共生。

档案库房,是指档案馆(室)为存储和保护档案而设计建造的建筑物。库房地址的选择,在防火、防盗、防虫、防霉、防光、防尘、防水(潮)、防有害气体(简称"八防")等八个方面均有一定的要求,不少国家制定有专门的设计规范。档案库房是保存档案的重要基地,是档案保管工作的主要活动区域。库房管理是档案保管工作的主要内容,只有做好库房管理工作,符合"八防"要求,才能切实保证档案的安全,为整个档案工作的发展创造必要的条件。

1. 档案馆库房建设标准

档案馆库房是永久保管档案的基地,档案库房的建设按照住房和城乡建设部、国家档案局发布的相关标准执行。《档案馆建设标准》(建标 103—2008)明确指出,各级档案部门要合理确定建设规模和水平,做到功能齐全、设施完善、经济实用,满足档案收集、整理、保管、利用等工作的需要。

(1) 档案馆的选址与规划布局要求如下：

① 应选择工程地质条件和水文地质条件较好的地区。

② 远离存放易燃、易爆物的场所，不应设在有污染腐蚀性气体源的下风向，并避免架空高压输电线穿过。

③ 档案馆建筑所在地要交通便利，并且城市公共设施完备，便于为档案利用者服务。

④ 应选择地势较高、排水通畅、空气流通、环境安静的地段。楼层安排方面，应尽量避免"顶天立地"，即尽量不用最底层和最高层。最高层受阳光辐射的影响比较大，而且存在屋顶漏雨的可能。最底层安全问题难以得到保证，且相对湿度大，不利于档案的保管。

⑤ 档案馆建筑按照其功能可分为库房区、对外服务区、业务技术区、办公区和附属用房区。库房区应相对独立，电源要能单独控制，尽量达到"八防"的要求。

(2) 档案馆建筑设计上的要求：

① 档案馆库房与其他各类用房之间应有分隔，各部门间的档案传送线路应安全顺畅，内外联系应避免交叉。

② 四层及四层以上的对外服务用房、档案业务和技术用房应设电梯，二层及二层以上的档案库房应单独设置垂直运输设备。

③ 档案馆围护结构应满足保温、隔热、温湿度控制、防潮、防水、防日光、防紫外线照射、防尘、防污染、防有害生物和防盗等防护要求。

(3) 档案库房设计要求如下：

① 库区应根据档案类别、保管要求和经济性，设置不同类型的库房和确定柱网、层高与载荷，珍贵档案存储应设珍藏库。

② 档案库房层高应满足排架高度、管道安装维修的要求。

③ 库区内应设工作人员更衣室，其余附属用房不应设在库区内。

④ 库区或库房入口处应设过渡间；档案库房设于地下时，必须采取防潮、防水措施。

⑤ 档案馆重要电子档案的保管和利用场所应满足安全屏蔽要求。

档案馆是保管党和国家重要档案的基地，是进行爱国主义教育的基地，是依法为公众提供档案信息服务的中心，同时又是公众了解政府信息、利用已公开现行文件的法定场所。各级档案馆应重视库房建设，以保障档案的安全与完整。

2. 档案室库房建设标准

各单位档案室设置与建设标准一般也可参照档案馆建设标准。档案室库房作为单位档案安全保管的重要场所，单位领导必须高度重视，加强对档案室库房标准化、规范化建设的管理与投入，确保档案实体的完整与安全。

单位档案室库房独立建筑的具体建筑技术参数可根据国家档案馆建筑标准执行，如果设在机关办公楼内，也要与其他的办公室区别。档案室库房内取暖管线不得有接头，不得有水龙头和洗手盆等设施。顶层库房要达到防水要求，设在底层或地下室的要达到防潮要求，要配备加湿器、去湿机、防潮剂等设备和药剂达到防护效果，确保库房的温度控制在14—24℃，相对湿度控制在45%—60%。对于新建的办公用房，档案室应进行必要的挑选，需要加强防潮、防盗、防火、防光、防尘。

二、档案保管设备

1. 测量与控制调节温度、湿度的设备

测量与控制调节温度、湿度的设备,包括各类温湿度测量仪器,以及空调、去湿机、加湿器、冷暖气设施等温湿度调控设备。

2. 消防设备

消防设备包括各类灭火器、灭火栓、火灾报警器或自动防盗系统报警等,在选择时不可选用化学泡沫灭火器和清水灭火器。

3. 档案修复设备

档案修复设备包括排笔、棕刷、油纸、压力机、裁纸刀、装订机、装订线、光盘复制机、复印机、托纸等。

4. 其他保护设备

其他保护设备包括消毒箱或消毒室、空气过滤器、吸尘器、窗帘、遮阳板等。

随着科学技术的发展与运用,档案库房管理也越来越高科技智能化,很多先进的管理技术被应用到档案库房管理工作中。例如,现在很多档案库房使用"档案库房安全保护智能化管理系统",可以实现档案库房的"八防"工作集中统一智能化控制,克服了诸多人工管理的不足,如灯光照明,温湿度,空气粉尘、SO_2(二氧化硫)含量的自动检测和监控,自动通风机、自动门禁控制等。

三、档案装具的种类

1. 档案橱柜和密集架

常用的档案装具包括档案橱、档案柜、档案密集架等。另外,还有专门保存特殊载体的档案装具,例如,防磁橱、底图柜和照片档案橱等。具体用何种装具可根据实际情况而定。

活动式密集架,是在复柱式双面固定架的底座上安装轴轮,能沿地面铺设的小导轨直线移动的架子。可根据需要将多个架子靠拢或分开,分为手动和电动两种,手动又分为手摇式和手推式,手推式又分为轨道型和悬梁型。活动式密集架的走动方向有横向和纵向之分。活动式密集架将固定通道变为机动通道,使库房单位面积上的档案存储量增大,但对库房地面的承载力要求也高,按我国《档案馆建筑设计规范》(JGJ 25—2010)的规定,采用密集架时档案库房楼面均布活荷载标准值不应小于$12kN/m^2$,同时,也要考虑整个建筑物的坚固程度及其使用年限长短等相关因素。

2. 卷皮

卷皮是包装档案的基本材料。其作用是可以保护档案文件,减少其机械磨损。

根据国家档案局《文书档案案卷格式》(GB/T 9705—2008)的规定,卷皮分为两种。

(1)硬卷皮。推荐采用250克无酸牛皮纸制作。封面、封底的尺寸采用310mm×220mm,封底三边(上、下、翻口处)要另有70mm宽的折叠纸舌,卷脊可以根据需要分设10mm、15mm、20mm三种厚度。

(2)软卷皮。封皮、封底的尺寸采用297mm×210mm。

3. 案盒

采用案盒保管档案,是一种比较理想的方法。其作用是防光、防尘,减少磨损,便于利用,而且整齐美观。缺点是占用空间多,而且制作费用较高。

案盒外形尺寸采用 310mm×220mm,高度可根据需要设置为 20mm、30mm、40mm 或 50mm 等。

另外,对于一些不经常使用或不适宜装订又不便于盒装的实物档案、材料等,可以用较为结实的纸张包装起来,待条件成熟后再采取措施保存起来。这是保存特殊载体档案的应急措施。

任务二　库内档案保管环境与秩序管理

▶ 知识目标

- 掌握库内档案日常保管工作内容与地位。
- 明确库内档案保管环境中温度、湿度的要求,明确档案库房防光、防尘等方法。
- 明确档案库房安全检查和库房卫生要求。
- 了解库内档案流动过程中的保护措施。
- 了解档案库房的秩序管理。

▶ 能力目标

- 能够分析档案日常保管工作在档案整体工作中的地位。
- 能够根据库内档案保管环境要求判断档案库房环境是否规范。

▶ 思政目标

- 培养学生的历史责任感。
- 培养学生学会问题导向,树立防患于未然的安全意识与风险意识。

▶ 案例导入

> ××公司把档案库房设置在办公楼最顶层靠里面的一个房间里,这个房间虽然偏僻,但光线很好,一天内有 5 个小时可以接触到阳光,由于档案库房外阳光太充足,而库房内又没有空调等恒温恒湿设备,所藏纸质档案开始变脆,严重影响了档案利用。

案例中把阳光充足的房间作为档案库房的做法是不科学的。因为档案库房防光是档案保管工作的要求之一,光线中的紫外线对档案实体有一定损伤。

▶ 任务训练

活动目标

通过对学生进行档案日常保管及环境检测要求的实地训练,让学生明确按照我国档案保管相关标准,对具体的档案库房实施规范的档案保管行为。

活动组织

根据情况灵活分组调查。

活动内容与要求

学生分组进行档案日常保管、库房环境检测要求的实地训练,然后各组指定代表总结他们的训练情况,并总结分析规范的库内档案保管环境的具体要求。

理论支撑

一、温湿度控制与调节

温湿度对于档案的保存影响较大,温度过高,容易使纸质变干燥;温度过低,容易使纸质变脆;相对湿度过高,容易使纸质变软、字迹变模糊、易发霉,这些都不利于纸张的保存。一般纸质档案适宜的保管温度为 14—24℃(±2℃),相对湿度为 45%—60%(±5%),即一昼夜允许变化范围温度为 2℃左右,相对湿度为 5%左右。每天定时做好温湿度测量记录,注意温湿度的调节和资料的积累,以便分析其特点和规律,制订科学的管理计划。

(一)不适宜的温湿度对档案的影响

纸质档案、照片、胶片等载体的档案,在平时保管中,高温、潮湿、低温和干燥对档案的破坏作用是逐渐积累的,会逐渐使它们老化,因此我们平时在保护档案时,就要控制与调节库房温湿度,防止档案遭到损害。

1. 30℃以上的高温

(1)当档案受到热的作用时,纸张水分减少,纸张脱水、强度下降,出现纸面翘曲干裂。

(2)高温加速各种有害化学物质对档案载体材料发生水解和氧化等反应,加速纸张、胶片片基、磁带带基、光盘保护膜等老化或腐蚀。因为一般化学反应的速度随温度升高而加快。

(3)加速染料字迹及彩色胶片影像材料的氧化反应,使其褪色;会使耐热性差的油溶、蜡溶字迹发生油渗扩散现象,导致字迹模糊。

(4)高温会影响光盘读取,增加磁记录材料的复音效应,温度每升高 10℃,噪音增加 1分贝。

(5)高温加速了危害档案的有害生物的生长与繁殖,给档案制成材料带来很大的破坏作用。

2. 低温 8℃以下

(1)库房温度低会减缓档案制成材料因不利因素引起的各种化学反应的速度,而不易发霉生虫。一般来讲,温度低一些有利于档案制成材料的耐久性,但并不是说档案库房内温度越低越好,纸张中的水分在一定条件下能提高纸张的耐久性,档案纸张只有在保持正常含水量时,才能获得理想强度。如果温度过低,降到冰点以下,纸张中的内部结构遭到破坏、强度下降,影响档案纸张的耐久性。

(2)露点温度,是指当空气含湿量和大气压不变的条件下,使空气达到饱和状态时的温度,是空气开始结露的临界点。温度低于露点温度,增加了档案材料表面的水分,会引起一系列有害的物质反应。

3. 70%以上高湿

(1)导致材料发生水解,耐久性下降。

(2)有些高分子物质吸水膨胀发生变形。

(3)水溶性字迹材料会吸水洇化而模糊。

（4）酸性有害气体溶解于水生成相应的酸，加速档案材料的水解。

（5）有利于有害生物的生长繁殖。例如，利于有害生物生长的相对湿度，霉菌为72%、昆虫为70%—90%。

4．30%以下低湿

（1）相对湿度过低，材料失水容易发脆、胶片乳剂层脱落、磁粉脱落、纸张耐折度下降。

（2）载体材料失水收缩发生形变。

（二）控制与调节库房温湿度

一般档案库含胶片库、磁带库，库房温度是14—24℃，昼夜允许波动±2℃；相对湿度是45%—60%，昼夜允许波动±5%。控制与调节库房温湿度，目的主要是随时掌握库房温湿度变化规律，有计划调控，分析产生不适宜温湿度的原因，有针对性地采取调控措施，掌握通风调控时机，检查调控效果，提高改进库房保管工作。

一般要配备温湿度监测和调节设备，如温湿度测量仪、去湿机、空调等设备，随时监测库房内温湿度的变化，并注意维护。

1．测量温湿度的仪表

测量温度的仪表有液体温度计、双金属自记温度计、电阻式温度表等。

测量相对湿度的仪表有普通干湿球湿度计、通风干湿球湿度计，现在多采用数字式智慧型温湿度仪。

档案库房温湿度记录表如表5.1所示。

表 5.1 档案库房温湿度记录表

年　　月

日期	温度/℃	相对湿度/%	采取措施	日期	温度/℃	相对湿度/%	采取措施
1				17			
2				18			
3				19			
4				20			
5				21			
6				22			
7				23			
8				24			
9				25			
10				26			
11				27			
12				28			
13				29			
14				30			
15				31			
16							

2. 档案库房温湿度调控方法

(1) 密闭,是指防止或减弱库外不适宜温湿度对库内影响,用以保持库内温湿度稳定。例如,南方梅雨季节,6月上旬到7月上旬,此时温度高、湿度大,库房需要密闭,一般分为永久性密闭和暂时性密闭。暂时性密闭主要有库房密闭、箱柜密闭、塑料袋密封等。

(2) 通风,是指根据空气流动的规律,有计划地使库内外空气进行交换,调节库内不适宜温湿度,方法有自然通风和机械通风。自然通风是借助风压和库内外温差所发生的重力作用使库内外空气进行交换,以达到改变库内温湿度的目的;机械通风主要是借助排气扇、鼓风机等机械设备,以改变库内温湿度。此外库房柜具要注意摆放的间隔应有利于通风。

(3) 其他方法,主要有降湿法,包括吸湿剂去湿法及去湿机去湿法两种方式。吸湿剂去湿法中的吸湿剂是一种能够吸附或吸收空气中水分的物质,用以降低库房湿度。常用吸湿剂有 CaO(生石灰)、$CaCl_2$(氯化钙)、C(活性炭)、SiO_2(硅胶)等。氯化钙是一种无机盐,按形态可分为固体和液体两种。固体氯化钙是一种白色结晶体,由于固体氯化钙所含结晶水的不同,通常情况下将固体氯化钙分为二水氯化钙和无水氯化钙。液体氯化钙是一种无色透明的水溶液。氯化钙吸湿原理如以下公式所示:

$$CaCl_2 + 2H_2O = CaCl_2 \cdot 2H_2O$$
$$CaCl_2 \cdot 2H_2O + 4H_2O = CaCl_2 \cdot 6H_2O$$

硅胶为无色半透明的颗粒,无臭无腐蚀性,不溶于水,利用大量微孔的强烈的毛细作用,使水蒸气进入微孔而凝聚在内。吸湿率可达70%,吸水后不溶解,不污染物品。

去湿机是在密闭库房里,通过制冷剂氟利昂将空气温度降到露点温度以下,一部分水蒸气凝结成水达到去湿目的。

二、防光、防尘、防污染、防微生物、防火与防盗的方法

自然光、灯光、灰尘、微生物对档案实体的损害较大。因此,库房内档案要根据不同门类和载体,区分不同价值的档案,科学、系统地保管,严格按照"八防"的要求,采取有效措施,不断改善档案保管条件。添置必要的设施设备,在档案柜内要存放防虫、防霉药品,并定期更换。

(一) 防光

光是档案利用与保存过程中客观存在的环境因素,开展档案工作离不开光线的照明。光具有一定能量,能与物质材料发生能量传递,引起物质结构与性能的变化。光对各种档案的影响如下。

1. 光对纸质档案的影响

光照不仅改变纸张的色泽,同时也会降低纸张的强度,影响档案的耐久性,紫外线的影响尤其大。一定波长的光具有破坏纸张中纤维素的能量,波长越短,能量越大,破坏能力越大。同时光还能加速纤维素的氧化,使纸张褪色、变色。由此可见,光对纸张的破坏极大。

2. 光对照片档案的影响

紫外线的照射可以使照片档案材料的性能发生变化,白度值变小,材料的色泽加深,返黄值成单向增大,照片变黄,耐久性降低。照片在紫外线照射下的性能变化情况如表5.2所示。

表 5.2　照片在紫外线照射下的性能变化情况

光照时间/h	0	24	48	96	120	168
白度/%	33.2	33.0	32.6	32.0	31.8	31.3
返黄值(PC)/%	0	1.0	3.1	6.2	7.3	10.1

资料来源：郭莉珠.档案保护技术学教程[M].北京：中国人民大学出版社,2008.

3. 紫外线对磁质记录档案的影响

紫外线的照射主要是加剧材料磁性分子的热运动,破坏磁质记录档案信息的磁轨迹,改变磁化状态。此外紫外线也会使光盘的外保护层软化,降低光盘材料的耐磨力,加快光盘的老化,降低其表面平直度,使其发生形变、塌边、翘曲等,从而使光盘的光轴偏离,检读光盘时误码率和错码率升高,难以正确读取光盘中的信息。

因此,档案库房照明有一定的管理要求：避免自然光源,采用人工光源,选用白炽灯,其光照度不超过 100lx(单位面积上接受的光通量称为光照度,单位为勒克斯,单位符号为 lx)。自然光、人工光都对档案有破坏,尤其是紫外线,不宜采用含有紫外线的灯光,否则应设置防紫外线的灯罩。

具体做法为尽量减少光照时间,避免阳光对档案的直接照射。例如,窗户要开小点,要选用毛玻璃或花玻璃,也可以装窗帘。同时室内应对灯光加以限制,无人时应及时关灯。

除减少光照时间外,应当发挥档案装具在防光中的作用,减少档案露光的机会和时间。档案在整理利用和转移过程中也要注意防光问题。要尽可能减少使用原件复制,复制文件时也要注意强光对文件的危害。

(二) 防尘、防污染

污染,是指空气中直接或间接有害于人类的物质,其中有些是危害档案的。危害档案的污染物有酸性有害气体、氧化性有害气体和固体杂质。酸性有害气体,例如,SO_2(二氧化硫)、NO_2(二氧化氮)、H_2S(硫化氢)、Cl_2(氯气)等,与库房空气中的水蒸气和档案中的水分结合产生酸,使纸张中的酸度逐渐增加,催化纸张纤维素水解,从而使纸张老化变质,失去强度,耐酸性差的字迹则会变色和褪色。

防尘、防污染的具体要求：选址应尽量避免工业区或人口密集的地区;提高库房的密闭度;采用空气净化装置;档案入库前要进行除尘处理;工作人员接触档案时,应穿工作服、戴手套,以防汗水污损档案;进出库房时,工作人员要穿鞋套或换库房专用鞋,避免尘土的带入。

(三) 防微生物

危害档案的微生物主要是以档案制成材料为营养的细菌、放线菌和霉菌,其中危害最大、最普遍的是霉菌。微生物在库房中生长繁殖主要依靠库房空气中的高湿度、档案中过高的水分以及档案本身的植物纤维、淀粉、胶黏剂等各种有机物。防霉主要是预防或抑制以霉菌为主的微生物在档案馆内生长、繁殖。主要防护措施有：注意入库前的消毒;及时清扫;注意进出口、通风口采用过滤措施,以净化空气;定期检查等。

档案库房防微生物的具体要求：档案库房应设置消毒设备,新档案入库前要消毒和除尘;档案库房要定期检查并及时处理虫、霉、尘等有害物;要配备吸尘器,加密封门或过渡门,安装空气过滤器,防止灰尘和有害气体进库。另外,还应加强库房周边的绿化、及时排除污染源等。

（四）防火与防盗

档案库房防火与防盗的具体要求是：建立、健全安全制度并坚持贯彻落实；配备消防设施和防火防盗装置，经常检查并及时排除各种隐患和险情；加强安全教育和安全意识，培训消防技能，建立消防组织，制定应急方案。一旦发生灾害，应积极有效地抢救档案、消除灾害。

三、安全检查和库房卫生

定期和不定期地对档案库房进行安全检查，是库房管理工作的一项重要内容。档案工作人员应对档案保管状况进行定期检查，期限一般以半年为宜，最长不超过一年，应勤查勤看，以便及时发现问题和妥善解决问题。定期安全检查的内容主要有：检查档案有无被盗、泄密和受损等情况，及时发现不安全因素，以便及时防治；检查档案有无发黄变脆、字迹褪色、潮湿发霉及鼠害等自然损毁现象，以便及时防治。

此外，还要不定期(以三个月为宜)抽查档案并做好情况记录，以便积累资料制定科学的管理措施。不定期检查通常是在发生灾害或事故（水灾、火灾、地震、盗窃等）时，及时检查档案受灾、受损害情况，并做好检查记录。在检查中发现的问题，如自己不能解决的，要及时报告上级主管或有关领导，请求予以解决。

库房保持卫生是库房管理中的经常性工作，是档案保护技术中诸多内容的一个重要项目，它与档案生虫、长霉、污染、磨损等有直接关系，必须予以足够的重视。

为维护档案的安全，应建立档案库房管理规章制度，主要包括安全保卫制度、安全保护制度（防火、防潮、防鼠咬、防虫蛀、防霉蚀等）、安全保密制度以及岗位责任制等，以制定规范化的库房管理措施。

四、库内档案在流动过程中的保护措施

为了延长档案的寿命，在档案管理过程中必须注意档案在包装、存放、运输过程中的保护。档案在流动中的保护，即档案在提供使用等流动状态中的安全防护。由于各种原因，档案在搬运过程中会出现不同程度的机械磨损或污染、摩擦、揉折、撕裂，甚至丢失情况，容易造成破坏。因此，要注意档案在利用和流动过程中的保护措施，加强利用过程中的信息安全维护。

1. 数量与顺序的控制

无论是内部利用还是外部利用，当利用的档案数量较大时应按制度分批定量提供，同时利用者在利用过程中和交还档案时，应保持档案实体的排列顺序正确，以免发生年代错乱。

2. 对档案利用行为的现场监督与检查

档案管理部门应在利用现场配备工作人员实行监督，并随时检查利用者的档案利用行为，发现问题及时指出并予以纠正，有条件的档案馆（室）可以配备监控系统。

3. 利用方式与场所的限制

利用时一般采用现场阅览的方式，经允许拍照或复印的档案原则上应由档案工作人员承担拍照或复印工作，采用集中式的大阅览室，一般不为利用者安排单独阅览的房间，以免发生意外。

4. 对重要档案的保护性措施

对重要及珍贵的档案应实施重点保护措施,严格限制利用。即便提供利用,一般也不提供原件,而只提供缩微品或复印件,使用中要格外加强监护,必要时可责成专人具体负责。对重要档案的复制也应比一般档案有更严格的限制和保护性措施。

五、库房秩序管理

1. 库房编号

为了方便管理,应将库房统一编号。编号有两种方式,一是把所有的库房统一编顺序号;二是根据库房方位和特征进行编号。另外,同一库房内的每个房间也要编号。楼房应自上而下编号,每层应从入口开始,从左到右编房间号。

2. 档案装具的排列与编号

档案装具的排列应做到以下几点:

(1) 在同一库房内装具应整齐划一。

(2) 有窗的库房装具的排放,应与窗户垂直排放,以免阳光直射,便于通风。

(3) 档案装具一般不能紧靠库房墙壁排列。档案装具的排列距离要适宜,便于档案的搬运和存取。

橱具的编号,一般以库房为单位编流水号,自门口起从左到右、自上而下,依次编档案装具的排号、柜架号、格层号(箱号),采用阿拉伯数字。

3. 档案的存放顺序和方式

档案是以全宗为单位进行排列的,但并不是说在任何情况下各种不同类型的档案都必须存放在一起。一些特殊的档案,例如,照片、影片、录音、录像档案、会计档案以及科技档案等,应分别保管。

为了保持文件之间的历史联系,应该在案卷目录、全宗指南等检索工作中说明文件位置,并在全宗末尾放置全宗保管位置参见卡,格式如表5.3所示。

表5.3 全宗保管位置参见卡

全宗号	载体形态	存址	备注
1号全宗	纸质档案	1号库房	1950—1966年
	纸质档案	2号库房	1966—1980年
	录音录像档案	5号库房	
	科技档案	6号库房	
	会计档案	9号库房	

纸质档案在装具中的存放方式有竖放和平放两种。竖放时案卷的脊背朝外,可以直接看到案卷脊背的档号,调卷方便,一般多用此方式。平放比竖放有利于保护档案,空间利用率也较大,但缺点是不便于查看案卷脊背上的信息,存取也不太方便,多用于保管珍贵档案。

档案存放顺序的管理主要是通过档案存放位置索引、装具所存档案标识牌、档案代卷卡等工具的使用来实现。

(1) 档案存放位置索引,是指以表册或卡片的形式,记录档案在库房和装具中存放位置的一种引导性管理工具。目的是指引档案工作人员准确无误地进行调取、归还等管理工作。

有两种体例：一种是指明档案存放位置的索引,格式如表 5.4 所示。

表 5.4　档案存放位置的索引

全宗名称：				全宗号：				
案卷目录号	案卷目录名称	目录中案卷起止号	存放位置					
			楼	层	房间	柜架(列)	柜架	层(格、箱)

另一种是指明各档案库房保管档案情况的存放位置的索引,格式如表 5.5 所示。

表 5.5　档案库房保管档案情况的存放位置的索引

楼：		层：		房间：				
柜架(列)	柜架	层(格、箱)	存放档案					
			全宗号	全宗名称	案卷目录号	案卷目录名称	起止卷号	

档案库房保管档案情况的存放位置索引还可以制作成大型图表,张贴于办公室或库房入口的醒目之处,以方便档案工作人员使用。

（2）装具所存档案标识牌,即在每一列、每一件、每一层(格、箱)装具表面处设置的标牌,以表明每一个档案架、柜、箱中存放档案的起止档号,以便检查和调还档案。

（3）档案代卷卡,是档案馆(室)在档案暂时移出库房外时,在档案原存放位置放置的一种替代卡。档案代卷卡用于放在移出案卷的空位上,卡片的内容包括案卷名称、档号、去向、移出时间等,以便检查、清点库房案卷和及时催还。

使用方法：事先准备好印有固定栏目的卡片备用,每当从库房中调出一个或一立卷号相连的案卷时,就填写一张代卷卡,放在被调出案卷的位置上,归还时再取下,格式如表 5.6 所示。

表 5.6　档案代卷卡

全宗号	目录号	卷号	调出时间	调出原因	调卷人	归还时间	还卷人

4. 库内全宗卷的建立

全宗卷是档案馆(室)在管理某一个全宗的过程中,记录和说明该全宗历史情况的专门案卷,它是一个全宗的档案在形成和管理活动中形成的"档案"。在库房档案的管理中,我们为每一个全宗都应该建立全宗卷。

全宗卷的形成过程和成分有以下几种：

（1）在档案收集工作中形成的文件材料,如"档案移交目录""移交书"等。

（2）在档案整理工作中形成的文件材料,如"档案整理工作方案""分类方案""立档单位和全宗历史考证"等。

（3）在档案鉴定工作中形成的文件材料,如"档案鉴定材料分析报告""档案销毁清册"等。

(4)在档案保管、统计工作中形成的文件材料,如"档案受损与修复记录""档案安全检查记录""档案数量与状况统计"等。

(5)在档案使用工作中形成的文件材料,如"全宗指南""机关工作大事记""机关组织沿革"等。

全宗卷的建立是一个由少到多、不断积累的过程。全宗卷在管理上不宜装订,而适宜使用活页夹或档案袋(盒)进行保存,若数量多可以分为若干卷。

任务三　特殊载体档案的保管

▶ 知识目标

- 掌握录音录像档案、照片档案等特殊载体档案的归档范围。
- 掌握录音录像档案、照片档案等特殊载体档案的装具的保管要求。
- 掌握电子档案分类及日常保管措施。

▶ 能力目标

- 能够熟练掌握各类特殊载体档案的保管技能。

▶ 思政目标

- 引导学生踏实认真、规范做事的职业素养。
- 树立学生劳动光荣的意识和历史责任感。

▶ 案例导入

> ××食品公司将要举办25周年庆祝活动,公司发展史展览是其中一项重要内容。为此,庆祝活动筹备组到公司的档案室查找公司自成立以来重要活动的有关录音录像档案,却遇到了麻烦。首先,档案室材料不全。其次,许多录音录像档案在形成之后没有编写相应的文字说明,导致一些材料因所记载活动的确切日期、参加者、地点、内容等无法辨别而不能采用。最后,一些录音录像档案在形成后未进行整理和专门保管,造成无法复制和使用。

这个案例说明,该公司应加强档案室录音录像档案的管理规范,统一公司录音录像档案的管理。大多数的单位在工作活动中都会形成照片、录音录像等档案,这些特殊载体的档案的保管要求与普通档案不同,都有自己特殊的保管要求,若不加以管理,将会给公司带来严重后果。

▶ 任务训练

活动目标

通过实地调查,了解特殊载体档案的保管工作内容及要求,并能对照我国档案法规中的相关规定对具体某单位特殊载体档案保管行为进行判断。

活动组织

根据情况,充分利用校内外教学资源,分组调查。

活动内容与要求

（1）学生分组实地调查了解某单位档案室或学校校史馆特殊载体档案的保管要求、状态，然后各组指定代表介绍他们的调查情况，并结合老照片或电子文件保管，讨论分析如何确保特殊载体档案的信息安全。

（2）教师总结特殊载体档案保管的相关内容。

理论支撑

特殊载体档案是相对于传统的纸质档案而言的，包括照片档案、录音录像档案以及运用计算机生成的电子档案等。现在，很多国家机关、企业事业单位在工作活动中都会形成照片档案、录音录像档案和电子档案，这些特殊载体的档案保管要求与普通纸质档案不同，若不加以管理，将会给单位带来严重后果。本任务所讲的特殊载体保管内容适合于各类单位。

一、录音录像档案及照片档案

（一）录音录像档案

录音录像档案，是指国家机构、社会组织或个人在社会活动中直接形成的以记载在物理载体上的影像或声音为主要反映方式的有保存价值的历史记录。

1．录音录像档案的特点

（1）直观性强。这是录音录像档案最主要的特点。主要以影像、声音的形式记录人们从事的各种社会活动，可以使利用者有"身临其境"的感觉。

（2）形意结合。形指形象，意指文字的表意。声像记录和文字说明，互相印证，比一般的文字档案更形象逼真。

（3）易复制性。和纸张相比，在现代技术条件下，照片、磁带、光盘等记录的信息比较容易复制，而且与原件很难区分。

2．录音录像档案的归档范围

凡是记录和反映本单位职能活动的录音录像档案均应向本单位档案室移交，主要包括以下几个方面：

（1）记录本单位主要职能活动和主要工作成果的录音录像材料。

（2）领导人和著名人物参加本单位、本地区重大公务活动的录音录像材料。

（3）本单位组织或参加的重大活动的录音录像材料。

（4）记录本单位重大事件、重大事故或其他异常情况的录音录像材料。

3．录音录像档案的保管

保管条件：要保持适宜的温湿度，即温度为15—25℃，相对湿度为45%—65%。

维护方法：

（1）清洗，可用刷子或绒布轻擦，有条件可用蒸馏水冲洗；

（2）防尘；

（3）防潮，相对湿度保持在45%—65%；

（4）防热，温度保持在15—25℃；

（5）竖放；

(6) 磁带要卷绕平整,不能有折皱、弯曲,防止带体损坏;

(7) 定期复制与转绕,5—10年转录一次,6—12月转绕一次;

(8) 远离磁场。

(二) 照片档案

照片档案,是指国家机构、社会组织或个人在社会活动中直接形成的以静止摄影影像为主要反映方式的有保存价值的历史记录。照片档案有银盐感光材料和数码照片两种。目前照片主要以数码技术制取,保存于计算机或光盘之中。

1. 照片档案的构成

照片档案主要由底片、照片和说明三部分构成。

(1) 底片分为原底片与翻版底片。原底片是照片的最原始的材料,也是照片档案中的重要部分。翻版的底片又称复制底片。复制底片的目的是保护原底片,同时补充缺损的底片,作为照片档案保存。

(2) 照片是通过底片冲印而成的。

(3) 说明主要是指照片题名和概括反映照片背景的文字材料。

2. 照片档案的种类

(1) 按拍摄技术分为传统的照片档案和新型的照片档案。传统的照片档案,是指以感光材料为载体,以影像为反映方式保存的历史记录。新型的照片档案,是指运用数码影像技术与计算机技术形成的照片,它属于电子档案的一种。这里所指的照片档案主要是指传统的照片档案。

(2) 按摄取目的分为记录照片和艺术照片。记录照片以强调时间概念为主,以反映人物、事件为中心,力求及时、准确、真实。艺术照片主要以表现艺术美感为任务。单位应归档的照片档案多为记录照片。

3. 照片档案的归档范围

凡是记录和反映本单位主要职能活动和重要工作成果的照片均列入单位照片档案的归档范围,一般包括以下三个方面的照片:

(1) 领导人和著名人物参加与本单位、本地区有关的重大公务活动的照片;

(2) 本单位组织或参加的重要外事活动的照片;

(3) 记录本单位、本地区重大事件、重大事故、重大自然灾害及其他异常情况和现象的照片。

4. 照片档案的保管

(1) 照片档案的保管条件有以下三个方面:

① 保存底片的适宜温湿度条件,温度为13—15℃,相对湿度为35%—45%;保存照片的适宜温湿度条件,温度为14—24℃,相对湿度为40%—60%;

② 库房门窗应密封良好,采用机械通风时应加防尘罩;

③ 照片、底片应立放。

(2) 照片档案的保管装置有以下四类:

① 底片袋,用半透明的中性纸和中性胶黏剂制成的80mm×100mm或相应规格的纸袋;

② 底片册,由 297mm×210mm 的插袋式芯页组成,用于储存单张底片;

③ 底片盒,95mm×95mm 的纸盒,用于储存大张底片;

④ 卷筒纸芯,用于保存大张底片、照片的装具,其推荐内径为 ϕ76.4mm+20mm,壁厚 2—3mm。

(3) 照片档案的保管要求有以下四个方面:

① 照片档案入库前要进行检查,防止受污染的照片入库,黑白底片入库前要进行水洗处理,然后要上光,对受污染的照片、底片要进行必要的技术处理;

② 接触底片的人员应戴洁净的汗纱手套操作,防止汗渍污染底片;

③ 库房内昼夜温度变化不应大于±2℃,相对湿度变化不能大于±5%;

④ 对本馆(室)收藏的照片档案要根据具体情况定期检查,一般三个月全部检查一次,如发现粘连、霉斑等现象要及时处理。

二、电子档案及其保管

随着电子计算机及网络信息技术的迅速发展和广泛应用,机关、团体、企业事业单位在社会活动中形成的电子文件日益增多,电子文件的处理和电子档案的管理已经成为档案工作人员的一项新任务。电子档案与传统的纸质档案不同,电子档案的保管方法和要求也有所不同。

(一) 电子档案的分类

电子档案主要分为文本文件、数据文件、图形文件、图像文件、影像文件、声音文件、命令文件七类。

(1) 文本文件,或称为字(表)处理文件,是指使用文字处理软件生成的文字文件、表格文件,以及各种管理活动中形成的公文、报表和软件说明等,由字、词、数字或符号表达的文件。文本文件的电子文件类别代码为 T。文本文件应分门别类地加以管理,各单位应根据本单位电子文件形成机构的实际情况建立文件分类体系。

(2) 数据文件,亦称数据库电子文件,是指在事务处理系统中单独承担文件职责,或者作为文件的重要组成部分出现的数据库数据对象,也可以说是以数据库形式存在的具有文件属性的记录。数据文件的电子文件类别代码为 D。在实际工作中,机关、企业事业单位形成的各类信息都要建成数据库,因此数据文件是很多单位处理的常见文件。

(3) 图形文件,是指根据一定算法绘制的图表、曲线图,包括几何图形和用物理量表示的图形,如应力、强度等图标表示的图形等,一般是由 CAD 系统生成的二维或三维图形文件。图形文件的电子文件类别代码为 G。

(4) 图像文件,是指使用数字设备采集或制作的画面,如用扫描仪扫描的各种原件画面、用数码相机拍摄的照片等。图像文件的电子文件类别代码为 I。

(5) 影像文件,是指使用视频捕获设备录入的数字影像或使用动画软件生成的二维、三维动画等各种动态画面,如数字影视片、动画片等。影像文件的电子文件类别代码为 V。

(6) 声音文件,是指用音频设备录入或用编曲软件生成的文件。声音文件的电子文件类别代码为 A。

(7) 命令文件,是指为处理各种事务用计算机语言编写的程序,是一种计算机软件。命令文件的电子文件类别代码为 P。软件是计算机的灵魂,没有计算机软件,计算机就什么也做不了。软件不是无形的东西,它是指挥和控制计算机工作的程序和程序运行所需的数据。计算机软件包括系统软件和应用软件两种。

(二)电子档案的保管

1. 电子档案文件清单和保管清单的编制

(1)电子档案文件清单是类似纸质档案的卷内文件目录,格式如表 5.7 所示。

表 5.7 电子档案文件清单

盘带号			
序号	文件名	题名	档号

盘带号是以盘、带为单位编制的顺序号;保管单位名称简要地说明了该盘的相关信息,如××部门××年文件。序号是盘带内文件的顺序号,主要用于核查每一盘带中的文件数量;文件名填写电子文件的全名,即系统文件加扩展名。题名是盘带中每一份文件的题名;档号是纸质档案与电子文档双套归档时相应的纸质档案的档号。

(2)保管清单是类似纸质档案的案卷目录,格式如表 5.8 所示。

表 5.8 保管清单

盘带号	保管单位名称

2. 保管注意事项

电子档案的载体多为磁性介质,和传统的纸质载体有许多不同之处。因此,除遵守一般的档案保管原则和立法之外,需要特别注意以下几点。

(1)标识清晰、规范存放。电子档案的软磁盘、磁带上要贴有卷号标签,按顺序竖放在专门制作的防尘、透明的磁盘、磁带盒里。磁盘、磁带盒应放在防潮、防火、防尘、防腐蚀、远离磁场源、远离热源的安全可靠的地方。有条件的可放在恒温、恒湿的介质库房中。长期不用的磁盘,应在盒外加装塑料袋密封,防止灰尘和湿气的影响。使用、移动软磁盘时,不要用手触及磁盘裸露部分,不要挤压、弯曲盘片,要保持磁盘清洁。

装卸、搬运磁带应遵从有关操作规定,手持磁带中心部分,避免碰到磁带边缘,不能硬推硬挤磁带。

(2)良好的保管环境。存放磁盘、磁带的介质库要保持恒温、恒湿。温度要求:光盘为 17—20℃,磁性载体为 15—27℃;相对湿度要求:光盘为 20%—50%,磁性载体为 40%—60%。此外,还需要良好的通风和符合要求的洁净度。

(3)盘带应定期检查、定期清洁和定期复制。为确保电子档案的有效性,每满一年,对电子档案及设备更新情况进行一次检查登记。每满两年进行一次抽样机读检验,抽样率应不低于 10%,如发现问题应及时采取恢复措施。设备环境更新时,应确认库存载体与新设备的兼容性,如不兼容应进行电子档案的载体转换工作,同时原载体保留时间不少于 3 年。磁性载体上的电子档案,每四年转存一次,同时原载体保留时间不少于 4 年。定期检验结果应填入电子档案管理登记表。软磁盘存到一定的时间,需将磁盘带复制一次到新带上。对旧磁带和旧磁盘要确保及时清除数据和消磁。已损坏的盘带要确保及时销毁。

(4) 复制备份。盘带必须复制两三个备份,备份盘带和原盘带应异地存放。

(5) 定期查毒。要特别注意防止计算机病毒的侵袭,归档的软磁盘都必须经过检查,确认没有病毒后保管,定期检查计算机系统,如有病毒应及时清除。

(6) 双套保管。由于电子文件具有可复制、易篡改和依赖设备系统读取等特性,实践中一般要求具有永久保存价值或其他重要价值的电子文件转换为纸质文件或者缩微胶卷同时归档,实行双套管理。随着电子政务的快速发展,办公自动化系统、业务系统普遍应用,电子档案单套管理的条件已经基本成熟。2022年出台的《电子档案单套管理一般要求》(DA/T 92—2022)要求条件成熟的机构可以推动电子文件仅以电子形式进行归档和管理,即单套管理。

思考与练习

一、案例分析

××县××机关新办公楼正式落成。自3月开始,该机关陆续从原办公楼搬迁到新办公楼内,而档案却在老办公楼内没有搬运。随后原档案员沈××调离原工作岗位,办公室负责人及新档案员叶××也刚到位。9月,办公室一行人及原档案员沈××到老办公楼搬运档案时,由于档案及有关装具数量过多,局机关的一辆小型工具车装运不下,故雇了几辆人力三轮车帮助装运,但未派工作人员押车。档案运到新办公楼后,原档案员沈××也未对档案及时进行清点。10月,新档案员叶××拿到档案室钥匙后,未与沈××办理档案移交手续,也未对库存档案进行清点及清理。直到第2年5月档案员叶××在查阅利用档案时,才发现有三个年度的档案遗失,此时档案保管才引起高度重视。

结合档案保管及流动过程中的保护知识,分析此案例中的档案工作人员在档案保管上的失误。

二、技能题

(1) ××科技创业公司新建了一幢办公大楼,其中拟安排建立一个档案库房,作为档案工作人员的你,该如何协助领导选好档案库房的位置及布局呢?

(2) ××公司利用办公用房作为档案库房,库房内没有配备通风及调节库房温湿度的必要设备。档案工作人员在档案保管中,满足于做好档案的移进和移出工作,认为只要把档案存放好就可以了,没有对保存的档案及其保存环境进行检查,没有实施应有的保管措施。由于库房潮湿,保存的档案出现受潮、发霉甚至被虫蛀的情况。

结合案例分析以下问题:

① 什么是档案保管工作?工作内容有哪些?
② 结合案例分析档案保存环境有何要求?

综合训练

档案保管技能训练

实训内容

(1) 了解档案库房工作人员的档案日常保管技术及设施。

(2) 实地操作档案保管的具体设施,并就有关问题向档案库房工作人员咨询。

实训目的

通过参观档案馆档案库房或某单位档案库房,了解档案库房的档案保管具体工作,并练习使用档案库房各类监测仪表。

实训地点

市档案馆或某单位档案室库房。

实训组织

集体组织,学生分组参观档案馆。

实训过程

(1) 认真预习实训内容,准备好记录,进行保管技能训练。

(2) 实地了解档案库房的建设要求,如选址、楼层安排、库房设备等要求。

(3) 了解档案库房在防火、防潮、防霉、防光等方面的工作情况及措施,写出一份调查报告。

(4) 了解如何确保利用中案卷的存放位置与全宗的排列顺序,如档案存放位置的索引、档案代卷卡、利用登记表等。

(5) 讨论如何做好档案的日常保管工作。

▶ 知识链接

石室金匮

石室金匮,又叫金匮石室、石室金锁,是我国古代秘藏重要文书的地方。我国早在秦、汉时期,就有"金匮石室"的制度。《汉书·高帝纪下》记载:"与功臣剖符作誓,丹书铁契,金匮石室,藏之宗庙。""金匮",即铜制的柜子;"石室",即用石头砌筑的房子。"金匮""石室"均可以防火,其保存的珍贵档案,能永久地保存下去。之后历代档案库,均因袭秦、汉旧制,同时又各有发展,供保存各朝皇帝的实录、圣训、玉牒之类的皇家档案。

皇史宬是我国明、清时期的皇家档案馆。嘉靖十三年(1534),明世宗为保存皇家御用的档案,下令仿照古代"石室金匮",修建皇史宬,位于紫禁城东侧,是一座庑殿顶的宫殿式建筑。总面积 8400 多平方米,位于北京市东城区南池子大街,是全国重点文物保护单位。皇史宬始建于明嘉靖十三年(1534),初建时称"神御阁",嘉靖十五年(1536)竣工后,敕赐名"皇史宬"。皇史宬是中国现存最完整的皇家档案库。

皇史宬的整座建筑群由皇史宬门、皇史宬主殿和东西配殿组成,四周围以红色高墙。皇史宬主殿坐北朝南,建筑在 2 米高的台基上,殿前正上方高悬"皇史宬"匾额(现为乾隆手书),整座建筑由砖石构成,无一根木料。墙身砌以灰色磨砖,南北墙各厚 6 米,东西墙各厚达 3 米。殿内 1.42 米高的石台上排列着专门用来存储实录、圣训而特制的"金匮"。所谓金匮,外为铜皮包裹,内为樟木柜匣,上、下两层,用隔板夹挡。柜高 1.34 米,长 1.38 米,宽 0.73 米,上部 0.1 米处开盖用锁。柜外东西各安铁环一个,用以搬抬。

明清两代几百年,对殿内石台做过很大改变,现在的这种布局是清末时的状况。史载,殿中的石台,明朝时有 20 个。随着时代的发展,实录和圣训的增加,"金匮"也逐渐增多。清朝至雍正只有 31 柜;到同治时,已增加至 141 柜;时至清末,已达 152 柜,现在基本完好无损地存放在皇史宬正殿中。各柜铸有形状各异的云龙花纹,整个柜重达 166 千克。皇家的实录、圣训等就收藏于柜中,以取我国古代"石室金匮"的古训。

皇史宬和内部设施,使防火、防潮、防盗和避免虫咬鼠伤等措施达到了完美的统一。皇史宬是我国古代历史上档案库房的典范,是融艺术性、科学性和实用性于一体的和谐壮观的建筑。

(资料来源:秦国经.石室金匮皇史宬——我国现存最古老最完整的皇家档案库房:中国紫禁城学会论文集(第六辑上)[C].北京:紫禁城出版社,2007.)

后湖黄册库

后湖黄册库是明代中央档案库,初由户部侍郎代管,明都北迁后,由南京户科给事中一员和户部广西清吏司主事一员专管,专门收贮全国赋役档案。建于明初,位于南京后湖(今玄武湖)中的群岛上。洪武十四年(1381)明朝推行黄册制度,下诏各府(州)、县编造赋役黄册,10年一次,每次4套。每届年终送后湖东西二库皮藏。上交中央户部一套,黄色封面,谓之黄册。

黄册,其长、宽各为一尺二寸,用厚实的棉纸制作,装订一律用粗绳索,粘贴时必须用加有矾末或椒末的防蛀糨糊,每本重约四五斤。最初,岛上只建有库房9间,置册架35座。随着黄册每10年一造,每次汇送户部约6万余册,新旧并存,册库也每10年增建约30间,逐渐扩及旧洲、中洲、新洲各岛。万历三十年(1602),册库约达667间,册架2660余座,收贮黄册153万余册。至明末收贮黄册多达179万余册,为中国古代规模最大的档案库。

后湖黄册库对于黄册的收集、整理、保管、利用等都有严格的规章制度。库内外有三层防卫系统,戒备森严。由于防火等措施得当,后湖黄册库没有发生过一起火灾;由于戒备森严,在后湖黄册库存在的264年中很少发生盗窃、篡改之类的事情。库房均东西向,前后有窗,以便通风日晒,册架一律木制,不准用竹,以防虫蛀。每年4—10月晒册,其他月份不准晒晾。库内禁绝灯火,湖内外防卫森严,每旬一、六日开船过湖,平时与外界完全隔绝。对吏民查阅黄册限制尤为严格,明令敢有私受财物、偷抄洗改后湖黄册者,不分首从皆斩。明中叶以后,后湖黄册库也每况愈下,匠役工作怠惰,库房不能及时修葺,黄册不能按时晒晾,虫蛀鼠咬,册籍霉烂,损失严重。1644年明朝灭亡,后湖黄册库随之消失,库存黄册也损毁殆尽。

(资料来源:王秋菊.明代后湖黄册库[J].兰台世界,2003,11:35.)

法规阅读

(1)《档案虫霉防治一般规则》(DA/T 35—2017)

(2)《照片档案管理规范》(GB/T 11821—2002)

(3)《档案馆建筑设计规范》(JGJ 25—2010)

(4)《电子档案单套管理一般要求》(DA/T 92—2022)

项目六

档案检索与编研

档案检索与编研是各级各类档案馆（室）重要的两项任务，都是从方便利用者的角度对档案信息进行不同层次的加工。前者是按照一定的主题对案卷信息内容和特征进行存储，编成不同的检索工具，便于查阅；后者是对档案内容进行二次深加工，编纂出不同的编研成果，供利用者参考。档案检索与编研均需要一定的方法和原则，本项目详细介绍档案检索工具与著录标引、电子档案检索、档案编研及流程、常见编研产品编写等内容，相关内容适用于各级各类档案馆（室）。

【学习目标】

（1）知识要求：通过本项目的学习，掌握档案检索、编研的基本含义和要求，档案著录和标引的规范和方法、检索技术和方法，档案编研的规范和方法、常用的几种编研产品等，以适应将来的档案工作。

（2）能力要求：通过本项目的学习与任务训练，能够按照档案检索的方法和技巧，尤其是电子档案的著录与检索方法，进行档案信息的著录与检索工作；能够按照档案编研的方法和技巧，进行档案编研工作，尤其是大事记、组织沿革等的编研。

（3）思政要求：通过本项目的学习与任务训练，规范学生的著录和编研，培养学生灵活创新的职业素养、严谨主动的工匠精神。

【职业箴言】

编史修志勤耕耘，资政育人力兴邦。

解读：编史就是深化馆藏档案资料的研究，准确记载和反映历史；修志是以史为鉴，鉴古知今；这前半句概括说明档案工作人员的历史使命就是潜心研究馆藏，静心编研，修史编志。后半句"资政育人力兴邦"说的是档案编研的深远意义，就是为治国理政育人提供历史镜鉴。

任务一　档案检索工具与档案著录

知识目标
- 明确传统的档案检索工具的类别及含义。
- 掌握档案著录的含义与内容。
- 掌握档案著录的基本格式。

能力目标
- 能够按照标准格式进行档案著录。
- 能够掌握档案标引的规范操作方式。

思政目标
- 培养学生的历史责任感与敬业精神。
- 培养学生尊重事实、科学严谨的做事态度。

案例导入

××公司成立之初，秘书将归档的案卷分类放入档案柜，每次查阅档案，都是直接到档案柜中去翻找。随着时间的推移和公司的发展壮大，形成的档案数量也越来越多，查找档案时经常出现找寻速度慢甚至找不到所需档案的情况。于是公司聘用专人编制检索工具，解决查找档案难的问题。同时培训档案工作人员学习检索工具的使用方法，这大大提高了查找档案的效率。

为提高查找利用效率，各单位档案管理部门一般会将档案的内容、形式、数量、存放位置等信息进行分析，并记录在册或录入计算机形成电子检索工具，以便利用者快速地从大量的档案案卷中找到所需要的资料。案例中此公司的做法就是根据本单位的实际情况编制各种检索工具，便于档案查找。

任务训练

活动目标

学生学会著录档案材料信息。

活动组织

根据情况将学生灵活分组，进行上机著录档案信息的练习。

活动内容与要求

（1）学生按照标准格式将待著录的文件进行档案著录（文件级的著录格式）。

（2）各组学生进行成果展示，教师对比评价各组。

> 理论支撑

一、档案检索及检索工具

（一）档案检索

档案检索，是指档案馆（室）将所藏档案材料信息进行系统存储，编制各种检索工具，建立档案检索系统，并通过它查找所需档案以提供利用的一项工作。

档案检索包括档案信息存储和档案信息查找两个具体过程：

（1）档案信息存储，是指将档案中具有检索意义的特征标识出来，按照一定的顺序加以排列或进行客观的描述，以二次文献或三次文献的形式将档案信息集中起来，形成检索工具和档案信息数据库的过程。

（2）档案信息查找，是指利用检索工具或数据库查找所需档案的过程。即向利用者提供档案的线索，供利用者了解和查询档案时使用。

档案信息存储与档案信息查找两者是密切联系不可分割的，存储是查找的前提，查找是存储的目的。

（二）档案检索工具

档案检索工具记录了档案的主要内容和形式特征，集中、浓缩地揭示了馆（室）藏情况，档案工作人员可以通过检索工具概要了解馆（室）藏档案的内容、形式、数量等情况，为进行档案管理业务提供一定的依据。编制档案检索工具是档案馆（室）的一项重要业务建设，它是一项长期的繁重的工作，关键是要确保质量。理想的档案检索工具应该是有丰富的信息存储量、检索迅速准确、方便实用。随着科技的发展，档案检索工作逐渐从手工转向电子检索，计算机检索已逐步得到推广。常用的档案检索工具有以下十种。

1. 案卷目录

案卷目录具有以下几个功能：

（1）固定档案整理顺序；

（2）是保管和统计档案的重要依据；

（3）是检索档案的工具。

2. 卷内文件目录汇编

卷内文件目录汇编，即将一个全宗内的案卷目录和卷内文件目录汇编成册。

3. 分类目录

分类目录，是指根据体系分类法的原理，以分类号为排检项，依据档案分类表的体系组织起来的一种检索工具。分类目录的主要特点是系统地揭示档案的主题内容，具有较强的簇性检索功能。

4. 主题目录

主题目录，是指根据主题法的原理，将档案的主题按字顺排列的一种目录。主题目录的主要特点是能够集中地揭示有关同一事物的档案的内容，具有较好的特性检索功能。

主题目录大多采用卡片形式，一般以一份文件为单位将标题式标识串作为排检项，按标识串首字的字顺加以排列。

5. 专题目录

专题目录，是指以条目陈列式将馆（室）藏某一类档案集中，经过著录和分类编排而形成的目录。它是集中、系统地揭示档案馆（室）内有关某一专门事物、某一专门内容档案的检索工具。专题目录与分类目录在功能上有相近之处,分类目录中的每一个类目也可以看作是反映了不同专题的档案内容。

6. 文号索引

文号索引,是指揭示档案的文号和档号之间对应关系的一种检索工具,它提供了一条按文号检索档案的途径。文号索引一般采用表格形式,所以通常称为文号、档案对照表。也有的档案室以文号为检索项设置较为全面的项目,形成文号目录。

7. 人名索引

人名索引,是指揭示档案中所涉及的人物并指明出处的一种检索工具。人名索引包括人名和档号两部分,即把人名引向所在档案的档号,利用者通过索引的指引,可以查到记载某一人物的材料。

人名索引一般采用卡片形式,人名卡片一般按姓氏笔画、四角号码、汉语拼音字母顺序等方法排列,并在人名卡片的不同笔画或不同音之间设置导卡。

8. 全宗指南

全宗指南,是指以文章叙述的形式介绍某一个全宗档案内容、成分及其意义的一种工具书,又称全宗介绍。全宗指南的内容主要包括三个部分,即立档单位和全宗的历史概况、全宗内档案概况、档案的内容与成分,主要介绍立档单位的单位名称、隶属关系、性质、任务、内部组织机构、主要领导人等方面的情况和沿革,以及全宗内档案的情况。

9. 专题指南

专题指南,是指介绍报道档案馆(室)中反映某一特定题目档案的工具,又称专题介绍。专题指南的基本结构由序言、档案内容介绍、附录组成。

10. 计算机检索

档案的计算机检索即电子档案检索,是指用户在计算机或计算机检索网络的终端机上,使用特定的档案检索指令、检索词和检索策略,从电子档案数据库中检索出需要的信息,继而用终端设备显示或打印的过程。档案的计算机检索一般采用软件管理,可对馆(室)藏档案进行案卷级、文件级条目检索和全文查阅。

衡量档案检索工具好与不好,主要看其检索效率。档案检索效率通常采用检全率(查全率)和检准率(查准率)两个指标来衡量和表示。

检全率,是指满足利用者要求的全面程度,即检出的有关档案与全部有关档案的百分比。与之相对应的是漏检率,即未检出的有关档案与全部有关档案的百分比。

其公式为:

$$检全率 = \frac{检出的有关档案}{全部有关档案} \times 100\%$$

$$漏检率 = \frac{未检出的有关档案}{全部有关档案} \times 100\%$$

或:

$$漏检率 = (1 - 检全率) \times 100\%$$

例如,某一利用者要求查找有关党纪党风方面的档案,机关档案室保存的有关专题档案是 40 件,检索时检出其中 30 件,有 10 件漏检,则检全率为 $30/40 \times 100\% = 75\%$,漏检率为 $10/40 \times 100\% = 25\%$。

检准率,是指满足利用者要求的准确程度,即检出的有关档案与检出的全部档案的百分比。与之相对应的是误检率,即检出的不相关档案与检出的全部档案的百分比。

其公式为:

$$检准率 = \frac{检出的有关档案}{检出的全部档案} \times 100\%$$

$$误检率 = \frac{检出的不相关档案}{检出的全部档案} \times 100\%$$

或：
$$误检率 = (1 - 检准率) \times 100\%$$

例如，某一利用者要求查找有关离退休干部待遇方面的档案，机关档案室共检出30件，利用者查阅后认为，其中20件是相关的，而其他10件是不相关的，则这一检索过程的检准率是 $20/30 \times 100\% \approx 67\%$，误检率是 $10/30 \times 100\% \approx 33\%$。

检全率和检准率这两个指标之间存在着互逆关系，也就是说，如果放宽检索条件以追求较高的检全率时，检准率就会下降；反之，若是限制检索范围以改善检准率时，检全率就会下降。因此，档案馆（室）在设计档案检索系统和实施每一次检索时，应该从利用者的不同需要出发，确定适当的检全率、检准率指标。

二、档案著录

档案著录是为了检索和管理档案资源，对档案内容、结构、背景或管理活动进行分析、选择、组织和记录的过程。现行著录参考标准为《档案著录规则》(DA/T 18—2022)。与《档案著录规则》(DA/T18—1999)相比，删除了著录标识符，在结构调整、编辑性和技术性上变动很大，这体现了档案部门顺应时代，与时俱进，以适应当下以文件级电子化档案管理环境。

（一）著录项目

《档案著录规则》(DA/T 18—2022)更改了原著录项目的大项及其构成，由原来的"题名与责任说明项、稿本与文种项、密级与保管期限项、时间项、载体形态项、附注与提要项、排检与编号项"7大项改为"标识、背景、内容与结构、查阅与利用控制、相关档案材料、附注、著录控制"7大项。采用多级著录，从文件、案卷、类别到全宗分层级实施著录的方法。多级著录一般模型如图6.1所示。

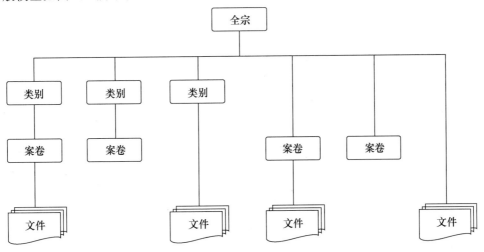

图 6.1 多级著录一般模型

1. 标识项著录

标识项著录包括：档案馆代码、著录层级、档号、题名、文件编号和日期六个小项。其中档案馆代码为可选著项目，但全宗级著录此项为必著项目；其他五个小项为必著项，文件编号是有则必著。具体著录清单可参照《档案著录规则》(DA/T 18—2022)中的《表1 著录项目清单》。

(1) 档案馆代码。档案馆代码是国家档案主管部门为每个档案馆赋予的唯一代码。档案馆代码应照实著录。

(2) 著录层级。著录层级是指著录单元在全宗内所处的层次位置。包括文件级、案卷级、类别级、全宗级等。

(3) 档号。档号是以字符形式赋予档案的一组唯一代码，用于反映、固定和识别档案排列顺序。DA/T13规定了按卷整理的档号结构：全宗号－类别号－案卷号/组号/册号－件号/页号，以及按件整理的档号结构：全宗号－类别号－件号。应按照《档号编制规则》(DA/T 13—2022)的规则，对各著录层级赋予不同的档号。

(4) 题名。题名又称标题、题目，是表达档案中心内容、形式特征的名称，可以是文件题名、案卷题名、类别题名、全宗题名。文件题名一般指正题名，也可能同时存在并列题名、副题名和说明题名文字。

正题名是档案的主要题名。应在相应的著录层级上，拟写或照原文记录著录单元的正题名。原题名过于冗长或不能揭示内容时，原题名照录，并根据文件内容另拟题名附后加"[ ]"。案卷题名一般宜照原案卷标题著录。案卷题名不能揭示内容或过于冗长时，应重新拟写，将原题名修改好后再著录。类别题名一般包括责任者、问题和材料形式，问题可反映职能、活动、主题、地点等。全宗题名即全宗名称，应照实著录。并列题名是以第二种语言文字书写的与正题名对照并列的题名。必要时并列题名与正题名一并著录，并列题名前加"="。副题名是解释或从属于正题名的另一题名。副题名一般宜照原文著录，正题名能够反映档案内容时，副题名不必著录。

(5) 文件编号。文件编号是文件制发过程中由制发机关、团体或个人赋予文件的顺序号。文件编号包括发文字号、科研试验报告流水号、标准规范类文件的统编号、图号等。对于有多个文件编号的档案，应将所有文件编号逐一记录，之间用";"隔开。

(6) 日期。日期为著录单元的形成日期或起止日期。文件级著录单元，应著录其形成日期；案卷级以上(含案卷级)著录单元，应著录其起止日期。日期表达方式：以公元纪年的日期应用阿拉伯数字表示；第1—4位数表示年，第5—6位数表示月，第7—8位数表示日。例如：20220824；历史档案中的朝代纪年、农历、地支代月、韵目代日，应照原文著录，同时将对应的公元纪年附后。例如：清乾隆十年九月二十六日(17451021)。

2. 背景项著录

(1) 责任者。责任者是对档案内容进行创造或负有责任的组织机构或个人。责任者只有一个时，照原文著录。文件级著录单元责任者有多个时，应逐一著录；案卷级以上(含案卷级)著录单元责任者有多个时著录主要责任者，立档单位本身是责任者的必著，其余视需要著录。被省略的责任者用"[等]"表示。多个责任者之间以";"相隔。例如：科技部；国家档案局。个人责任者一般只著录姓名，必要时在姓名后著录单位、职务、职称或其他职责，并加"( )"。文件所署个人责任者有多种职务时，只著录与形成文件相应的职务。

例如:陈毅(外交部长)。

(2) 组织机构沿革/人物生平。组织机构沿革/人物生平是简要记录全宗级著录单元责任者的历史沿革或生平传记。对于组织机构责任者,著录其名称、时间、主要职能、隶属关系、全宗构成者主要负责人名录、内部机构设置及其各历史阶段演变情况等。对于个人责任者,著录其姓名、别名、生卒年月日、籍贯、职务、职称、主要业绩、荣誉称号及简历等。

(3) 档案保管沿革。档案保管沿革根据实际情况记录以下内容:①接收、接受捐献、购买、代存等收集档案的过程;②历次保管权转移的情况及时间;对于保管历史不清晰的著录单元,也应据实记录。全宗级著录单元应详细著录档案保管史,其他著录层级的著录单元可根据实际情况选择著录。

3. 内容与结构项著录

(1) 范围和提要。在相应的著录层级上,简要概括并记录著录单元的范围和内容,例如时间范围、地点范围、主要内容和重要数据(包括技术参数)等。

(2) 人名。记录著录单元中具有检索意义的人物姓名,必要时可同时著录人物的身份证号码、职务、出生地、工作简历等信息。涉及多个人物时,应逐一著录,并用";"隔开。

(3) 稿本。稿本是指档案文件的文稿、文本和版本,应照实际情况著录。稿本包括草稿、定稿、手稿、草图、原图、底图、蓝图、正本、副本、原版、试行本、修订本、影印本等。

(4) 文种与附件。文种是指文件种类的名称,应照实际情况著录。附件是指文件正文后的附加材料,文件正文后有附件的应著录附件题名,文件正文后有多个附件时,应逐一著录各附件题名,中间以";"隔开,附件具有独立检索意义时,应在附注项中著录附件的文号、责任者、日期等。

(5) 结构项。结构项包括载体形态、计算机文件大小、计算机文件格式、生成方式、整理情况、保管期限、销毁情况等,其中保管期限为必著项,载体形态和销毁情况是有则必录,其他可视情况选著。

4. 查阅与利用控制项著录

(1) 密级。密级是文件保密程度的等级。应著录文件形成时所确定的密级和保密期限,可同时著录保密期限届满年月。已升密、降密、解密的文件应著录变更情况,如新的密级、保密年限和解密日期等。例如:机密★10年,2024年届满。

(2) 公开属性。公开属性是指著录单元的公开审核意见。公开属性应照实著录。不予公开的著录单元,宜在附注中注明理由。公开属性包括主动公开、依申请公开或不予公开。

(3) 开放标识。开放标识是指著录单元的开放审核意见。开放标识应照实著录。受控的著录单元,宜在附注中注明受控依据。开放标识包括开放、控制、延期开放和未审核等。

(4) 语言或文字。语言或文字是著录单元中使用的语种名称。应按照国家标准中关于语种的汉语名称著录。

(5) 主题词或关键词。主题词是在标引和检索中用以表达档案主题内容的规范化的词或词组;关键词是在标引和检索中取自题名或正文用以表达档案主题并具有检索意义的非规范化的词或词组。本著录项目可著录主题词,也可著录关键词。主题词宜按照《中国档案主题词表》及各行业相关规范化的词表进行标引。关键词可自由取词。多个主题词之间或多个关键词之间以";"相隔。

(6) 分类号、缩微号与存储位置。此项为为选著项,根据实际需要选著。

5. 相关档案材料、附注项与著录控制项

相关档案材料包括原件存放位置、复制件存放位置、相关著录单元三个小项。附注是其他著录项目中无法展现但需解释和补充的信息。各著录项目中需注明的信息应按照各著录项目的顺序著录，著录项目以外需解释和补充的信息列在其后，每一条附注都应分段著录。著录控制项包括著录者和著录日期。相关档案材料、附注项与著录控制项三项为选著项。

（二）各著录层级的著录条目示例

著录层级是指著录单元在全宗内所处的层次位置。著录层级包括文件级、案卷级、类别级、全宗级等。著录条目是一个著录单元所有著录项目的组合。手工著录环境下，著录条目的形式为著录卡片；计算机环境下，著录条目的形式为一条数据记录。目前主要以后者为主。

1. 文件级著录项目与著录条目示例

文件级著录项目如表6.1所示。《档案著录规则》(DA/T 18—2022)中附录E中表E.1至表E.20给出了文件级的著录条目示例供参考，这里只选一个为例展示（如表6.2所示）：

表6.1 文件级著录项目

类型	必著项目	有则必著项目	选著项目
标识	著录层级 档号 题名 日期	文件编号	档案馆代码
背景	责任者	—	档案保管沿革
内容与结构	保管期限	载体形态 销毁情况	范围和提要 人名 稿本 文种 附件 计算机文件大小 计算机文件格式 生成方式
查阅与利用控制	开放标识	密级 公开属性	语言或文字 主题词或关键词 分类号 缩微号 存储位置
相关档案材料	—	—	原件存放位置 复制件存放位置
附注	—	—	附注
著录控制	—	—	著录者 著录日期

表 6.2 文件级著录条目示例

著录项目		著录内容
标识	著录层级	文件级
	档号	X163－WS・2020・015・D30－0003
	题名	转发关于涉企违规收费专项整治行动的通知
	文件编号	某工商公字〔2020〕7号
	日期	20200920
背景	责任者	某某省工商行政管理局;某某省公安厅;某某国家税务局
内容与结构	载体形态	5页
	保管期限	永久
查阅与利用控制	公开属性	不予公开
	开放标识	控制
	存储位置	某某省档案馆某某库房

2. 案卷级著录项目与著录条目示例

案卷级著录项目如表6.3所示。《档案著录规则》(DA/T 18—2022)中附录E中表E.21至表E.25给出了案卷级的著录条目示例供参考,这里只选一个为例展示(如表6.4所示):

表 6.3 案卷级著录项目

类型	必著项目	有则必著项目	选著项目
标识	著录层级 档号 题名 日期	文件编号	档案馆代码
背景	责任者	—	档案保管沿革
内容与结构	保管期限	销毁情况	范围和提要 人名 载体形态 计算机文件大小 计算机文件格式 生成方式
查阅与利用控制	开放标识	—	分类号 缩微号 存储位置
相关档案材料	—	—	原件存放位置 复制件存放位置
附注	—	—	附注
著录控制	—	—	著录者 著录日期

表 6.4 案卷级著录条目示例

著录项目		著录内容
标识	著录层级	类别级
	档号	X194－WS
	题名	某某省电子集团公司全宗文书档案
	起始日期	2012
	终止时间	2022
背景	责任者	某某省电子集团公司
内容与结构	范围和提要	某某省电子集团公司文书档案共 106 卷、卷内共计 4144 件。档案形成时间为 2012 年至 2022 年。档案内容涵盖该公司组织人事、党建、学习教育和各项经济活动。保管期限分为永久和长期。某某省电子集团公司再企业改制过程中已经撤销，该全宗文书档案基本不会增加。
	整理情况	以件为管理单位。按照年度－机构－保管期限的分类方案整理。
查阅与利用控制	存储位置	某某省档案馆某某库房

3. 类别级、全宗级著录项目

这两个层级著录项目相对比较简单，著录项目主要包括：标识和背景两项，内容结构、查阅利用等几大项都为选著项。类别级著录项目的标识项包括：著录层级、档号、题名和日期四个小项目；背景项必著的是责任者。全宗级著录项目的标识项比类别级多了一个"档案馆代码"必著项，背景项必著的除"责任者"项外，还有"档案保管沿革"；其他项目为选著项，实际操作时根据需要而定。具体著录项目和条目示例见《档案著录规则》(DA/T 18—2022)。

任务二　电子档案检索

◆ **知识目标**
- 掌握电子档案检索的含义与特点。
- 明确电子档案检索的具体方法。

◆ **能力目标**
- 能够按照标准格式将电子档案信息著录到数据库中。
- 能够掌握电子档案检索的规范操作方法。

◆ **思政目标**
- 培养学生与时俱进、积极创新的工匠精神。
- 培养学生科学严谨的做事态度。

案例导入

常丽是一家拥有若干分公司的大型企业的办公室行政秘书。一天,一名分公司的销售人员来查阅一份档案时说:"我用了半天时间就为了查这份档案。"这件事引起常丽的注意,她建议把分公司利用频率高的档案在总公司网站上公布,这样就可以省去很多时间。目前,分公司已经具有比较完备的纸质检索系统,但电子检索系统还没有建立,如果能成功地把档案内容上传到网上,分公司的销售人员在查阅档案时就再也不用跑到总公司去了。

档案检索工具是连接档案工作与利用者的纽带,检索工具的质量如何,在很大程度上体现在检索工作上。现在越来越多的档案馆都有了自己的档案网站,越来越多的人也开始上网查找档案资源。档案信息资源网络化,这也是网络时代与技术发展的产物。从案例中也可以看出,编制纸质检索工具是实现电子档案网络检索的前提,电子档案网络检索是时代发展的需要,是快捷、实用的导航系统。

任务训练

活动目标

通过训练,让学生掌握电子档案的信息著录与检索方法。

活动组织

学生上机登录文档管理系统进行电子档案信息的录入与查找检索。

活动内容与要求

学生上机登录文档管理系统,将待录入的档案内容与形式特征信息录入计算机,并按要求查找相应的档案,以训练其电子档案检索能力。

理论支撑

与国外相比,我国档案管理应用计算机技术起步较晚,但发展较快。现在大多数档案馆(室)利用计算机对档案有步骤地进行数字化,建立档案目录数据库,实现检索自动化。

一、电子档案检索的含义及特点

电子档案检索系统,是指将已整理好的档案经过著录和标引按规定顺序排列而成的数据库。它能对按照整理体系保管存放的档案信息通过多种途径集中和积累起来,以备人们按照不同的要求,从中检出所需要的档案。随着计算机和网络的发展,传统的手工档案检索工具已逐渐被计算机检索所替代,与手工检索相比,计算机检索在检索方法、检索性能上具有以下六个特点:

(1)检索方式自动化。

(2)检索速度快。

(3)检索途径多元化,既可以按著录项目进行单项检索,也可以把若干项目结合起来进行组合检索,甚至还可以利用光盘、缩微存储技术或对计算机生成的电子文件进行全文检索。

(4)检索效果好,即检全率和检准率都高于手工检索。

(5)检索灵活方便,即网络化的计算机应用系统可以为分散的、远距离的利用者提供快速的联机检索,实现档案的异地查询和档案信息资源的共享。

(6)对计算机检索系统具有依赖性,即必须运用计算机及检索软件进行,若软件中没有设计的检索方法,计算机不能进行检索。

编制检索策略包括选择检索途径和检索词以及确定检索词之间的逻辑关系,检索策略的编制成果是检索表达式。检索表达式主要有逻辑表达式和加权表达式,其中最常用的是逻辑表达式。逻辑表达式主要有以下三种逻辑关系:

(1)逻辑与关系(AND),表示两个词之间的重合关系,即必须同时满足这两个检索条件,一般用符号"＊"或"·"表示。例如,"女性＊医生"表示检索有关女医生方面的档案。逻辑与关系是一种限定关系,这种关系用得越多,表示限定条件越严格,因此在一般情况下使用逻辑与关系有利于提高检准率。

(2)逻辑或关系(OR),表示两个词之间的任选关系,即满足其中之一的检索条件即可,一般用符号"＋"表示。例如,"教师＋医生"表示检索有关教师或医生方面的档案。逻辑或关系为检索提供了选择的可能,这种关系使用得越多,表示选择的范围越大,因此在一般情况下使用逻辑或关系有利于提高检全率。

(3)逻辑非关系(NOT),一般用符号"—"表示。例如,"干部—共产党员"表示检索有关非党员干部的档案。逻辑非关系用排除法控制检索结果,有利于提高检准率。

二、电子档案检索方法的具体介绍

电子档案检索首先要有数据库,如果要实现远程网络检索服务的话,还要建立自己的网站,同时实现内外信息的共享。一般单位只是在公司内部依赖文档管理软件建立电子检索库,实现本地计算机检索。电子档案检索主要有以下几个步骤。

(1)建立网站。网站是信息发布源,主要提供电子文件网络检索,建立网站是第一步。在我国,只需到相关部门注册域名,购买服务器与相关网络设备,确定与互联网的连接方式,网站即告成立。

(2)加工检索信息,设计检索数据库。主要包括以下几个步骤。

第一步,收集数字形式的检索工具和著录条目,对它们之间的联系进行分析,每一种联系都可能成为检索的一种途径。

第二步,在分析的基础上,着手设计站点体系结构和导航方案,实际上就是设计检索的路径,包括按机构、主题、责任者、保管期限等多条途径。导航方案一般为网状结构,各个节点之间的关系包括层次结构、时间关系、水平关系、内容关系等。

第三步,根据导航方案,设计数据库。

(3)实现文件信息的共享。在完成内部检索信息加工后,还应将内部的信息与外部的信息相连,实现馆级联网检索,即链接相关站点,获得向其他站点提供信息资源的途径,使档案信息系统成为通过网络利用电子档案的中心。同时,还可以通过各种途径,将档案站点作为一个链接点,放到其他信息服务机构或政府机构的主页上。

下面以创奇文件档案管理软件为例,介绍电子档案的检索方法与技巧。

(一)软件说明

该系统根据国家档案局颁布的《归档文件整理规则》(DA/T 22—2015)的行业标准,按照"简化整理,深化检索""以件为归档文件整理单位"的思想开发设计。适合于各行政机关、企业事业单位使用,并完全符合文书档案达标升级的要求。创奇文件档案管理软件是一款集编程文档的收集、查询、浏览、编辑等功能于一体的辅助编程类软件。

(二)软件系统主要特点

(1)系统提供功能强大的查询功能。

(2) 系统提供上传附件的功能,用户可把制作好的 PDF、WORD、JPG 等格式的文件上传,实现在电脑上查看原文件内容的功能。

(3) 系统能方便快速地录入文件信息,录入完全由键盘控制,并支持定义简单的值替代录入和对下一条记录文件条目值进行递增、重复、空值的处理。

(4) 系统表格支持多种导出格式(如 EXCEL、WORD、HTML、TXT)。

(5) 系统提供简单有效的数据备份和恢复功能,使用户无后顾之忧。

(6) 系统界面背景及表格的位置、宽度、高度、颜色、字体可以自定义。

(7) 打印可以自己设计,支持《归档文件整理规则》(DA/T 22—2015)标准,可自动生成档号。

(8) 具有批量删除记录功能、刷新按钮、导入记录后表格自动显示导入记录功能等。

(9) 设置增加选择字段、文本快捷录入设置,选择字段增加代码列、排序列。

(三)软件系统的安装与启动

首先到互联网上搜索"创奇文件档案管理软件 V11.0",并下载压缩安装文件,鼠标双击压缩文件运行安装。在安装过程中,用户可根据自己的需要修改安装目录路径,也可全部按照安装向导一步步安装,安装过程中的一个界面如图 6.2 所示。

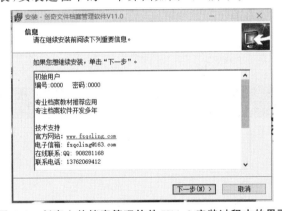

图 6.2　创奇文件档案管理软件 V11.0 安装过程中的界面

软件系统启动:安装完成后,用户可在启动了计算机后选择"开始"→"程序"→"创奇文件档案管理软件 V11.0"或者鼠标双击计算机桌面上的"创奇文件档案管理软件 V11.0"快捷图标,启动软件系统。软件系统启动后进入登录界面,如图 6.3 所示。

图 6.3　创奇文件档案管理软件 V11.0 的登录界面

在登录界面中,用户根据具体身份输入对应编号和密码,系统初始编号和密码信息如表6.5所示。

表6.5 用户初始编号及密码

用户编号	密码	用户姓名	用户权限
0000	0000	管理员	管理:所有权限,此用户不能删除只能修改密码
9999	9999	维护员	维护:除设置用户权限没有外,其他权限都有
6666	6666	借阅员	借阅:不能增删改记录,可以查询及借阅记录
8888	8888	查询员	查询:不能增删改记录,仅可以查询记录

(四)软件系统的操作及功能

1. 打开创奇文件档案管理软件 V11.0

创奇文件档案管理软件 V11.0 操作根据电子文件与档案一体化管理的发展要求,将原来收文登记管理和发文登记管理合并为"文件录入"模块,包括增加、修改与删除功能;另设"附件导入与批量处理""查询导出以及设置模块",界面相对以前版本更简洁了。软件文件档案管理界面如图6.4所示。

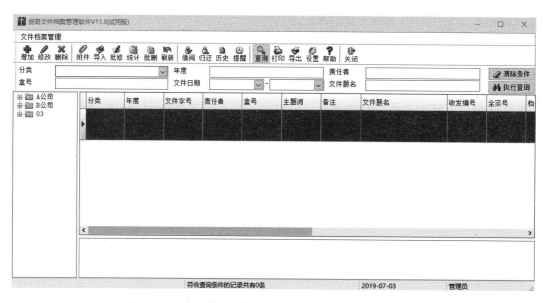

图6.4 创奇文件档案管理软件 V11.0 文件档案管理界面

初次使用时,可对系统进行一定的设置,如用户权限的设置等,如图6.5用户权限设置界面。还可对系统进行基本设置,包括设置字段、设置分类、设置选择下拉字段内容、密码设置、设置文本字段快捷录入等,如图6.6"设置"菜单项界面所示。

图6.5 用户权限设置界面

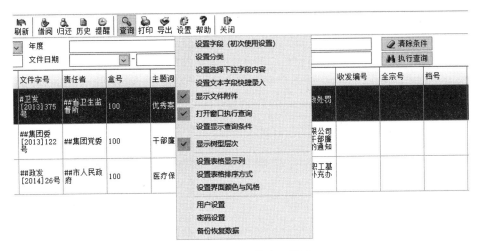

图 6.6 "设置"菜单项界面

进行"设置分类"时,详细内容如图 6.7 所示。

图 6.7 "设置分类"菜单界面

2. 文件录入

选择"增加",输入相应的信息,包括分类、机构问题、文件类别等,"增加"菜单界面如图 6.8 所示。文件录入要求如下:提示有 * 符号为必录条目,如分类、机构问题、文件类别、文件题名等项。输入时可使用快捷录入功能,例如,录入来文单位为"♯♯市人民政府",因这个单位经常会录入,就可定义快捷值"zf",其完整值为"♯♯市人民政府"。当需要录入"♯♯市人民政府"时,只要录入"zf",然后按回车键即可。快捷录入功能要提前设置,设置方式为选择"设置"→"快捷录入设置"。

"增加"菜单中的下拉项包括分类、机构问题、文件类别、保管期限、公文种类、密级、紧急程度等项,这些项目一般要在录入前进行设置,如图 6.9 所示为"下拉项设置"菜单界面;也可选中各下拉项后边的节略号"…"进行设置。

图 6.8"增加"菜单界面中所示的可选项根据实际查找需要和文件内容自行选择填写。

图 6.8 "增加"菜单界面

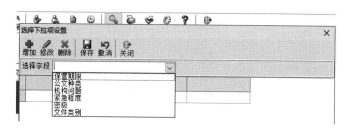

图 6.9 "下拉项设置"菜单界面

具体项目填写方法如下:

① 分类:按照公司文档的分类方案设置,从下拉框选择输入,可以输入分类编号和分类名称。分类方案应和纸质档案分类方案一致。

② 机构/问题:从下拉框进行选择,如行政类、经营类、党群类等。

③ 文件类别:直接从下拉框选择类别,一般有收文、发文、归档三种,可输入汉字也可输入文件类别代码,文件类别代码可用阿拉伯数字 1、2、3 分别代表收文、发文、归档,也可用汉语拼音字母简称,如 SW 代表收文。若无或者缺,可以点击节略号"…"设置收文、发文、归档等类别及其文件类别代码,如图 6.10 所示。

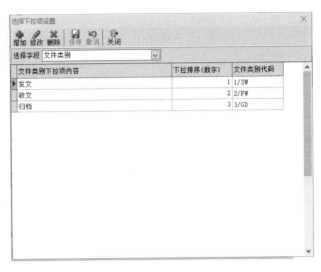

图 6.10 "文件类别"下拉项设置菜单界面

④ 年度：该文件的归档年份，输入 4 位。例如，2023。

⑤ 保管期限：指该文件的保管期限，直接从下拉框选择期限，保管期限和纸质一致，可以按照新的保管期限设置 10 年、30 年、永久，也可参照传统保管期限设置短期、长期、永久；如果该文件现在暂不归档，下拉选择"不归档"项目。不管采用哪种方法，都要和纸质档案项匹配。增加或删除保管期限项，可以点击节略号"…"进行设置。"保管期限"下拉项设置界面如图 6.11 所示。

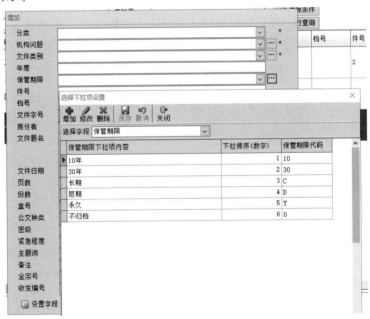

图 6.11 "保管期限"下拉项设置菜单界面

⑥ 件号：即文件件号，输入该分类方法下的顺序号，系统会自动生成一个该分类下的件

号,也可不编写设置为 0。

⑦ 档号:和纸质档案的档号相同,编写方法相一致。如新增加的文件暂不归档,可先不填写档号,待立卷归档后再补充即可。

⑧ 文件字号:根据原文件录入,最大支持 50 位字符。

⑨ 责任者:根据原文件录入,最大支持 50 位字符。

⑩ 文件题名:根据原文件录入,最大支持 250 位字符。

⑪ 文件日期:文件形成日期,要求 8 位,可从系统提供的日历上点击添加,格式自动生成。例如 2023 年 6 月 22 日生成为 2023-06-22。

⑫ 页数:输入该文件的页数。

⑬ 份数:输入该文件的份数。

⑭ 盒号:输入文件装盒号,最大支持 50 位字符。

⑮ 公文种类:下拉选择该文件所属公文种类。

⑯ 密级:下拉选择该文件所属文件密级。

⑰ 紧急程度:下拉选择该文件所属紧急程度。

⑱ 主题词:最大支持 50 位字符。

⑲ 全宗号:根据原文件录入。

⑳ 收发编号:文件收文/发文登记顺序号。

录入操作技巧说明:条目录入完全可以键盘控制,回车下移光标,方向键"↑""↓"上下移动光标,把需要录入条目值设置显示在前,条目值不变或递增的可根据"条目默认设置"生成的设置显示在后,最后结合快捷录入与保存快捷键(Ctrl+S),可大大提高录入速度。

3. 文件导入

需要导入文件时可单击"导入",即可导入 EXCEL 数据文件。如果没有相应的模板,可以点击下载模板,添加数据后再导入。"导入数据"界面如图 6.12 所示。

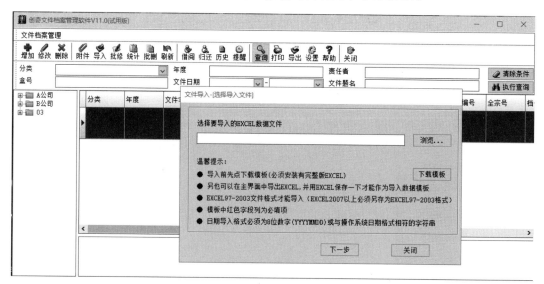

图 6.12 "导入数据"菜单界面

4. 文件修改、删除与统计

文件修改：先选中要修改的文件，用鼠标单击菜单栏中"修改"将转至文件修改界面，操作界面如图 6.13 所示。

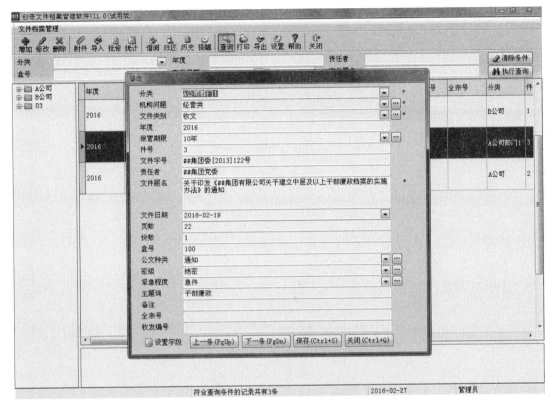

图 6.13 "文件修改"菜单界面

文件删除：单击菜单栏中的"删除"，将删除当前文件及附件。

文件统计：单击菜单栏中的"统计"，可以对系统中的数据进行分类统计。"分类汇总统计"操作界面如图 6.14 所示。

5. 文件借阅、归还

软件系统具有借阅功能模块，主要包括文件的借阅、归还以及借阅历史查询功能。

文件借阅：首先打开找到要借阅的文件，选中后单击"文件借阅"，然后在弹出的界面中录入借阅人、借阅日期、归还日期等信息，点击保存即可存入系统。如果到期未还，系统会自动提醒。"文件借阅"的界面如图 6.14 所示。

文件归还：单击"归还"，打开"文件借阅管理"对话框，如图 6.15 所示。然后在界面中录入"借阅日期""归还日期"，"借阅状态"从下拉框中选择"归还"，再将归还的文件"分类""年度""责任者"等信息填写完成，点击"执行查询"即可看到系统中刚刚归还的文件的详细信息。

6. 处理单以及归档文件目录打印

软件系统具有收文、发文处理单打印和打印模板设置以及归档文件目录及目录封面打印和打印设置等功能，如图 6.17 所示。可先选中要处理的收文，直接单击"打印"，即可弹出

图 6.14 "分类汇总统计"菜单界面

打印预览,如无错误可直接打印,如图 6.18 所示为"收文处理单"打印操作界面。

此外,软件系统还具有处理单模板设置功能,用户可以根据实际需要设计规范、美观的模板,并且打印输出。如图 6.19 所示为"收文处理单"模板设置界面,"发文处理单"和"归档目录"操作界面与之相似。

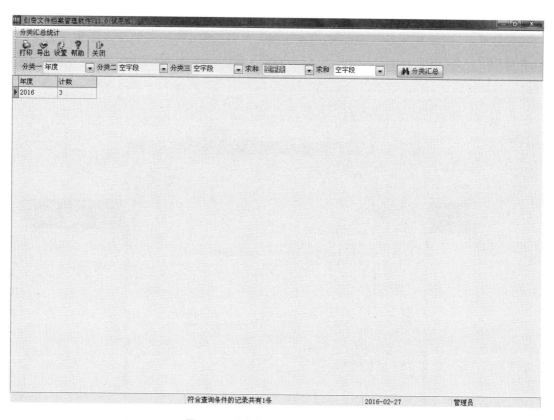

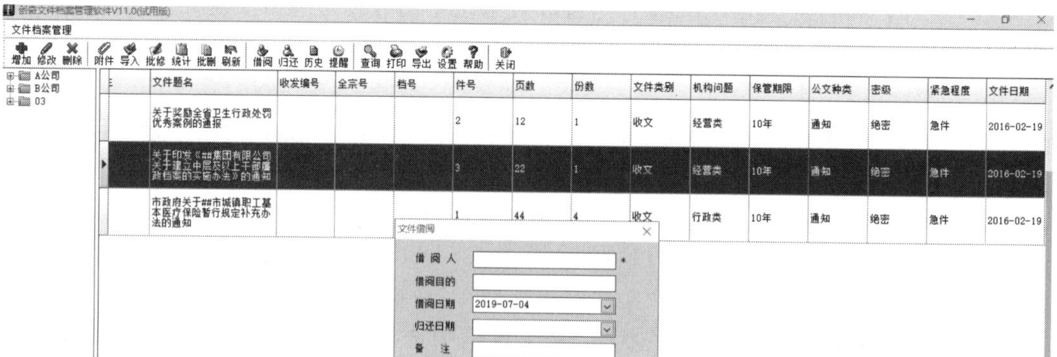

图 6.15 "文件借阅"菜单界面

图 6.16 "文件借阅管理"菜单界面

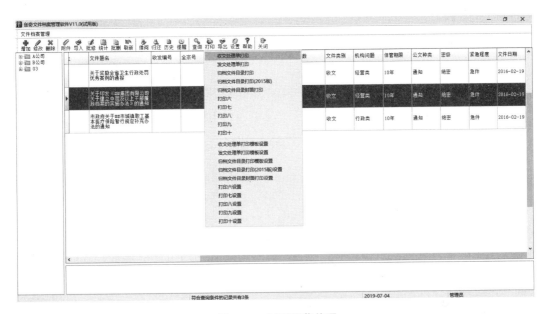

图 6.17 "打印"菜单项

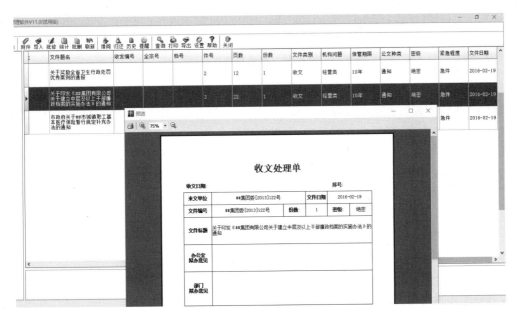

图 6.18 "收文处理单"打印操作界面

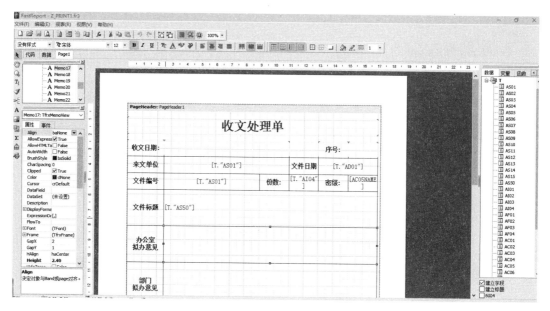

图 6.19 "收文处理单"模板设置界面

(五)软件系统的检索

单击"查询"将打开"查询"界面,系统提供分类、年度、责任者、盒号、文件日期、文件题名等查询条件字段。单击"执行查询"之后将根据当前查询区录入的条件查询案卷,也可用快捷键"Ctrl+F"进行查询。点击键盘"Delete"键可清空查询区所录入条件。查询界面如图 6.20 所示。

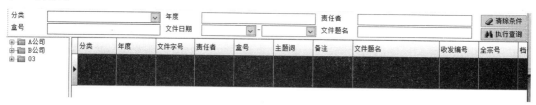

图 6.20 查询菜单界面

例如,用户想了解有关"房产"信息的文件,可先在查询区的"文件题名"中录入"房产",然后单击"执行查询",表格中将返回所有"文件题名"包含有"房产"的文件的信息,这时用户发现返回的文件太多,想缩小查找范围,可以在查询条件区的"文件日期"中选择最近几年的文件,然后再单击"执行查询",表格中将返回最近几年所有"文件题名"包含有"房产"的文件信息,范围缩小,返回记录也就少了,用户也就更能准确找到所需要的信息了。

在使用"查询"功能进行检索时,需要注意以下几个方面:

(1)查询区的条件之间是与的关系,是同时要满足所有条件。

(2)单击"执行查询"仅对当前条件进行查找,因此当改变条件时,需要重新单击"执行查询",表格返回的记录才会相应地更新。

(3)当用户想返回所有记录时,需把条件区中的录入条件都清除,然后单击"执行查询",表格才会返回所有记录。

（4）操作方法：在查询区录入查询条件后，单击"执行查询"即可，匹配的结果文件显示出来，速度非常快。例如，当用户要查询年度为2016年的文件，可在年度条件框中输入"2016"，单击"执行查询"，符合条件的文件就显示出来了，不符合条件的不会显示出来。如图6.21所示。

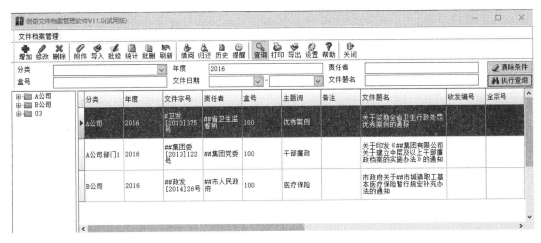

图6.21　查询菜单界面

（5）查询时，如果知道某个文件题名或盒号，可以输入"文件题名"或"盒号"中的一个条件，系统就会非常准确地查到文件。如果不知道文件具体信息，可以组合条件进行检索。

档案检索是档案利用的先期工作，也是档案管理的基础工作。为了开展档案检索服务，档案馆（室）必须编制档案检索工具，建立相应的检索系统，以备人们按照不同的要求，从中检出所需要的档案。随着现代计算机技术的发展，计算机检索因其速度快、效果好，检索多元化，已逐渐取代了原来的传统检索。

任务三　档案编研及流程

知识目标

- 掌握档案编研工作的内容。
- 明确档案编研工作要求及流程。

能力目标

- 能够分析档案编研工作要求与流程。

思政目标

- 培养学生静心做事、精益求精的工匠精神。
- 培养科学严谨、客观公正的编研态度。

案例导入

　　××供电公司是××省电力公司直属的国有中型电网经营企业,近年来,公司办公室高度重视档案利用工作,充分挖掘档案信息资源的价值,加大编研工作力度,为公司改革发展与生产经营提供信息支撑,在实际工作中取得了显著成效。2018年10月档案利用典型案例及编研成果《利用欠费专户档案保障企业合法利益》,因项目视角独特、内容创新,荣获××省电力公司档案利用"精品项目"称号。接下来,办公室将继续积极主动满足基层单位的档案利用需求,不断改进档案服务方式,提高档案利用率,形成实用的档案编研及利用成果,更好地为公司各单位提供档案利用服务。

　　档案价值是潜在性的,只有通过利用才能实现其价值,档案编研是对档案信息的深层挖掘,这是深层次开发利用档案信息内容的一个重要途径,档案信息深层次开发的途径和方式很多,关键是要编写适合本单位使用的档案参考资料。

任务训练

活动目标

掌握档案编研工作的流程(以一种编研产品的编研过程为例)。

活动组织

根据情况灵活分组调查;进行具体案例的讨论。

活动内容与要求

以一种编研产品为例,讨论"档案编研的要求及编研流程",每组代表进行总结分析。

理论支撑

一、档案编研工作内容

　　档案编研工作,是指档案馆(室)以馆(室)藏档案为基础,根据利用需求对档案信息进行研究和加工,编辑各种类型的档案编研成果的一项专门工作。它是档案信息开发的重要方式。所谓"编"就是对档案文献进行整理加工与汇集,而"研"主要是对档案内容的研究与考证,二者合为一体。"编"与"研"必须实现有机结合、同步发展,才能创造出更高质量的成果。

　　档案编研工作主要有以下四个方面内容:

　　(1)编辑档案史料和现行文件汇编。编辑档案史料就是按照一定的专题或时间将人们需要经常利用的重要档案史料编辑成册,或公开出版,或作为内部查考的一项工作。它是广泛、系统地提供档案为社会各方面服务的一种方式。各种各样的档案史料专题汇编或丛编、政策法令汇编等,都是编辑档案史料工作所产生的成品。现行文件汇编是将社会需求的现行文件进行汇编整理,开展现行文件编研是主动为社会提供系统的现行文件信息服务的一种重要方式。

　　(2)编辑档案文摘汇编。编辑档案文摘汇编是档案馆(室)根据一定的专题对档案原文摘要进行汇总编辑形成的编研成果,是对档案原文的缩写,属于二次文献。

　　(3)编写档案参考资料。档案参考资料是指档案馆(室)根据一定的题目,对馆(室)藏档案材料的有关内容进行研究、综合加工而编写的一种参考资料。其种类主要有大事记、组织机构沿革、全宗指南、统计数字汇编、专题概要、会议简介、科技成果简介等。

（4）编史修志。档案工作人员同时从事历史研究是我国档案工作的一个优良传统。古代的档案工作人员，往往同时也是历史学者。现在档案工作和史学工作虽已有了明确的分工，但是作为历史档案材料基地的档案馆，仍须进行一定的历史研究，以便深入地掌握档案史料的内容，通过研究成果向社会传播档案信息，从而有效地发挥档案的作用。

上面的编研工作内容从加工材料上讲，可以分为以下三种情况：

（1）汇编材料。这类材料属于一次加工的编研材料，是将单位职能活动中形成的原始文件或者原始文件的复制件汇集装订起来而形成的。例如，"发文汇编""专题汇编""技术标准汇编"等。一次加工的编研材料的特点是利用原始文件或原始文件的复制件汇编形成的，基本保持档案原貌，编辑相对简单，主要起到作为原始依据的作用。

（2）概要性、介绍性材料。这类材料属于二次加工的编研材料，是通过摘录、缩编、剪辑档案内容，并按照一定的要求重新组织整理而形成的。二次加工的编研材料类型比较多，有档案文摘、专题简介、提要和索引等。常见的二次加工编研材料有"大事记""组织机构沿革""基础数据汇编""产品简介"等。二次加工的编研材料的特点是种类多，针对性强，信息集中而系统，提供利用简便迅速。

（3）参考材料。这类材料属于三次加工的编研材料，是依据档案并参照有关的资料，在系统、深入分析研究的基础上编写形成的。三次加工的编研材料属深层次的档案编研，常见的大多为工具书式的，如"手册""年鉴""志"等。三次加工的编研材料的编写是一个知识创新过程，难度比较大。三次加工的编研材料的特点是以档案为素材，应用档案中记载和反映的观点、方法、规程、原理、结果和结论，参照有关参考资料，进行深入的分析、研究和归纳等加工处理，形成的新知识产品。特别是有关技术开发等工作和活动方面的三次加工的编研材料，带有明显的技术调研报告特点，更具有参考价值。

二、档案编研工作的要求

（一）观点正确，用材真实

史料上的真实性，是指编研中选用的材料必须客观、真实反映历史事实，这是检验编研成果质量和其能否经得起历史检验的关键所在。档案编研要以尊重历史、尊重事实为本，编研人员在任何情况下都不能歪曲、篡改档案事实。在收集素材、编辑加工、材料审核等各个环节，都不能让"主观臆断""简单拼凑""断章取义"等影响编研成果的真实性，编研要全面、系统、准确、真实地反映档案信息的实际情况。

（二）内容充实，系统条理

编研成果能否得到社会的欢迎和重视，主要取决于它是否有丰富充实的内容。要使编研成果内容充实，就需要将与题目有关的档案材料收集齐全，尽量选用其中能反映一个事物发生、发展、变化、终结的全过程的完整材料。系统条理是指体例上的系统性和内容上的条理性，即指将档案材料按其内在的联系组成一个有机的整体，做到条理清晰，上下联系符合逻辑。

(三)体例规范,格式完整

档案编研作为开发档案资源的一项高难度的文化工程,要求体例规范。体例,是指将档案材料按其内在联系组成的一个有机整体。在档案工作中编研要注意体例的规范性,不同档案编研产品有其特有的体例及格式,编写时要严格按照对应格式编排相关内容。

三、档案编研流程

(一)熟悉馆(室)藏档案,确定编研课题

档案编研工作,一定要定好题,这是从事编研工作的第一步,定好题是做好编研工作的关键。编研课题,应当以实际需要为前提,以馆(室)藏档案为依据,通过调查和分析得出结论。

1. 围绕党和政府的中心工作定题

地方党委、政府在一段时期内都会有突出的中心工作,在馆(室)藏档案中,有许多内容是与中心工作相关的真实记录,档案管理部门可以根据党和政府开展的中心工作,开发馆(室)藏档案信息,提供编研材料。

2. 根据需求量较大的档案定题

凡利用率高的档案,就是档案编研定题的目标。通过编研,把那些经常利用但分散在各个全宗、各个案卷的档案,汇编成系统的专题史料,以满足本单位或社会利用的需要。

3. 根据最具有地方特色的馆(室)藏档案定题

档案馆(室)应尽可能发挥馆(室)藏档案优势,积极开发具有地方特色的档案信息。这些具有地方特色的档案史料,不仅从长远看具有总结经验的价值,而且可以配合地方文化建设,直接创造经济效益。

4. 根据需求预测定题

预测,就是在客观现实的基础上,运用科学的方法,对事物的发展做出展望和判断,使编研材料的提供与社会需求相一致。

(二)收集相关资料,进行筛选组织

编研课题确定之后,就要着手档案材料的筛选、整理、加工、编排。第一,要围绕题目,广泛收集和积累材料,获取丰富的文件材料,力求全面、准确、完整、系统,范围越广泛越好,内容越完整越系统越好。第二,进行材料的整理、编写,将材料进行梳理、筛检、编排,形成体系。

(三)整理成果,形成产品

编研工作的最终目的是将编研成果以图书等形式在一定范围内发行或向社会公开发行。

要求做到"齐、清、定"。"齐"是指档案材料的内容和有关部门对公布与出版部分档案材料的审批手续齐全。"清"是指稿面字迹清楚、图稿清晰准确。"定"是指送交的编研成果无论内容还是规格都已是最后确定。

整理成果的过程中需要注意以下四项工作。

(1)进一步审定编研成果的内容。编研成果完成后要进行审核,主要审查编研成果的

内容是否合理、真实、有序。引用的档案材料有无错误或漏字等现象,应确保编研质量。

（2）进一步审核编研成果的辅助材料。辅助材料有以下三种:

① 评述性材料,如注释、按语、序言；

② 查考性材料,如年表、插图、备考和凡例；

③ 检索性材料,如汇编目录和各种索引。

（3）统一编写规范。编研工作要遵守一定的规范要求,每一种编研产品都有对应的编写规范,不可随意编写。资料收集与编辑格式,甚至资料录入和校对,都要按照规范操作。例如,可以对整个编撰流程的各环节做出明确规定,可对转录的要求、标题的拟写、编者说明的拟写、封面目录的必要项目与格式等做出统一规定。

（4）充分发挥网络作用。档案编研工作作为档案信息开发与利用的主要方式,在网络环境中必将发挥更大的作用,网络档案编研工作必将成为21世纪档案编研工作的趋势。可以通过网络收集整理材料,对档案信息的加工通过网络以电子文献的形式提供给利用者,这些是档案工作中的新生事物。网络档案编研工作是计算机网络发展与档案编研工作相结合的产物。目前,各级各类档案网站的建设为网络档案编研工作的开展提供了技术支撑,同时也对档案编研工作提出了更高的要求。

四、档案编研产品的装帧设计

装帧设计,是指对书籍的结构与形态的设计。档案编研产品虽不像其他大众书籍那样严格讲究装帧艺术,但也要通过开本、正文版式、封面、环衬、扉页、装订形式等一系列的设计,来表现档案编研产品的风格。档案编研产品的装帧需注意以下两个方面。

1. 遵循的原则

档案编研产品需遵循的原则有实用、经济、美观。作为一种文化成果,档案编研产品也需要有精心设计、风格独特的封面,排版时应做到图文并茂、色彩鲜明、生动直观、新颖美观。同时也要有档案产品自己的风格,还要注意其经济性、实用性。

2. 技术设计

首先确定开本,其次是确定版式,最后确定装订形式。确定开本就是确定采用什么开本。确定版式就是编排,即编研产品正文及其有关部分的格式(版式)设计。确定装订形式,就是考虑装订方法,用什么材料。在操作时一定要时时考虑到档案编研产品的独特性。

五、档案编研产品的校对

校对是保证档案编研产品质量的重要环节,是对编研工作的继续和补充。校对人员必须高度负责,工作细致、严谨,一丝不苟。

1. 校对程序

校对是依照原稿及设计要求在校样上检查、标注语法差错及排版差错。其程序包括初校、二校和三校。

校对时要以原稿为依据,核对并清除校样上的差错,包括清除语法修辞上遗留的差错和毛病,同时消除所有疑点。校对以原稿为准,不得在校样上随意增补、删减,发现原稿错误及编研人员处理的疏漏和失误时应做出标示,由编研人员对原稿、校样予以处理。

2. 校对方法

常用的校对方法有对校、折校和读校。校对以对校、折校为主,根据实际情况采取具体方法。

(1)对校法:原稿放在左边,校样放在右边。先看原稿,后对校样。遇到打错(或排错)的地方,随时用校对符号或文字在校样上批注。特别要注意按照原稿逐字、逐句、逐个标点地校对,切忌读书看报式校对。

(2)折校法:原稿放在校对者正前面的桌上,校样拿在两手的食指、大拇指与中指之间(右手同时执笔)。从第一行起校一行折一行,使原稿每一行的文字紧紧靠近校样上要校的那一行文字。要尽量做到一眼能同时看清原稿和校样的字句。折校法一般适用于原稿是打印稿或铅印稿。

(3)读校法:由两人合作,一人朗读原稿,另一人核对校样,并改正校样上的错误。读者要将每个字、每个标点符号朗读准确,速度要缓慢,音调要有节奏。

任务四　常见编研产品编写

▶ **知识目标**
- 明确常见编研产品的种类及特点。
- 掌握大事记、组织沿革等编研成品的编写技巧。

▶ **能力目标**
- 能够根据某单位发展情况设计组织沿革方案。
- 能够根据大事记的具体要求编写大事记(年鉴)。

▶ **思政目标**
- 培养学生主动的服务意识。
- 培养科学严谨、客观公正的写作态度。

▶ **案例导入**

××有限公司大事记(部分)

成长·壮大

2010年12月28日	××有限公司正式获准筹建。
2011年12月28日	××有限公司正式获准成立。
2012年3月4日	××有限公司取得营业执照,正式成立。
2014年3月23日	北京分公司获准开业。
2014年4月6日	上海分公司获准开业。
2014年8月3日	浙江分公司获准开业。

……

> 战略·合作
> 2017 年 9 月　　火炬工程隆重启动。
> 2018 年 8 月　　李××任董事长　第三届董事会成功换届。
> 2018 年 10 月　　与××公司的全面战略合作启动。
> ……
> 经营·管理
> 2014 年 7 月 16 日　公司收入突破 1 亿元。
> 2014 年 12 月 9 日　公司收入突破 10 亿元。
> 2017 年 1 月 31 日　公司总资产破 100 亿元。
> ……

不同的档案编研产品编写体例及方法各不相同，上面的案例是企业机关大事记，结构按照公司的发展和变化分为三部分，即"成长·壮大""战略·合作""经营·管理"，分别将各部分相关的大事按照时间的先后顺序排列。做好编研工作除了要根据需求外，还要合理地确定其结构体系，做到体例统一、条理清晰。

◆ 任务训练

活动目标

通过训练，让学生掌握组织沿革的编写技巧；能够根据大事记的具体要求编写大事记（年鉴）。

活动组织

根据情况，灵活分组训练。

活动内容与要求

(1) 根据某单位发展情况设计组织沿革方案。

(2) 能够根据大事记的具体要求编写学校近五年的大事记（年鉴）。

(3) 学生进行成果展示，教师进行总结。

◆ 理论支撑

常见的编研产品一般分为现行档案文件汇编与档案参考资料两大类，本任务主要详述这两大类编研产品。

一、现行档案文件汇编

现行档案文件汇编，是指编辑、公布中华人民共和国成立后形成的各种有效文件的一种汇编形式，这是各级档案馆、各单位档案室（尤其是机关档案室）为满足社会各方面的现实需要而开展的一项重要的工作内容。现行档案文件汇编可以将有关文件集中、系统地编辑在一起，作为各项工作的参考手册或工具书，便于人们随时查阅有关的档案资料。

常用的现行档案文件汇编有以下几种。

（一）法规文件汇编

法规文件汇编，是指国家各级权力机关、行政机关及其所属业务主管部门制定、颁布的各种规范性文件等(如法律、法令、条例、规定和办法等),按照一定的范围或工作领域将这些规范性文件分门别类地汇编成册。它可以清楚地显示国家法规的体系和内容,有利于利用者在工作中查阅利用。此类编研工作一般是各级档案馆或机关档案室的任务。

法律文件汇编可以分为两种,即综合性汇编和专题性汇编。前者是选择某一级别政府机关颁布的各种法规文件汇总、编辑而成。后者是将某一专业的法规文件进行汇总、编辑而成。

法规文件具有权威性、资料性,在选择时要注意以下三点:

(1) 法规文件汇编应收录按照法定程序发布的法律和行政法规等规范性文件,非规范性文件不得收录;

(2) 法规文件汇编所收录的文件应现行有效,对于已经废止的失效文件,不得收录原文,但可将其目录附后作为参考;

(3) 编辑法规文件汇编要有明确的时间界定,为了便于查找,通常对收录的文件按照内容分类后,再按照时间顺序排列。

(二) 重要文件汇编

重要文件是指有关政策方面的规定性、领导性文件,将这些文件汇编成册就是重要文件汇编。重要文件汇编是各级各类档案馆、各单位档案室为帮助各行各业的工作人员了解和掌握国家、本系统或本单位方针政策而汇编的参考资料。

(三) 发文汇编

发文汇编,是指本单位将自身的全部发文,定期(通常按年度)集中,并按文号次序排列而汇编成册的一种编研材料。汇编的文件按照发文字号顺序排列,便于查找利用。发文汇编为内部资料,仅供本单位内部使用,所以我们要加强对发文汇编的保密管理。

发文汇编的特点是材料集中,时间针对性强。它最主要的作用是依据作用,直接查阅发文汇编可以代替查阅档案原件。

(四) 会议文件汇编

会议文件汇编,是指将重要会议中形成的具有一定参考价值的文件汇编成册。

会议文件汇编并不是将一次会议的所有文件全部收录在内,而是选择那些能够反映基本情况的、具有查考价值的文件加以汇编。例如,对会议通知、代表名单、会议议程、领导人的重要讲话、大会重要发言、提案、选举结果、会议通过的决议、会议纪要等可以加以汇编。而一般的贺电、小组会议记录就不必收入。会议文件汇编一般由召开会议的单位机关档案室编制。

(五) 公报、政报汇编

党和政府的领导机关定期将重要文件汇编起来公开发行,可以采用公报、政报等形式。

选材的范围主要是有关方针政策的规定性、领导性文件,一般以正式下发的文件为主,选用的领导讲话要确保内容准确无误。

(六) 其他专题汇编

除了上述几种以外,还有规章制度汇编、工作规范汇编、操作规范汇编、学术论文汇编、科技成果汇编等。专题汇编,是指将集中反映同一问题的一组文件汇编而成的一种一次加工的编研材料。专题汇编的编制方法、编制要求、格式和作用等参考发文汇编。它与发文汇编的区别就在于它不是以年度为单位,而是以文件所反映的问题为单位,将涉及相同问题的有关文件汇编在一起。专题汇编的另一个特点是形式多样,可以根据不同的专题、不同的表达形式,编制形式多样的专题汇编,以满足各方面的需要。

二、档案参考资料

档案参考资料,是指档案馆(室)根据一定的题目,对馆(室)藏档案的有关内容进行研究、加工而编写的一种材料。编写和提供档案参考资料,既是档案编研工作的一个重要内容,又是档案馆(室)开展档案提供使用工作的重要方式之一。

档案参考资料主要有以下三个特点:

(1) 它与汇编的档案文集不同,不是提供档案原件,或直接根据档案复制副本、摘录,而是根据一定的题目对有关档案材料的内容加工编写而成的系统材料,它已改变了档案原来的面貌,具有问题集中、内容系统、概括性强的特点;

(2) 它与利用档案撰写的专门论著不同,它不重在论说,而是综合记述档案内容,为利用者提供素材;

(3) 它与检索工具不同,它虽然在一定程度上能起查找档案的作用,但主要是直接为利用者提供加工过的、具有信息内容的情报材料。

档案参考资料的种类很多,名称不一,用途也较为广泛。这里仅介绍档案馆(室)常编的几种。

(一) 大事记

大事记,是指按照时间顺序简要地记载一定时空范围内发生的重大事件和重要活动的一种参考资料。

1. 大事记作用

大事记主要有以下作用:

(1) 可以帮助机关领导人和业务人员回顾以往工作,总结经验教训,查核事实经过;

(2) 可以为历史研究人员和史志编修人员提供系统的参考素材;

(3) 可以作为对群众进行宣传教育的生动材料。

2. 大事记种类

大事记的种类很多,根据所记载的对象和内容,大事记可以分为以下四种:

(1) 机关大事记,记载一个机关在一定时期内的重要活动。例如《××人民政府大事记》等。

(2) 国家或地区大事记,记载全国或一个地区在一定时期内的重大事件。例如《浙江省2018年大事记》等。

(3) 专题大事记,按照专题记载国家或某一地区、某一机关在一定时期内某一方面的重大事件。例如《××地区教育大事记》《××县自然灾害大事记》等。

(4) 个人生平大事记,记载著名人物的生平重要活动,通常也称年谱。例如《××生平活动》《××年谱》《××生平大事记》等。

大事记的名称比较灵活,除了称为"大事记"外,还可称为"大事年表""大事记述""大事编年""大事纪要""大事辑要""纪年""月表""日志"等。

3. 大事记标题

大事记的标题主要有以下几种形式:

(1)由制文单位、事由和文种构成,例如《××公司对外合作大事记》;

(2)由制文单位和文种构成,例如《××人民政府大事记》;

(3)由事由和文种构成,例如《××人民政府反腐倡廉大事记》;

(4)由制文单位、时间和文种构成,例如《××市人民政府八月份大事记》等。

4. 大事记结构

大事记的基本结构主要包括题名、前言、目录、正文、附注五个部分。

(1)题名。包括大事记的总标题、记述事件的时间、范围和编者。

(2)前言。清楚地说明编写目的、意义及读者对象的范围,本大事记的性质和记述范围,编研经过、编研特点、材料来源和编排体例等。

(3)目录。篇幅较小,内容简单的大事记可不设目录。

(4)正文。包括大事时间、大事条目、大事著述。

(5)附注。顾名思义,主要起补充或说明未尽事宜的作用。

大事记有叙述式和表格式两种表述形式。一般说来,大事记比较详细的,采用叙述式;大事记比较简练的,采用表格式。大事记可以作为一种独立的参考资料,也常常作为年鉴、专业辞书、史料汇编、专著等的附录,附在正文之后。

5. 大事记体例

大事记的体例一般采用编年体,以年月为经,以事实为纬,将大事条目按时间顺序排列,以便反映同时期中大事之间的联系,在具体编排上有以下两种方式:

(1)完全按照时间顺序记述大事。有的先分历史时期,每个时期中再按年、月、日的顺序排列;有的则直接按照大事发生的年、月、日排列。

(2)按照事件的性质分类后再按时间顺序记述大事。

6. 大事记编写原则

大事记的编写应按照历史唯物主义的观点,坚持实事求是的原则,尊重历史,尊重事实,维护事物的本来面目,客观地加以记述。

大事记的编写比较严格,其编写主要有以下四个方面要求:

(1)观点正确,用材真实。大事记内容广泛,涉及不同历史时期、不同人物和事件及不同观点的材料。因此,在分析人、物、事时,必须按照历史唯物主义的观点去分析,取其所当取,详略适当,褒贬公允,一切从实际出发,实事求是,如实反映事物的本来面目。用材力求真实可靠,有根有据,对每份材料的形成时间和地点以及内容的正确性都要认真鉴别。内容不实、根据不详的材料,一般不予采用。

(2)大事突出,要事不漏,小事不要。例如,机关综合性大事记的选事范围包括:本机关召开的各种重要会议;本机关做出的重要决定、决议、规划、部署以及发布的重要文件;本机关成立、撤销、合并、复议以及内部机构设置、变化情况;本机关隶属关系和职能范围的变化情况;本机关党政领导人的任免、奖惩及其重要活动;本机关发生的重大事件、开展的重大活动、完成的重大任务、取得的重大科研成果;本机关参加上级机关和其他机关召开的重要会议的情况;上级机关对本机关的重要指示、批示、表彰、批评以及来本机关检查指导工作的情况;本机关所辖范围内发生的重大灾情和事故;本机关开展的重要外事活动;报刊、电台、电视台关于本机关情况的重要报道;其他重大事件和重要情况。

在不同的时间、地点、工作性质的大事记编写工作中,对大事、要事均有不同的选择;即使是同一个重大事件,在不同的地区或单位,记述的重点也不同。记述的重点涉及路线、方针、政策、法律、法令、规章制度的制定、贯彻和实施的相关内容,重要会议和重大政治活动,地区或机构的组织沿革,各条战线的重大变革与成就,外事与外贸等。例如,重要的出访、来访活动,涉外协议合同的签订等,均可归入记述范围之列。

(3) 系统条理,简明扼要。大事记按时间顺序记述,一事一条,不要数事一条。必须把每一事件涉及的时间、地点、人物、发展经过、因果关系,言简意赅地表达出来。

编写大事记时应注意:首先,要实事求是地记述大事记的内容;其次,注意收材的广泛性和用材的精练性;再次,要注明材料来源出处;最后,要建立大事记录制度。

因工作需要,不少地区和机关建立了大事记录制度,平时由专人负责记载,定期向机关领导和有关部门征求意见,进行修改补充后,年终进行立卷归档。把编写大事记作为一项日常工作来做,有以下益处,事件发生的时间短,随时记载,不必花费额外时间进行考证核实,事件真实可靠,不易遗漏,分段进行编写,压力得到分解,效率提高且可及时提供使用。

(4) 格式要统一,层次要清晰。"大事记"的格式,一般以年编号,年下分月,同一年内各月前的年份省略;月下分日,同一月内各日前的月份亦省略;日下记当日所发生的大事,同一日发生几件大事时可平列记载,也可编上顺序号。

(二) 组织沿革

组织沿革,是指系统记载某一机构、某一地区或专业系统的体制、职能、组织机构和人员编制等基本状况变革过程的一种参考资料。

1. 组织沿革的作用

组织沿革的作用主要表现在以下四个方面:

(1) 便于查考和研究本地区、本单位、本系统的机构和人员发展变化情况。例如,企业沿革就是系统地记载一个企业及其职能部门的变革情况,内容主要包括企业的成立和变动时间,部门设置、名称改变、地址的变迁、职权范围和任务及其变化等情况。

(2) 可以为研究国家机关史、地方史、革命史以及各种专业史在组织建设方面提供比较系统、全面的参考资料。

(3) 可以为档案馆(室)进行立档单位的历史考证提供系统材料,并有利于提高档案收集、整理、鉴定等业务工作的水平。

(4) 还可以帮助利用者了解立档单位的情况,认识档案的价值。

2. 组织沿革种类

组织沿革的种类可以分为以下三种:

(1) 机关组织沿革。它主要记载一个机关及其内部组织机构和人员的演变情况。例如《××省人民政府组织沿革》。

(2) 地区组织沿革。它主要记载一定区域内(如省、市、县等)所属党、政、群各级组织的设置和变化。例如《××地区直属机关机构演变》。

(3) 专业系统组织沿革。它主要记载一定专业系统(如工业系统、商业系统等)所属组织的设置和变化。

3. 组织沿革内容

组织沿革的内容主要包括以下四个方面：

（1）机构性质、任务、职权范围和隶属关系；

（2）内部机构的设置和人员编制的变化情况；

（3）领导成员的组织及任免情况；

（4）机构名称的变更、印信的启用与作废、办公地点的迁移等。

4. 组织沿革体例

组织沿革的体例包括编年法、系列法和阶段法等。

（1）编年法。即按年度记述某一机构（地区、专业系统）的组织概况。采用这种体例编写时，可先将材料按年度分开，在每个年度中再分别记述各方面的问题。该方法的优点是：每一年度中有关该组织的材料集中，且自成体系，便于按年度查核问题。缺点是：每一方面的问题都分散在各个年度之中，不便于把握某一方面问题的发展脉络，而且有些多年没有变化的情况在历年中反复记述，造成大量重复。

（2）系列法。即以组织机构或问题形成系列，分别记述其沿袭变化的始末概况。以组织机构为系列者，按内部组织机构的实际设置分别记述其各方面的发展与变化情况；以问题为系列者，可分述职能与任务、隶属关系、机构与人员编制、干部任免、印信等若干方面发展变化情况。在系列之下通常再按年度顺序加以记述。

（3）阶段法。即根据机构（地区、专业系统）发展变化的特点划分为若干个历史阶段，在每个阶段中再分别记述各方面的情况。该方法在一定程度上吸收了前两种体例的优点，兼顾了时间和系列两个方面。它与编年法的相似之处在于均以时间为主线，与系列法的相似之处在于按问题分述情况。

以上三种体例各有特点，各单位可根据自身情况加以选择。历史较短，规模较小，组织机构不大稳定的单位，可考虑采用编年法；组织机构比较稳定，且各自独立性较强的地区或专业系统的组织沿革，可考虑采用系列法；已具有一定发展历史的机构、地区、专业系统可考虑采用阶段法。

5. 组织沿革的构成

组织机构沿革的构成包括以下三个方面：

（1）序言。说明编写目的、体例、时间界限、材料来源和历史沿革概况等。

（2）正文。组织沿革的主体，主要说明地址迁移、机构成立和调整、机构的职权范围、机构性质和任务、隶属关系、编制核定、内部机构设置、干部任免等情况。

（3）附录。补充正文所涉及有关材料。例如，有关机构设置的上级批文的复印件。附录附在正文后面，起到补充说明的作用。

（三）专题概要

专题概要，是指用文章叙述的形式简要说明和反映某一方面的工作、生产或其他社会现象、自然现象的发展、变化情况的一种参考资料。

1. 专题概要特点

专题概要主要有以下三个特点：

（1）主题鲜明，内容专一。一部专题概要所提供的是某一方面的专门材料，往往具有特定的读者群和特定的作用范围。

（2）材料系统，重点突出。它可以向读者集中地提供某一方面的基本情况，即概其全貌，领其要点，读者不必翻阅档案原件就可以知道有关问题的概况。

（3）题材灵活，适应性强。专题概要可以是历史问题，也可以是现实问题；可以是社会问题，也可以是生产问题、技术问题、自然现象；可以综述一个领域，也可以介绍一个事件。篇幅可长可短，形式可文可图。成果可以公开出版，也可以内部使用。

2. 专题概要种类

专题概要的种类比较多，归纳起来主要有会议简介，如《××省第×届党代会简介》；产品、工程设备、科研项目简介，如《××大学获奖科研成果简介》；地区（机关）综合情况简介，如《××市概况》《××岛概要》；专门问题简介，如《××县中小学教育概况》等。

3. 专题概要的编写流程

（1）选题。选题是编写专题概要的重要环节，选题是否切合实际，直接决定专题概要的利用价值。选题应结合档案馆（室）中有关该题目的档案情况，充分考虑社会实际利用的需要。

（2）选材。选材是指从题目涉及的各个全宗中挑选出反映专题本质的档案材料。要正确掌握选材尺度，具体评定每份档案材料在该专题中的地位与作用，恰当地选择最能反映和说明该专题的档案材料。

（3）编写。专题概要不是相关材料的罗列和堆积，而是根据具体的题目和要求，对挑选出来的材料进行分析，按照一定体例进行撰写。

（四）基础数字汇编

基础数字汇编，又称统计数字汇编，是指以数字形式反映某一地区（机构、专业系统）或某一方面基本情况的一种参考资料。

1. 基础数字汇编的编写要求

（1）编写数字汇编、选择材料时要充分利用统计报表和财务年报，保证所选用材料的准确性和可靠性。

（2）统计口径要统一，对统计口径不统一的有关数据要换算，这样数据才有连续性和可比性，对统计口径变化和数据换算等情况，要用文字加以说明。

（3）要根据实际工作的变化和统计内容的变化，及时调整选用的有关统计项目和数据，保证数据汇编的实用性，能全面、准确地反映单位的状况。

2. 基础数字汇编的作用

基础数字汇编是把档案中分散记述的各方面数据按专题汇编起来，具有数据集中系统、内容简单明了等特点，其主要用途是：可以用作领导和工作人员了解情况、研究问题、总结经验的参考资料，提供系统的数据作为制订计划、指导工作的依据和参考；可以为举办展览、报告会等宣传教育活动提供典型材料，用真实的数据来反映某一方面的发展和变化情况；可以专门刊印成手册，以便领导者和有关人员随时使用。

3. 基础数字汇编的种类

基础数字汇编的种类较多，按其基本内容可以分为两大类型。

（1）综合性基础数字汇编。即系统记载某一机构（地区、专业系统）全面情况的基础数字汇编，记载和反映一个地区、系统、单位的全面情况。因此，使用数字涉及范围较广，篇幅也较大，包括多个方面情况的统计数字。一般由一个和若干分表组成。如《××县基础数字汇编》，其内容包括土地面积、人口、工农业生产、文化教育、商业贸易等。

（2）专题性基础数字汇编。即系统记载和反映某一方面基本情况的基础数字汇编。例如《××县农业基础数字汇编》《××县牲畜和家禽变化情况汇编》等。专题性基础数字汇编的范围可大可小，可依据需要来确定其范围和内容。专题统计数字汇编是记载和反映某一个方面的基本情况的数字汇编，其数字汇编的范围受到一定的限制，篇幅相对较小，一般不设总表和分表，用一种表格记载即可。例如，在《××县人口耕地基础数字汇编》中，除排列出该县历年的人口和耕地面积的数据外，还设计了"人均耕地"这一栏，这一相对值数据比起单纯的人口和耕地绝对数据具有更强的说服力。

编研工作是一项极富创造性的高难度脑力劳动，既需要建立规范化、制度化的工作程序，也需要编研人员发挥才智，进行创新。尤其是在网络时代，由于社会信息需求不断提高，承担信息开发任务的档案编研人员必须不断地提高工作质量，走向规范化。

思考与练习

一、案例分析

（1）小张是浙江省一家民营企业的专职档案员，在平时工作中小张发现随着公司规模的逐渐扩大和业务的发展，近两年公司各部门调档、查档的频率日益增长，集团的档案管理部门由于人力不足，设备不够，严重影响了查档效率。于是小张就结合公司各部门利用档案的类型，运用现代信息技术对各类档案进行整理编目、数据著录，并购买了专业的文档管理系统辅助管理，加工存储，建立各种不同的档案信息检索数据库，并利用公司内网办公平台提供公司档案信息服务，为各职能部门的档案信息利用提供了便利，大大提高了档案查找的效率。

结合案例回答：什么是档案检索工具？计算机检索有何特点？

（2）2020年12月，《中国民航抗击新冠肺炎疫情大事记》正式出版发行，该书是由中国民用航空综合司编写。该书采用图文分述的形式，将214件抗疫大事、151件档案、247张图片，从不同角度、生动详细地记录了中国民航在抗疫斗争中如何根据"认真、科学、冷静"的原则，因时因势精准施策，有力有序统筹开展疫情防控、航空运输保障及复工复产的整体情况、重要举措和责任担当。它是"生命至上、举国同心、舍生忘死、尊重科学、命运与共"的伟大抗疫精神在民航的生动体现，具有重要的史料价值、纪念价值和文化价值。

结合案例思考：档案编研工作的流程、要求和意义有哪些？

二、技能题

请站在××重型机械制造公司的立场上，将《××重型机械制造公司关于机构调整的请示》按照著录规则填制一张段落符号式著录条目。提要项、档案馆（室）代号和缩微号可省略。以下是一份文件的内容和形式特征。

成文日期：2018年3月18日；发文字号：×重机〔2018〕23号；文本：定稿；保管期限：永久；密级：内部；页数：4页；载体：纸张；规格：260mm×184mm；附件：××重型机械制造公司关于机构调整的方案；主题词：机构调整请示。分类号：B316；档号：071-1-275-2。

综合训练

电子档案检索与编写大事记

实训内容

（1）了解文件级条目著录格式及案卷条目著录格式，上机进入文档管理软件进行档案信息录入与电子档案检索。

(2) 按照大事记编写要求,为自己所在的院校编写一个建校三十年的大事记,材料来自学校官网;或者编写××机关组织沿革,主要记载一个机关及其内部组织机构和人员的演变情况。

实训目的

通过实训,让学生初步掌握电子档案检索以及大事记编写技巧,以适应以后的档案管理工作。

实训地点

档案实训室及机房。

实训组织

自行上机,根据教师下发的待著录的案卷或文件,独立完成实训任务。

实训过程

(1) 教师讲解电子检索软件与编研的相关要点。

(2) 学生按照电子文档管理软件的要求进行系统设置,并对提供的案卷和文件进行录入。

(3) 学生上机进入文档管理软件进行电子档案检索(如创奇文件档案管理软件 V11.0)。

知识链接

EAD 编码档案著录

EAD,英文全称为 Encoded Archival Description,中文译为编码档案著录(或档案置标著录),EAD 由档案工作人员参与制定,为档案工作人员所使用,是真正属于档案工作人员的编码标准。因此,它是档案工作人员编制检索工具最合适的方法。

目前,EAD 以 XML(Extensible Markup Language,可扩展标识语言)作为编码标准,它能够支持档案工作人员惯用检索工具的一般结构,而且不依赖于某些特定平台、对互联网有良好的适应性,并且其灵活性适用于多种类型的馆藏。EAD 具有在世界范围内档案保管机构普及应用的趋势,它将成为网络环境下档案馆、图书馆、博物馆处理档案与手稿资料最常用的元数据。

EAD 共有 146 个元素,与 MARC(机读编目格式标准)和 Dublin Core(都柏林核心,即数字图书馆中使用的一组简单的包括 15 个"核心元素"的元数据元素集合。这 15 个元数据不仅适用于电子文献目录,也适用于各类电子化的公务文档目录)相比,EAD 提供了更为详细的描述。EAD 有丰富的元素设置,可以适应任何长度的目录和记录,并能描述依托于各种媒介上的所有类型的档案。这些元素按照 DTD 的规定,有其从整体到部分的逻辑顺序,也有根据其内容和作用的不同而表现出的功能结构。根据 EAD 元素的内容定义,这些元素按其在著录和为档案用户使用时发挥的不同作用,可分为四种类型。

(1) 说明性元素,即用于描述或标识档案资料对象内容和外观特征的元素。这和我们传统著录项目基本相同,只是 EAD 提供了更多的描述档案内容和外观的元素数量,并且根据本项目的实证研究,将传统著录中的"主题词"描述项划分为"检索性元素"。说明性元素主要包括文件描述、题名叙述、正题名、副题名、作者、档案描述、描述识别、来源、单元题名、单元日期、摘要、范围与内容、语言资料、实体描述及其他可包含元素等。

（2）管理性元素，指主要方便档案资料及其检索工具管理的相关性元素。例如，保存档案信息资源的加工存档结构、档案资料生成和流转的背景信息、使用管理、与其他相关资源对象的关系以及权限管理等。

（3）检索性元素，属于比较特殊的为方便用户检索而设置的元素项，使用封装元素、控制查询标目，为档案用户指出描述资料的关键检索点，帮助用户使用与 EAD 著录中一致的词汇进行检索，以提高其检索效率。在 EAD 检索工具里会出现大量的名称和主题，因此可以通过使用控制查询标目，将各个著录级别的主要检索词聚集在一起。

（4）数字化信息描述元素，即用于描述各种档案数字化格式的信息和链接的元素项。这些元素既描述了 EAD 文件内部的数字格式的信息，又描述了从 EAD 文件内部到其他数字对象的链接。这些元素包括数字档案、数字档案描述、数字档案群组。

法规阅读

《档案著录规则》(DA/T 18—2022)

项目七
档案统计与利用

第七课 档案统计与利用

档案统计是用定量的方法对档案工作进行量化描述，是研究和制定档案管理方针政策和计划、实行有效监督与指导的重要依据和手段。档案利用是实现档案价值、发挥档案作用的途径，也称为档案利用服务或档案利用工作。做好档案统计与利用工作，档案管理部门才能对档案工作和利用者的情况有更充分的了解，更好地提高管理水平和服务质量。本项目将重点介绍档案统计指标和统计方法、档案馆（室）的登记和统计工作、档案利用与档案开放、传统档案的利用方式和电子化服务，适用于各级各类档案馆（室）的档案统计与利用工作的开展。

【单元学习目标】

（1）知识要求：通过本项目的学习，初步掌握档案统计工作的要求和方法；掌握档案利用工作的内容和利用方式；开放档案的内涵。

（2）能力要求：通过本项目的学习与任务训练，能够掌握档案统计方法和技巧，做好档案统计工作，科学管理档案；能够掌握档案开放利用方法和技巧，主动开展档案利用工作，发挥档案价值，服务社会。

（3）思政要求：通过本项目的学习与任务训练，规范学生的统计和利用服务行为，培养学生实事求是、科学统计的职业素养，热心积极服务的敬业精神。

【职业箴言】

用真实数据解读发展 以优质服务助力决策。

解读： 这两句话形象地阐释了档案统计与档案利用服务工作的的基本要求与意义；档案统计就要实事求是，数据真实，不可造假虚报；档案利用服务是档案部门与用户沟通的纽带和窗口，利用服务就要高标准、保质量，以助力决策，服务现实工作。

任务一　档案统计指标与统计方法

◉ 知识目标
- 掌握档案统计指标的含义、确定档案统计指标的方法。
- 明确档案统计工作的方法及步骤。

◉ 能力目标
- 能够确定档案统计指标及应用。
- 能够根据档案统计方法与步骤进行档案统计。

◉ 思政目标
- 培养学生创新开拓的职业精神。
- 培养学生科学严谨的职业素养。

◉ 案例导入

浙江省安吉县档案馆馆藏档案介绍

截至2017年9月,安吉县档案馆馆藏全宗184个,馆藏档案138409卷、201930件,其中照片档案3133张、光盘档案55张。馆藏资料16788册,其中,民国档案有4个全宗34个目录,2117卷,保管期限全部为永久;中华人民共和国成立后的档案有180个全宗136292卷、201930件。目前已向社会开放138个全宗、19168卷档案。经过近几年的标准化、规范化、数字化建设,安吉县档案馆各项制度渐趋完善,检索工具实用多样,档案已全部实现数字化,利用快捷方便。

(资料来源:安吉县档案馆馆藏档案介绍[EB/OL].(2017-9-11)[2018-05-17]. http://www.ajda.gov.cn/Main/Default/ArticleDetail.)

档案统计内容涉及档案工作的各个方面,案例中主要是对有关档案馆(室)藏数量方面进行统计。从案例中我们可以看出,要进行档案统计首先要确定档案统计指标,然后通过调查,了解得出每个统计指标对应的数量,以服务于档案管理工作。

◉ 任务训练

活动目标

通过实地调查或上网调查某单位档案室,了解档案统计指标及应用;能按照档案统计的要求对具体档案进行统计。

活动组织

根据情况灵活分组调查。

活动内容与要求

学生分组上网查阅××档案网站或实地调查了解××单位档案室档案统计的情况,然后进行档案数据的分析统计。

> **理论支撑**

档案统计工作是以指标数字揭示档案和档案工作的发展过程、现状及其一般规律的一项工作。档案统计工作包括档案统计调查、统计整理、统计分析等环节。档案统计工作是档案馆(室)的工作任务之一,是科学管理档案的基础工作。统计指标的确定是进行档案统计工作的基础,档案统计工作是通过统计指标来反映档案工作领域中数量方面的变化或发展的。

一、档案统计工作

档案统计工作是档案管理工作中重要的环节,是监督和保证档案工作质量、提高档案工作水平的一项工作,在整个档案工作中具有重要的意义。

1. 档案统计工作的对象

档案统计工作的对象主要是各个工作环节情况、档案经费及机构建设方面的数量情况、档案工作人员基本情况等,涉及档案事业的所有方面,凡是档案事业领域内可以进行量的描述与量化研究的对象,都可以纳入档案统计工作的范畴。

目前,我国档案工作的统计体系,基本上分四个层次。

(1) 全国档案工作基本情况统计,纳入国家国民经济和社会发展计划的统计指标,由国家档案局组织进行,由国家统计局指导与监督。

(2) 专业系统档案工作基本情况统计,由专业主管机关档案部门组织进行。

(3) 地方(包括省、市、县各级)档案工作基本情况统计,由地方档案行政管理机关组织进行。

(4) 档案馆、档案室(包括各种专门档案室)档案工作情况统计,由各档案馆、档案室自己组织进行。

档案统计工作是将一般的统计方法与技术应用于档案工作的过程,它具有统计工作与档案工作的双重性质,具有规范化、科学化、制度化和体系化的基本特征。

2. 档案统计工作的任务

档案统计工作的任务比较复杂,一方面需要及时地对档案和档案工作诸多方面、多种情况的数量表现进行统计调查、整理和分析,比如档案与档案工作的规模、水平、结构、速度等在一定时间、地点、条件下实际的数量表现,为制订档案工作计划、决策提供材料,同时检查档案工作成效,总结经验教训,为不断提高档案工作水平提供数据;另一方面向国家提供档案统计资料,反映档案事业的水平,可以为国家发展档案事业提供丰富而又准确的依据。

二、常见档案统计指标及应用

档案统计是以数值来反映档案和档案工作的客观情况的。这些说明档案和档案工作特征和状况的数值被称为指标。统计中的综合指标是多种多样的,但一切综合指标的表现形式主要包括绝对数、相对数和平均数三种。

按照其数量对比关系的不同,可以分为总量指标(绝对指标)、相对指标和平均指标,具体的表现形式是绝对数、相对数和平均数。

例如,××单位档案室共保管案卷2000卷(册),其中文书档案1400卷(册),科技档案400卷(册),会计档案共200卷(册),三种档案的结构相对数分别是70%、20%、10%。

此例中的案卷2000卷(册)、文书档案1400卷(册)等就是绝对指标,2000卷(册)、1400卷(册)就是绝对数,而70%、20%、10%就是相对数。由上面的例子来看,完整的统计指标由指标名称和指标数值两部分组成,前者说明统计所要针对的特定的档案工作范围,后者表明指标的数量特征,而且数值部分包括数和单位,二者缺一不可。

例如,××档案库房面积为246m^2,其中"库房面积"是指标名称,"246m^2"是指标数值。

(一)档案统计指标的选定原则

档案统计指标是进行档案登记、统计、定量分析和系统分析的基础,是发挥档案统计信息咨询、监督功能的条件,对提高档案管理、开发档案信息资源有着重要的意义和作用。因此,在实际工作中,档案管理部门要及时、准确地收集和提供档案统计数据。但是档案统计不需要也没必要对档案工作的每项工作都进行统计,只是对那些主要方面进行统计,因此就要注意选定统计指标。

统计指标的选定应按照一定的原则来进行,不可随意进行。

1. 客观性

选定的指标应在档案工作中客观存在一定的数量表现。统计指标本身包括指标名称和指标数值,如果在现实工作中该指标无法用具体数量表现,即统计指标就只有名称而无实际数值,则这个指标也就失去了意义。例如,说明档案馆现存档案总量采用"馆藏量多少卷"为统计指标,这个指标就可以用具体数量来表示。

2. 统一性

档案统计要求确定的指标,各地要统一。国家档案局对档案统计的主要指标应该有全国统一的标准、统一的计量单位,这样就为汇总、比较统计资料提供了条件,否则汇总就没有可比性,也就无法反映全国的档案发展水平、档案工作的现状。现在,随着与国际交流的不断增加,越来越多地采用国际标准,便于和国外档案工作进行比较研究。

3. 稳定性

一般指标所反映的是综合情况和总体现象,而不是个别情况或局部现象,因此统计指标一旦选定后就要保持相对稳定,不要轻易变动,同时还要注意采用的指标单位也要稳定。例如,馆藏量是用延长米和案卷数量来表示的,前者是国际标准,后者是我国传统标准,这些指标确定后,就要保持稳定,这样才能有助于档案统计资料的积累,对提高档案统计的研究水平有益处。

4. 可比性

统计指标是通过绝对数、相对数和平均数来表现的。绝对数是档案工作领域中的现象具体量的表现,是总量指标,是后两者的基础。总量指标的具体表现形式绝对数在统计指标中占有重要地位。但还需进行相对数据的比较,因此选定指标时要注意指标的可比性,否则就无法体现部分与整体、实际与计划、一个地区对另一个地区的对比。保证指标的可比性是运用相对数的基本原则。在运用相对数时必须事先清楚所用的指标是否具有可比性。

(二)档案统计指标的内容

档案统计指标涉及的主要内容有以下五个方面。

1. 有关档案馆(室)藏方面

有关档案馆(室)藏主要包括以下三个方面内容,一是档案馆(室)藏档案总量;二是档案结构分量统计,即对不同种类、不同时期、不同保管期限、不同整理状况的档案数量的分别统计;三是档案馆(室)藏资料情况等。如图7.1所示。

图 7.1　档案馆(室)藏相关统计指标

2. 有关提供利用方面

有关提供利用主要有两个方面:一是利用者情况统计;二是利用服务情况统计。如图7.2所示。

图 7.2　档案提供利用相关统计指标

3. 有关档案经费及基本建设方面

有关档案经费及基本建设包括档案事业经费、基本建设情况等方面。如图7.3所示。

图 7.3　档案经费及基本建设相关统计指标

4. 有关档案工作人员基本情况方面

有关档案工作人员基本情况包括档案馆(室)工作人员总体数量(定编)和档案人员结构分量:年龄段、文化程度、档案专业文化程度以及专业技术职称等分类人员数量。如图7.4

所示。

图 7.4 档案工作人员基本情况相关统计指标

5. 有关档案专业教育基本情况方面

有关档案专业教育基本情况包括普通高校、中等学校等学历教育情况及在职培训教育情况的统计。如图 7.5 所示。

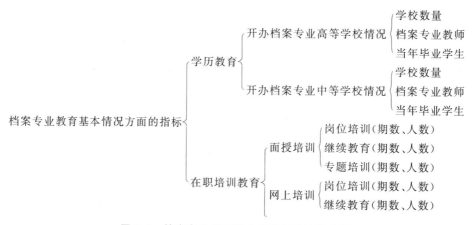

图 7.5 档案专业教育基本情况相关统计指标

当然，随着我国档案事业的发展，档案统计工作指标会有所变化，各地档案管理部门要根据具体情况和需要及时更新统计指标。

（三）档案统计指标的应用

1. 绝对数的应用

档案统计中的绝对数是最基本的档案统计指标，是档案工作具体现象的反映，是用来说明档案工作的某种现象在一定的时间、地点、条件下的规模或水平的一种总量指标。在档案统计中，绝对数这一概念被广泛地应用着。例如，建立档案馆的总数、档案库房面积、案卷数、档案整理工作总量等，均是绝对数。

使用绝对数必须注意以下几个问题。

（1）绝对数要为相对数或平均数的使用创造条件。例如，××档案室 2014 年提供的利用人次为 2600 人次，2015 年提供的利用人次为 2000 人次，但 2015 年缺两个月的数据，这样无法准确算出利用人次提高的相对人次数。两个数据因缺少了两个月的数据而失去了可比性。

（2）必须明确绝对数的含义、统计范围、计算方法等。不同的绝对数含义不同，其统计范围、计算方法也大不相同，只有正确理解每个绝对数的含义和外延，才能正确登记和统计。

(3) 必须是同一现象的总量。登记和统计档案工作某方面的绝对数量时,一定要保证是同一现象的总量,只有这样才能保证绝对数真实反映了档案工作的实际情况。例如,统计文书档案时就不能把电子档案或录音录像档案的数量计算在内。

(4) 必须使用规范的计量单位。只有计量单位规范才能汇总、统计,如果计量单位不统一,各档案室自成一体,就会造成统计分析障碍,从而影响提供统计资料和统计监督工作的顺利开展。例如,表示档案馆(室)藏数量用档案上架的"延长米"(m)为单位,库房面积用"平方米"(m^2)为单位等。

2. 相对数的应用

从部分对整体、实际对计划、一个时期对另一个时期、一个地区对另一个地区等指标的对比中,都可以得出相对数。相对数一般以倍数、百分数、千分数等形式来表示,以百分数最为普遍。

相对数,是指两个互有联系的档案工作现象数值的比值(比率)。它可以使人们直观地了解档案工作的结构和状况。相对数在档案统计工作中占有很重要的地位,应用领域较为广泛,在使用时要注意其准确性。常用的相对数有:计划完成相对数、结构相对数、比较相对数、动态相对数和强度相对数。

使用相对数时要注意以下事项。

(1) 要注意相对数的表现形式。许多相对数常以系数、倍数、百分数、千分数等形式表示,以百分数应用较多。但是两个数值相比当分子与分母的比值较大时,常用倍数而不用百分数,例如,用"46倍"要比"4600%"表达更规范。但当分子与分母的比值很小时,也不宜使用百分数,而常使用千分数。

(2) 注意两个指标必须有可比性。在使用相对数时要注意,进行比较的两个指标应属于同一现象的,要具有一定的可比性,不仅内容、范围要一致,计量单位、计算方法也要保持一致,这样才能保证计算出来的相对数值准确,才能真实地反映现实档案工作中某方面的情况。

(3) 注意各种相对数的结合运用。相对数是指两个互有联系的档案工作现象数值的比值,分母的大小影响比值的大小,在使用相对数时要注意结合其他相对数来进行分析。只有综合分析,才能全面掌握和了解档案工作的实际情况,不能仅凭分析相对数,就断定此单位的档案工作的优劣,这样很容易造成失误,影响分析结果。

(4) 注意相对数和绝对数的结合运用。相对数的突出作用是把现象的绝对水平抽象化,以揭示档案工作某方面的联系和对比关系,掩盖绝对数量的差别。

相对数应与绝对数结合运用,只有以绝对数为基础,相对数才能更准确地说明问题。否则,离开绝对数只看相对数,会导致结果不准确。例如,甲档案馆档案利用卷次本年比上年增长80%,乙档案馆档案利用卷次本年比上年增长10%。如果只看相对数,甲馆本年档案被利用的数量比乙馆多。而甲馆档案利用卷次上年的绝对数只有500卷次,乙馆则为15000卷次,那么本年甲馆档案利用卷次(增长80%后)只有900卷,本年乙馆档案利用卷次(增长10%后)竟达成16500卷次。实际上本年乙馆比甲馆的档案利用卷次多。

3. 平均数的应用

平均数,是指表明一般或总体典型水平的统计指标。平均数便于对比分析,反映出各地区、各系统在发展速度等方面的差别。算术平均数是平均数中最常用的形式。

在使用平均数时要注意以下几个问题。

（1）必须遵循总体同质性原则。即只有对同类现象才能计算，对不同质的现象进行平均计算，结果不能真实反映现实工作状况。

（2）平均数应与具体分析相结合。算术平均数的基本计算方法是用总体标志总量除以总体总量。其公式是：算术平均数＝总体标志总量/总体总量（或标志总量/总体单位数）。

三、统计工作步骤

统计工作可以分为三个步骤：选定统计指标、档案统计调查、统计资料的整理和分析。

（一）选定统计指标

档案统计指标是进行档案登记、统计、定量分析和系统分析的基础，指标的种类多种多样，开展统计工作时，应根据具体的需要和实际情况选定统计指标。统计指标的选定应按照一定的原则和要求来进行，注意指标的客观性、统一性、可比性和稳定性，不可随意选定。前文已介绍，在此不再重复。

（二）档案统计调查

统计调查就是要取得大量的统计材料，为进一步整理分析打下基础，这是统计工作的关键环节，没有统计调查就无法得到档案工作各方面的实际数据，也就无法进行统计分析，指导现实工作。常用的统计调查的方法有：编制统计报表和专门调查。

编制统计报表是按照统一的规定，把各种统计指标纳入报表中的一种调查方式。它是档案统计工作中最基本、最常用的一种调查形式，对于积累材料、掌握实际情况、指导工作非常有帮助。很多的报表是由国家档案局统一制定，要求各地各行业档案管理部门按要求和规定及时登记和上报的，是档案管理部门的一种常规统计工作。

专门调查是常规统计调查——编制统计报表的补充形式，目的性、针对性往往比较强。一般是根据需要临时组织起来的调查，一般影响较大，涉及部门和人员较多，不宜组织次数太多，以免增加实际工作部门的压力。

在统计调查中，第一，必须明确调查的目的和任务、调查对象、时间、地区；第二，在调查前要制订比较详细的调查方案，以保证档案统计调查的顺利开展和质量。

（三）统计资料的整理和分析

统计资料的整理和分析是对调查得到的大量的、分散的、原始的统计资料进行整理分析，得出规律性的结论，或总结经验教训，提高档案的科学管理水平的过程。常用的统计分析公式有如下几个。

1. 关于相对数

（1）计划完成相对数。

$$计划完成相对数 = \frac{实际完成数}{计划完成数} \times 100\%$$

计划完成相对数是实际完成数与计划完成数之间的比值，这种相对数主要用来检查、监督计划的进展情况，在一定程度上反映出工作的成效。

例如，××档案室2018年计划完成档案数字化1200卷，实际完成800卷。其计划完成

相对数的计算结果如下:

$$计划完成相对数 = \frac{800}{1200} \times 100\% \approx 66.7\%$$

(2) 结构相对数。

$$结构相对数 = \frac{各组总量}{总体总量} \times 100\%$$

例如,××档案室共有档案 10000 卷(册),其中文书档案 5500 卷(册),科技档案 400 卷(册),会计档案 100 卷(册)。这三种档案的结构相对数计算结果如下:

$$文书档案的结构相对数 = \frac{5500}{10000} \times 100\% = 55\%$$

$$科技档案的结构相对数 = \frac{400}{10000} \times 100\% = 4\%$$

$$会计档案的结构相对数 = \frac{100}{10000} \times 100\% = 1\%$$

(3) 动态相对数。

$$动态相对数 = \frac{报告期指标}{基期指标} \times 100\%$$

例如,××档案室 2009 年收藏档案 800 卷,2014 年为 1800 卷。其动态相对数的计算结果如下:

$$动态相对数 = \frac{1800}{800} \times 100\% = 225\%$$

即发展速度为 225%。

(4) 强度相对数。

强度相对数主要用来说明档案工作的实力、强度、密度等指标,是不同总体的两个有联系的总量指标的比值。有正算法和倒算法两种。

例如,该档案室共有 6 人,负责管理档案 24000 卷,用正算法和倒算法求出强度相对数。

正算法:

$$强度相对数 = \frac{24000 卷}{6 人} = 4000 卷/人$$

倒算法:

$$强度相对数 = \frac{6 人}{24000 卷} = 0.00025 人/卷$$

2. 关于平均数

平均数是将所有分量综合后平均,有算术平均数、几何平均数和调和平均数等,其中算术平均数应用较为广泛。算术平均数包括简单算术平均数和加权平均数两种,计算公式如下所示:

$$简单算术平均数 = \frac{标志总量}{总体单位数}$$

$$加权平均数 = \frac{各单位标志量总和}{总体单位数}$$

简单算术平均数的计算非常简单,只要把各标志量简单相加,再除以总体单位数即可。加权平均数比简单算术平均数更能准确地反映现实情况,它是把各组的标志量分别乘以各组的次数并求出总和,然后再除以总体单位数。

例如,××档案室进行档案整理工作,第一组 5 人,每人每天整理案卷 12 卷;第二组 6 人,每人每天整理案卷 10 卷;第三组 6 人,每人每天整理案卷 8 卷。求平均每人每日整理案卷数。

$$简单算术平均数 = \frac{标志总量}{总体单位数} = \frac{12+10+8}{3} = 10(卷/人)(注:这里的标志总量是以组为单位)$$

$$加权平均数 = \frac{各单位标志量总和}{总体单位数} = \frac{5 \times 12 + 6 \times 10 + 6 \times 8}{5+6+6} \approx 9.8(卷/人)$$

随着计算机的运用,档案统计工作也逐渐自动化,电子档案的统计和分析变得越来越快速。国家档案局制定了档案统计体系,如档案利用统计分析系统,就是结合电子档案的实际情况,制定电子档案利用信息的采集系统,对利用统计来说,更加方便、快捷。一般来讲,综合统计指标体系是根据各种统计分析项目和要求编制的,可以将所采集的数据项,按反映的不同概念和外延概念进行组合,建立不同的分析指标体系。然后将要分析的指标体系中所要求的数据从相关的信息文档中调出,进行汇总统计,再将相应的统计结果存入统计结果库中。这种统计工作可每月做一次,每年再将 12 个月的统计结果进行一次汇总,结果加入统计结果库中,需要时再将结果按需要的具体要求输出。

档案统计结果输出有两种方式:一种是统计分析图表,另一种是统计分析数据的输出。例如,统计分析系统就有固定式统计分析图表的定期输出,即按照固定的图表格式输出月、季、年的综合统计分析报表。报表中除绝对指标数据外,还应加入百分比等相对指标的分析数据。此外还有查询式统计分析数据的输出;统计分析系统应提供在任意时间范围内的统计分析利用数据,输出可采用屏幕显示和图表打印两种方式,查询可按照不同分析目标分类进行,如按利用目的、利用方式、利用效果、利用类型及用户等进行综合分析。

其他环节的统计也同利用统计分析一样,逐渐采用统一的统计分析系统,运用计算机进行信息采集、数据分析和统计分析结果输出,繁杂的档案统计工作逐渐自动化、规范化。

任务二　档案馆(室)的登记和统计工作

知识目标
- 掌握档案馆(室)的登记和统计内容与方法。
- 掌握档案馆(室)的登记与统计工作。

能力目标
- 能够确定档案馆(室)统计的内容。
- 能够根据档案统计的要求规范地填写档案馆(室)统计表格。

思政目标
- 培养学生依法统计、科学严谨的职业素养。

案例导入

国家档案局办公室关于 2018 年度
《全国档案事业统计调查制度》报表填报工作安排的通知（部分）

各省、自治区、直辖市档案局，河北省委办公厅、江苏省委办公厅，新疆生产建设兵团档案局，中央和国家机关各部委档案部门，各人民团体档案部门，各中央企业档案部门，中国人民大学档案学院：

经国家统计行政管理部门批准，《全国档案事业统计调查制度》（以下简称《制度》）已发布实施。2018 年度《制度》填报工作采取逐级上报方式。请各填报单位遵守《中华人民共和国统计法》《统计法实施条例》等法律法规和相关规定，按照《制度》要求，准确理解指标含义，掌握填报要求，做好填报准备工作，在《制度》配套信息系统就绪后及时填报，要确保数据真实完整。

我局计划在《制度》配套信息系统测试完成后对档案统计人员进行业务培训。报表上报时间初步定于 2019 年 5 月底前，具体报送时间及报送方式另行通知（请及时关注国家档案局网站"通知公告"信息）。请各汇总单位组织好本地区、本部门（系统）的填报工作。在数据填报过程中如遇问题，请及时与我局政策法规研究司综合调研处联系。

……

附件：

(1) 2018 年度《全国档案事业统计调查制度》报表填报审核工作注意事项。

(2)《全国档案事业统计调查制度》（可从国家档案局网站 http://www.saac.gov.cn "通知公告"下载）。

国家档案局办公室

2019 年 2 月 19 日

（资料来源：国家档案局办公室关于 2018 年度《全国档案事业统计调查制度》报表填报工作安排的通知［EB/OL］.（2019-02-21）［2019-07-02］. http://www.saac.gov.cn/daj/tzgg/201902/8a9531f9f8f647cf87112092e083366b.shtml.）

现在，档案统计工作已经形成登记和统计制度，是各单位档案馆（室）的常规工作内容之一，各单位应认真做好这项工作。档案管理部门对其档案登记和统计工作应及时给予指导和督促。

任务训练

活动目标

通过实地调查学校或某企业档案室，了解档案登记与统计情况以及统计报表的填写情况，并能按照档案统计报表的要求对示例报表进行填写（数据由教师提供）。

活动组织

根据情况灵活分组调查。

活动内容与要求

(1) 学生分组实地调查学校或某企业档案室，了解其档案登记与统计情况以及统计报表的填写，然后按照档案统计报表的要求对示例报表进行填写。

(2) 对比评价，评选出最优小组。

▶ **理论支撑**

从统计的对象来看,档案统计分为两个方面:一是对档案实体及其管理状况的统计;二是对档案事业的组织与管理状况的统计。本任务主要介绍档案室、档案馆的登记与统计工作。

一、档案室的登记和统计工作

档案统计包括登记和统计两个部分。档案室是最基层的档案管理机构,国家档案统计工作离不开档案室平时的登记工作。档案室要建立档案工作统计台账,档案工作人员要认真细致地做好档案收进、移出、整理、鉴定、销毁、抢救、清理及保管的数量、状况、结构的登记和统计,还要做好档案检索、编研和利用情况的登记和统计。在我国早已形成制度,《机关档案工作条例》《科学技术档案工作条例》等法规文件中都明确要求机关、企业事业单位建立统计工作,及时对档案进行登记和统计,做到"心中有数"。档案室的建立情况、保存档案数量、库房面积、档案借阅与编研情况等,对于加强档案室的建设和提高档案室的工作水平都是十分重要的。

档案室主要通过以下形式统计。

1. 卷内文件目录

主要登记和统计单份文件的数量、卷内文件的页数,也可以从案卷封皮上"本卷共××件××页"直接统计。

2. 案卷目录

登记和统计案卷的数量。通过案卷目录可以统计档案的总量或某类档案的案卷数量状况。卷内文件目录和案卷目录是档案最基本的登记和统计形式。

3. 总登记簿

总登记簿是用来登记档案收进、移出等变化情况和实存数量的登记、统计形式,记录着档案室全部档案的总量和变化情况。总登记薄的格式可参考表 7.1。

表 7.1 总登记簿

案卷目录号	案卷目录名称	所属年度	案卷收进			案卷移出（或销毁）					目录中现有数量		备注
			收进日期	目录中数量		实收数量		移出日期	移往何处	移出原因与文据	数量		
				米	卷	米	卷				米	卷	米	卷	
1	2	3	4	5	6	7	8	9	10	11	12	13	14	15	16

"案卷收进"反映了档案室和文书部门交接案卷的情况,体现了档案增加情况。其中案卷"目录中数量"一般与"实收数量"一致,在有些情况下是有差别的,在移交时要及时记录。

"案卷移出"反映档案室档案减少的情况,是在档案室向档案馆移交、鉴定销毁或案卷损坏或遗失的情况下,根据经领导批准的证明材料进行登记并记录其数量与原因的。

"目录中现有数量"是总结部分,体现了实存数量,是收进与移出之差。

4. 档案收进移出登记表

档案收进移出登记表是档案室用于统计档案变动情况的主要台账形式,没有固定统一的格式,但主要栏目相近。一般单位规模大,每年接收或移出档案数量变化较多的单位,常常把"收进"和"移出"分开登记,而一般民营企业或者其他中小型单位则多将二者合在一起登记,格式可参考表7.2。

表7.2 档案收进移出登记表

日期	部门名称	经办人	变动原因（收进或移出）	变动的数量				库存案卷数量累计数			
				永久	30年	10年	合计	永久	30年	10年	合计

表7.2中"变动原因"主要是指收进或移出引起的案卷变化。"库存案卷数量累计数"是指减去移出的或者加上收进的档案的现存数总量。

5. 填写档案室统计报表

统计报表是档案室按照统一的规定向上级档案行政部门报送档案统计资料的表,内容包括总体及其分组、说明总体的档案统计指标以及相应的计量单位。组成要素包括标题(即档案统计表的名称,位于表的顶端中央)、标目(即总体名称或分类名称及说明总体的各种项目,其中又有纵标目和横标目之分)、纵、横栏组成的表的本身及表中所列的数字,附注,资料来源等。此外,系统的档案统计报表,在其最前面还包括详细填报说明的专页。在每个报表的下端,填写数字后,还必须填写日期、负责人、审核人,进行填表人签名盖章等项目。

例如,国家档案局2019年制定的DA-3表《档案室基本情况表》:正表统计栏目较多,内容比较全面详细,主要包括机构数,档案专职人员、兼职人员情况,本年度接受档案业务在职培训教育情况,室存档案情况,档案利用情况等信息。具体内容如表7.3所示。

表7.3 档案室基本情况表

	表　　号：	DA-3表
	制定机关：	国家档案局
单位名称：	批准机关：	国家统计局
单位类别代码：	批准文号：	国统制〔2019〕8号
统一社会信用代码：　　　　　　　20　年	有效期至：	2022年1月

指标名称	计量单位	代码	数量
甲	乙	丙	1
一、机构数	个	1	
二、专职人员	人	2	
其中：女性	人	3	
年龄	—	—	—
50岁及以上	人	4	
35—49岁	人	5	

续表

指标名称	计量单位	代码	数量
甲	乙	丙	1
34 岁及以下	人	6	
文化程度	—	—	—
博士研究生	人	7	
硕士研究生	人	8	
研究生班研究生	人	9	
双学士	人	10	
大学本科	人	11	
大专	人	12	
高中(含中专)及以下	人	13	
专业文化程度	—	—	—
博士研究生	人	14	
硕士研究生	人	15	
研究生班研究生	人	16	
大学本科	人	17	
大专	人	18	
中专	人	19	
档案干部专业技术职务	—	—	—
研究馆员	人	20	
副研究馆员	人	21	
馆员	人	22	
助理馆员	人	23	
管理员	人	24	
三、兼职人员	人	25	
四、本年度接受档案业务在职培训教育	次	26	
	人	27	
五、室存情况	—	—	—
纸质档案	—	—	—
案卷	卷	28	
以件为保管单位档案	件	29	
总排架长度	米	30	
底图	张	31	
室存永久、30 年(长期)档案	卷	32	
	件	33	
永久保管	卷	34	
	件	35	
电子档案	GB	36	
数码照片	GB	37	
数字录音、数字录像	GB	38	
其他载体档案	—	—	—
照片档案	张	39	
录音磁带、录像磁带、影片档案	盘	40	
缩微胶片	万幅	41	
实物档案	件	42	
档案数字化成果	—	—	—
纸质档案	—	—	
案卷	卷	43	
	GB	44	

续表

指标名称	计量单位	代码	数量
甲	乙	丙	1
以件为保管单位档案	件	45	
	GB	46	
其他载体档案	—	—	
照片档案	GB	47	—
录音磁带、录像磁带、影片档案	GB	48	
其他	GB	49	
室存档案历史分期	—	—	
新中国成立前档案	卷	50	—
	件	51	
新中国成立后档案	卷	52	
	件	53	
档案编目情况	—	—	
手工目录	本	54	—
机读目录	—		
案卷级	万条	55	—
文件级	万条	56	
本年接收档案情况	—	—	
纸质档案	—	—	
案卷	卷	57	
以件为保管单位档案	件	58	
底图	张	59	
电子档案	GB	60	
数码照片	GB	61	
数字录音、数字录像	GB	62	
其他载体档案	—	—	
照片档案	张	63	—
录音磁带、录像磁带、影片档案	盘	64	
实物档案	件	65	
本年向档案馆移交档案	—	—	
纸质档案	—	—	
案卷	卷	66	—
以件为保管单位档案	件	67	
电子档案	GB	68	
数码照片	GB	69	
数字录音、数字录像	GB	70	
其他载体档案	—	—	
照片档案	张	71	—
录音磁带、录像磁带、影片档案	盘	72	
室存档案数字化成果	—	—	
纸质档案	—	—	
案卷	卷	73	
	GB	74	
以件为保管单位档案	件	75	
	GB	76	
其他载体档案	—	—	
照片档案	GB	77	

续表

指标名称	计量单位	代码	数量
甲	乙	丙	1
录音磁带、录像磁带、影片档案	GB	78	
其他	GB	79	
本年移出档案	—	—	—
纸质档案	—	—	—
案卷	卷	80	
以件为保管单位档案	件	81	
电子档案	GB	82	
数码照片	GB	83	
数字录音、数字录像	GB	84	
其他载体档案	—	—	
照片档案	张	85	
录音磁带、录像磁带、影片档案	盘	86	
室存档案数字化成果	—	—	
纸质档案	—	—	
案卷	卷	87	
	GB	88	
以件为保管单位档案	件	89	
	GB	90	
其他载体档案	—	—	
照片档案	GB	91	
录音磁带、录像磁带、影片档案	GB	92	
其他	GB	93	
本年销毁档案	—	—	—
纸质档案	—	—	
案卷	卷	94	
以件为保管单位档案	件	95	
其他载体档案	—	—	
照片档案	张	96	
录音磁带、录像磁带、影片档案	盘	97	
六、档案利用情况	—	—	
本年利用档案	人次	98	
	卷(件)次	99	
工作查考	人次	100	
	卷(件)次	101	
其他	人次	102	
	卷(件)次	103	
陈列室	平方米	104	
本年编研成果	—	—	
公开出版	种	105	
	万字	106	
内部参考	种	107	
	万字	108	
七、室内设施设备情况	—	—	
档案室建筑面积	平方米	109	
档案库房建筑面积	平方米	110	
档案室设备			
服务器	台	111	

续表

指标名称	计量单位	代码	数量
甲	乙	丙	1
安全防范系统	—	—	—
火灾自动报警系统	套	112	
温湿度控制系统	套	113	
八、数字档案室	个	114	

单位负责人： 　　　　　　　填表人： 　　　　　　报出时间：20　年　月　日

资料来源：国家档案局办公室关于2018年度《全国档案事业统计调查制度》报表填报工作安排的通知[EB/OL].（2019-02-21）[2019-07-19]. http://www.saac.gov.cn/daj/tzgg/201902/8a9531f9f8f647cf87112092e083366b.shtml.

表7.3填表说明如下：

（1）本表由县级以上机关、人民团体、民主党派档案室（处、科）、企业事业单位档案室（处、科）填报。

（2）各企业集团、大型企业均作为一个填报单位，其本级及所属单位档案室情况汇总后填报一份DA-3表。

（3）统计指标间的关系：

① 专职人员=各类文化程度人数总和，即2=4+5+6=7+8+9+10+11+12+13；

② "室存档案"中，包括"本年接收档案"，不包括66—97"本年向档案馆移交档案""本年移出档案"和"本年销毁档案"；

③ 室存档案数量=室存档案历史分期数量合计，即28=50+52,29=51+53；

④ 室存档案数量≥室存永久、30年（长期）档案≥永久保管，即28≥32≥34；29≥33≥35；

⑤ "档案编目情况"均为截至填报年度的累计数字；

⑥ 本年利用档案（人次）=工作查考（人次）+其他利用（人次），即98=100+102；

本年利用档案（卷件次）=工作查考（卷件次）+其他利用（卷件次），即99=101+103。

在实际工作中，各单位档案室统计报表有内报和外报两种，内报表为单项统计，而外报上级档案部门的多为综合型，其表格内容及格式是在《档案室基本情况表》基础上简化而成的，参考格式与内容如表7.4所示。

表7.4　档案室工作基本情况登记表

填报单位：　　　　　　　　　年度：

分类	行次	数量单位	合计	备注
一、档案工作人员	1	人		
专职	2			
兼职	3			
外聘	4			
参加过档案业务培训人员	5			

续表

分类	行次	数量单位	合计	备注
二、档案利用情况	6			
本年利用人次	7			
本年利用档案数量	8	件(卷)次		
三、编研档案资料	9			
种类	10	种		
字数	11	千字		
四、档案库房建筑面积	12	平方米		
五、档案室设备	13			
专用计算机	14	台		
空调机	15	台		
去湿机	16	台		
消毒设备	17	台		
其他	18	台		

单位负责人：　　　　填表人：　　　　联系电话：　　　　填表日期：　　年　　月　　日

表7.4填表说明如下：

（1）第一项：第1行 = 第2行＋第3行＋第4行。

（2）第三项："编研档案资料"之下的"种类"在"备注"项列出资料题名。

（3）第五项：如果有本表未列设备，在"其他"项位置填写其名称。

内报的统计报表一般为各项档案工作的详细信息统计，作为各项工作的统计台账，一般参照国家统计报表标准，根据工作需要自行编制单项的报表。例如，档案室室藏档案数量、档案借阅利用情况、本年编研档案资料、档案数字化等统计报表，具体栏目可详可简。具体内容可参考表7.5。

表7.5　综合档案室室藏档案统计表(　　年度)

序号	类目		永久	长期	短期	小计
1	文书类(件)					
2	业务类(卷)					
3	类(卷)					
4	会计类(卷)	报表				
		账册				
		凭证				
5	科技类(卷)					
6	特种载体类	照片(张)				
		光盘(张)				
		奖牌、奖杯(张)				
		印模(只)				
	合计	件(张、只)				
		卷				

填报单位(盖章)：　　　　　　　　　　　　　　　　　　　　年　　月　　日

表 7.5 填表说明如下：

（1）"会计类（卷）"的长期是指保管期限 25 年以内，短期是 15 年以内。

（2）"会计类（卷）"项中，保管期限为 25 年的会计档案统计数据填入"长期"项下，保管期限为 15 年（含 15 年）以下的会计档案统计数据填入"短期"项下。

各单位在填写报表时，要做到不漏项、不重报、字迹清楚、数据准确，年度、单位、类别代码、对应关系和统计指标单位准确无误。档案统计报表一律由单位负责人签字并加盖单位公章后以纸质版和电子版形式进行上报。

二、档案馆的登记和统计工作

档案馆是地方最终保存永久档案的地方，是为国家提供档案信息的中心。因此，档案馆要做好档案统计工作，并按规定和要求向同级和上级档案业务管理机关报送本馆的基本情况，为国家提供及时、准确的档案信息，为指导档案工作提供宝贵的资源。档案馆常规统计形式有如下四种。

1. 收进登记簿

收进登记簿，是指用来对档案馆所收进的档案进行最初统计的文件，它主要记录档案是在何种情况下、何时从何地接收多少数量的档案进馆的，准确记录了档案的接收情况。收进登记簿是按时间顺序登记所收进的档案。具体格式如表 7.6 所示。

表 7.6 收进登记簿

顺序号	收到日期	移交单位	接收材料依据	全宗名称	所属年代	数量		档案状况说明	全宗号	备注
						卷	米			

"顺序号"是依据进馆顺序编的流水号；"档案状况说明"一栏是简要说明档案整理情况、完整程度、档案主要内容等。

2. 全宗名册

全宗名册，是指用来统计档案馆保存档案的全宗数量，并固定全宗顺序号的登记表。具体格式如表 7.7 所示。

表 7.7 全宗名册

全宗号	全宗名称	案卷目录起止号	起止年代	档案数量		其 中		存放位置	初次入馆日期	移出说明
				卷	米	永久/%	长期/%			

全宗名册的填写中应注意以下问题：

（1）"全宗号"是全宗在档案馆的编号，一个全宗在档案馆中只对应一个编号。

（2）"全宗名称"是立档单位的名称，一般用全称。

（3）"案卷目录起止号"是案卷目录的顺序编号，如 1—10 号。

（4）"起止年代"是全宗内案卷所属的起止年代。

（5）"档案数量"分别用两种计量单位："卷""米"。

(6)"其中"栏中的"永久"和"长期"是所占的比例,是与档案总量的比值。

(7)"存放位置"是该全宗档案存放的库房号和架格号等。

(8)"初次入馆日期"即此全宗下此部分案卷初次移交进馆的时间。

(9)"移出说明"是在该全宗全部案卷被移出馆外时填写的。

3. 案卷目录登记簿

案卷目录登记簿是用来统计档案馆内各个全宗案卷目录的数量,固定案卷目录顺序号的表册。格式如表7.8所示。

表7.8 案卷目录登记簿

全宗号	案卷目录号	目录名称	所属年代	案卷数量	目录页数	目录份数	保管期限	移出说明	备注

登记方法是按不同的全宗分别进行登记的,每一个全宗内的目录编一个顺序号,不同全宗的目录不要编在一起。当一个全宗案卷全部移出时,应在案卷目录登记簿中注销,新编制的目录要补充进去。

4. 填写档案馆统计报表

依据《全国档案事业统计调查制度》的规定,各级各类档案部门负责数据的审核和上报,报告期别为年度报表,调查的起止时间为统计年度的1月1日—12月31日。国家档案局2019年制定的DA-2表《档案馆基本情况表》主要是将档案馆的机构数、定编、专职人员、馆藏情况、档案开放情况等上报。具体内容如表7.9所示。

表7.9 档案馆基本情况表

	表　号：	DA-2 表
单位名称：	制定机关：	国家档案局
单位类别代码：	批准机关：	国家统计局
统一社会信用代码：　　　　　　20　　年	批准文号：	国统制〔2019〕8 号
	有效期至：	2022 年 1 月

指标名称	计量单位	代码	数量
甲	乙	丙	1
一、机构数	个	1	
二、定编	人	2	
三、专职人员	人	3	
其中:女性	人	4	
文化程度	—	—	—
博士研究生	人	5	
50 岁及以上	人	6	
35—49 岁	人	7	
34 岁及以下	人	8	
硕士研究生	人	9	
50 岁及以上	人	10	
35—49 岁	人	11	
34 岁及以下	人	12	
研究生班研究生	人	13	

续表

指标名称	计量单位	代码	数量
甲	乙	丙	1
50 岁及以上	人	14	
35—49 岁	人	15	
34 岁及以下	人	16	
双学士	人	17	
50 岁及以上	人	18	
35—49 岁	人	19	
34 岁及以下	人	20	
大学本科	人	21	
50 岁及以上	人	22	
35—49 岁	人	23	
34 岁及以下	人	24	
大专	人	25	
50 岁及以上	人	26	
35—49 岁	人	27	
34 岁及以下	人	28	
高中(含中专)及以下	人	29	
50 岁及以上	人	30	
35—49 岁	人	31	
34 岁及以下	人	32	
专业文化程度	—	—	—
博士研究生	人	33	
硕士研究生	人	34	
研究生班研究生	人	35	
大学本科	人	36	
大专	人	37	
中专	人	38	
本年度接受档案业务在职培训教育	人次	39 40	
档案干部专业技术职务	—	—	—
研究馆员	人	41	
副研究馆员	人	42	
馆员	人	43	
助理馆员	人	44	
管理员	人	45	
四、馆藏情况	—	—	—
纸质档案	—	—	
全宗	个	46	
案卷	卷	47	
以件为保管单位档案	件	48	
总排架长度	米	49	
底图	张	50	
电子档案	GB	51	
数码照片	GB	52	
数字录音、数字录像	GB	53	
其他载体档案	—	—	—
照片档案	张	54	

续表

指标名称	计量单位	代码	数量
甲	乙	丙	1
录音磁带、录像磁带、影片档案	盘	55	
缩微胶片	万幅	56	
实物档案	件	57	
档案数字化成果	—	—	—
纸质档案	—	—	
案卷	卷	58	
	GB	59	
以件为保管单位档案	件	60	
	GB	61	
其他载体档案	—	—	—
照片档案	GB	62	
录音磁带、录像磁带、影片档案	GB	63	
其他	GB	64	
馆藏资料	—	—	—
纸质资料	册	65	
电子资料	GB	66	
馆藏档案历史分期	—	—	—
新中国成立前档案	卷	67	
	件	68	
明清以前档案	件	69	
明清档案	卷	70	
	件	71	
民国档案	卷	72	
	件	73	
革命历史档案	卷	74	
	件	75	
新中国成立后档案	卷	76	
	件	77	
档案编目情况	—	—	—
手工目录	本	78	
机读目录	—	—	
案卷级	万条	79	
文件级	万条	80	
国家重点档案抢救情况	—	—	—
应抢救档案总数	卷	81	
	件	82	
已抢救档案数量	卷	83	
	件	84	
本年度抢救档案数量	卷	85	
	件	86	
本年接收档案情况	—	—	—
纸质档案	—	—	
案卷	卷	87	
以件为保管单位档案	件	88	
底图	张	89	
电子档案	GB	90	
数码照片	GB	91	

续表

指标名称	计量单位	代码	数量
甲	乙	丙	1
数字录音、数字录像	GB	92	
其他载体档案	—	—	—
照片档案	张	93	
录音磁带、录像磁带、影片档案	盘	94	
实物档案	件	95	
档案数字化成果	—	—	—
纸质档案	—	—	—
案卷	卷	96	
	GB	97	
以件为保管单位档案	件	98	
	GB	99	
其他载体档案	—	—	—
照片档案	GB	100	
录音磁带、录像磁带、影片档案	GB	101	
其他	GB	102	
本年征集档案情况	—	—	—
纸质档案	—	—	—
案卷	卷	103	
以件为保管单位档案	件	104	
底图	张	105	
电子档案	GB	106	
数码照片	GB	107	
数字录音、数字录像	GB	108	
其他载体档案	—	—	—
照片档案	张	109	
录音磁带、录像磁带、影片档案	盘	110	
实物档案	件	111	
档案数字化成果	—	—	—
纸质档案	—	—	—
案卷	卷	112	
	GB	113	
以件为保管单位档案	件	114	
	GB	115	
其他载体档案	—	—	—
照片档案	GB	116	
录音磁带、录像磁带、影片档案	GB	117	
其他	GB	118	
本年销毁档案情况	—	—	—
纸质档案	—	—	—
案卷	卷	119	
以件为保管单位档案	件	120	
电子档案	GB	121	
其他载体档案	—	—	—
照片档案	张	122	
录音磁带、录像磁带、影片档案	盘	123	
接收寄存档案	卷	124	
	件	125	

续表

指标名称	计量单位	代码	数量
甲	乙	丙	1
五、档案开放情况	—	—	—
新中国成立前档案	卷	126	
	件	127	
新中国成立后档案	卷	128	
	件	129	
开放档案目录	—	—	—
案卷级	万条	130	
文件级	万条	131	
在线目录	—	—	—
案卷级	万条	132	
文件级	万条	133	
六、档案利用情况	—	—	—
本年利用档案	人次	134	
	卷(件)次	135	
利用目的	—	—	—
单位	—	—	—
工作查考	卷(件)次	136	
其他	卷(件)次	137	
个人	—	—	—
学术研究	卷(件)次	138	
权益维护	卷(件)次	139	
其他	卷(件)次	140	
政府信息公开查阅场所	个	141	
本年利用政府公开信息	人次	142	
	件次	143	
本年利用资料	人次	144	
	册次	145	
七、档案宣传情况	—	—	—
档案网站	个	146	
本年IP访问次数	次	147	
档案微信公众号	个	148	
推送数量	篇	149	
爱国主义教育基地	个	150	
本年举办档案展览	个	151	
基本陈列	个	152	
本年参观档案展览人次	人次	153	
本年编研档案资料	—	—	—
公开出版	种	154	
	万字	155	
内部参考	种	156	
	万字	157	
档案期刊出版情况	种	158	
年度出版	期	159	
八、档案馆基本建设情况	—	—	—
档案馆总建筑面积	平方米	160	
档案库房建筑面积	平方米	161	

续表

指标名称	计量单位	代码	数量
甲	乙	丙	1
后库面积	平方米	162	
档案业务技术用房建筑面积	平方米	163	
对外服务用房建筑面积	平方米	164	
本年度在建项目	—	—	—
新建	个	165	
改、扩建	个	166	
建筑面积	平方米	167	
档案库房建筑面积	平方米	168	
计划总投资额	万元	169	
累计完成投资额	万元	170	
本年度完成投资额	万元	171	
本年度竣工项目	—	—	—
新建	个	172	
改、扩建	个	173	
建筑面积	平方米	174	
档案库房建筑面积	平方米	175	
计划总投资额	万元	176	
实际完成投资额	万元	177	
九、馆内设施设备情况	—	—	—
缩微设备	台	178	
服务器	个	179	
安全防范系统	—	—	
视频监控系统	套	180	
温湿度控制系统	套	181	
火灾自动报警系统	套	182	
库房灭火系统	—	—	
气体灭火系统	套	183	
细水雾灭火系统	套	184	
十、数字档案馆	个	185	
十一、档案部门服务业事业单位财务情况	—	—	—
存货	万元	186	
固定资产原价	万元	187	
资产合计	万元	188	
负债合计	万元	189	
本年收入合计	万元	190	
事业收入	万元	191	
经营收入	万元	192	
本年支出合计	万元	193	
工资福利支出	万元	194	
商品和服务支出	万元	195	
取暖费	万元	196	
差旅费	万元	197	
因公出国(境)费用	万元	198	
劳务费	万元	199	
工会经费	万元	200	
福利费	万元	201	
对个人和家庭的补助	万元	202	

续表

指标名称	计量单位	代码	数量
甲	乙	丙	1
抚恤金	万元	203	
生活补助	万元	204	
救济费	万元	205	
助学金	万元	206	
奖励金	万元	207	
生产补贴	万元	208	
经营支出	万元	209	
销售税金	万元	210	
项目经费	万元	211	

单位负责人： 填表人： 报出时间：20 年 月 日

资料来源：国家档案局办公室关于2018年度《全国档案事业统计调查制度》报表填报工作安排的通知［EB/OL］.（2019-02-21）［2019-07-19］.http://www.saac.gov.cn/daj/tzgg/201902/8a9531f9f8f647cf87112092e083366b.shtml.

表7.9填表说明如下所示：

（1）本表由各级各类档案馆填报。

（2）统计指标间的关系：

① 各类文化程度人数＝对应的年龄人数总和，即5＝6＋7＋8；9＝10＋11＋12；13＝14＋15＋16；17＝18＋19＋20；21＝22＋23＋24；25＝26＋27＋28；29＝30＋31＋32；

专职人员＝各类文化程度人数总和，即3＝5＋9＋13＋17＋21＋25＋29。

② "馆藏档案"包括"本年接收档案"和"本年征集档案"的数量，即47≥87＋103；48≥88＋104；……64≥102＋118。

③ 馆藏档案数量＝各历史时期档案数量总和≥各历史分期开放档案数量总和，即47＝67＋76≥126＋128；48＝68＋77≥127＋129。

④ "馆藏档案历史分期"新中国成立前档案＝新中国成立前各历史分期档案数量总和，即67＝70＋72＋74；68＝69＋71＋73＋75。

⑤ "馆藏资料""档案编目情况"，即65、66、78－80均为截至填报年度的累计数字。

⑥ "国家重点档案抢救情况"应抢救档案总数≥已抢救档案数量≥本年度抢救档案数量，即81≥83≥85；82≥84≥86。

⑦ 本年利用档案数量＝各种利用目的档案数量总和，即135＝136＋137＋138＋139＋140。

⑧ 本年举办档案展览（个）≥基本陈列（个），即151≥152。

⑨ 档案馆总建筑面积（平方米）≥档案库房建筑面积（平方米）＋后库面积（平方米）＋档案业务技术用房建筑面积（平方米）＋对外服务用房建筑面积（平方米），即160≥161＋162＋163＋164。

⑩ 本年度竣工项目建筑面积（平方米）≥本年度竣工项目档案库房建筑面积，即174≥175。

档案统计工作是档案管理工作中一项重要环节，是各级各类档案事业管理机构为了掌握全国或某一地区、某一部门的档案工作基本情况而制定的统计制度，具有法规性质。每到年底或年初,各级档案行政管理部门都要下发通知,要求所辖各级各类档案馆、档案室填写上报,目的是对档案和档案工作的发展情况进行统计调查、分析,提供统计资料,实行统计监督。

任务三 档案利用与档案开放

◎ **知识目标**
- 掌握档案利用及档案开放的含义及关系。
- 明确档案利用工作的要求、档案开放的依据和流程等。

◎ **能力目标**
- 能够分析档案开放的程序及其工作要求。

◎ **思政目标**
- 培养学生依法开放、科学严谨的职业素养。
- 培养学生热心积极服务的敬业精神。

◎ **案例导入**

外交部档案向公众开放历程

第一批解密档案:

自2004年1月1日外交部第一次公开解密档案(1949—1955年期间档案)以来,中外人士均可到开放档案借阅处查阅自己感兴趣的解密文件。首批确定开放的1万多份档案,主要反映中华人民共和国成立初期,中国对外关系建立和发展的过程,其中有很多在当时是绝密的。

第二批解密档案:

2006年5月10日起外交部将1956—1960年解密档案开始向社会开放。开放档案共25651件,59345页,主要是外交部在工作中形成的各类请示、报告、谈话记录、来往电报以及照会、备忘录等外交文书。

第三批解密档案:

2008年11月12日,第三批解密档案开始开放,解密的档案数量是前两批的总和,开放比例也达到70%,接近国际标准。第一批档案解密工作完全靠手工完成。在第二批档案解密工作中,所有档案都事先扫描进电脑。

档案是研究历史的重要依据。档案的解密,往往成为史学创新的契机。以前外交档案开放利用是有顾忌、有局限的,而且利用手续烦琐、严格;现在只要出示有效证件即可,非常方便。外交档案的开放利用是符合当时《档案法》和《档案法实施办法》相关规定的,档案自形成之日起满三十年向社会开放,但涉及国防、外交、公安、国家安全等国家重大利益的档案,经上一级档案行政管理部门批准,可以延期向社会开放。最新的《档案法》已将开放时间缩短为25年。

▶ 任务训练

活动目标

通过网络或实地调查,了解我国档案法规关于档案开放与公布的相关规定,并能根据档案开放利用的要求对具体利用行为进行判断。

活动组织

根据情况灵活分组调查并讨论。

活动内容与要求

(1)学生分组实地调查了解我国档案法规关于档案开放与公布的相关规定,讨论其具体程序及注意事项。

(2)上网登录我国各级各类档案信息网站,了解档案开放利用现状,每组代表总结分析。

情景剧 7.1
档案借阅利用

▶ 理论支撑

一、档案利用工作

档案利用工作,是指档案馆(室)通过一定方式使档案资料直接为利用者利用的一项服务工作。档案利用工作是档案管理工作的重要环节,也是实现档案价值,发挥档案作用的途径。

(一)档案利用工作的内容

档案利用工作的基本内容包括了解和熟悉馆(室)藏档案信息的内容和成分、各种档案检索工具的使用方法;分析和预测社会对档案信息的需求特点,把握档案利用需求的发展规律;向档案利用者介绍和报道馆(室)藏中相关档案信息线索,积极开展档案咨询服务;向档案利用者提供他们所需要的档案文献等。

(二)档案利用工作的地位

档案利用工作是档案工作为社会服务的直接手段,在档案工作中占有突出地位。这主要表现在以下两个方面:

第一,档案利用工作代表整个档案工作的成果直接与各行业发生信息传递、文献供应和咨询服务关系,集中地体现了档案工作的方向和作用。档案利用工作的效果,是衡量档案馆(室)业务的开展程度、工作好坏的主要标志。

第二,档案利用工作在一定程度上体现了社会或单位利用档案的现实需要,对整个档案工作具有一定的检验和推动作用。具体表现有以下三点:(1)由于档案利用工作的开展,必然向档案工作本身其他环节提出相应要求,促进这些工作环节的开展和提高。(2)通过档案利用工作的实践,可以获得有关档案管理的反馈信息,能比较客观地发现其他环节工作的优劣,有利于扬长补短,不断提高管理水平。(3)档案利用工作与广大利用者有着千丝万缕的联系,做好档案利用工作是对档案工作最有效的宣传,能够引起各方面对档案工作的重视。

(三)档案利用工作的要求

1. 明确服务方向,端正服务态度

档案工作的服务性集中表现在档案利用工作上。要做好档案利用工作,首先要服务方向明确,服务态度端正。在明确了服务方向以后,档案工作人员还必须具备坚定的服务思想和良好的服务态度,才能做好档案利用工作。

2. 熟悉档案,了解和研究利用者的需要

熟悉档案,就是熟悉"家底",主要是熟悉馆(室)藏档案材料的情况,包括内容、范围、存放地点、完整情况和作用等。

了解和研究利用者的需要,就是做好档案提供利用的预测工作,即对一定时期内可能会大量利用档案的类别、内容有一个预测性估计。例如,摸清公司利用档案的规律,了解公司人员和各部门需要利用的内容和要求;平时注意调查了解,把握需求,保证为利用者提供及时准确的档案,做到"有备无患"。

3. 有计划、有重点地编制必要的检索工具和参考资料

了解利用者的需要后,档案管理部门要有计划、有重点地编制必要的检索工具和参考资料,以保证档案利用。编制检索工具要避免盲目性、随意性,应按计划进行编制,重要的、急需的先编,否则会错过档案被利用的机会。

4. 建立查(借)阅制度

查(借)阅制度主要包括查阅手续,摘抄、复印范围,清点、核对手续,查阅注意事项等。例如,借阅和查阅,必须严格审批、办理登记手续;查阅人严禁拆卷带走,涂改内容,勾画字句,折叠档案,在查阅时,严禁吸烟、喝水,以防档案烧毁或受潮,应确保档案完整无损;未经批准,不得擅自摄制、翻印、复印和随意转版篡改、公布档案内容;外单位人员需借阅、查阅档案时,必须持有关单位的证明进行身份登记,且由领导批准,方能借阅和查阅档案。

5. 正确处理档案利用和保密工作之间的关系

做好档案利用工作和做好档案保密工作都是为了合理发挥档案在国家各项事业中的作用,两者的出发点是一致的。在开展档案利用工作时,既要积极提供档案为各项工作服务,又要坚持保密原则。因此,何时可以开放什么档案、何时不宜开放什么档案,都必须根据档案的具体内容和国家利益的需要来认真审定和严格掌握。既要消除"利用危险,保密保险"的观点,也要警惕历史档案"无密可保"的思想。

第一,保密不是不准利用,只是将档案利用限制在一定范围之内。利用与保密,从根本上讲,两者是一致的,都是为了合理地发挥档案的作用。保密的目的,也是为了更好地利用。

第二,保密是动态的,即现在的机密随着时间推移与主客观条件的变化,将来可能降密解密。一般来说,档案机密程度与保存时间成反比例关系。随着保存的时间的增加,档案的机密程度不断降低。因此档案工作人员要根据社会的变化和需求及时解密。

总之,在具体处理档案利用和档案保密工作之间的关系时,要深入审查档案的内容,根据时间的推移,地点和条件的变化,调整档案的密级,逐步扩大利用范围,更好地发挥档案的作用。

二、档案开放工作

向社会开放档案是我国档案利用工作的一项重大改革,对档案事业有着极其重要的现实意义和深远影响。国家档案局相继制定和颁布了一系列法规文件,对开放的档案范围、利用方法等做了详细的规定,我国开放档案的步伐越来越大。

(一)开放档案的含义

开放档案就是将一般可以公开的和保密期满的档案,解除"封闭",向社会开放,允许利

用者在履行简便的手续后,通过一定的方式进行利用。

《档案法》第二十七条规定:"县级以上各级档案馆的档案,应当自形成之日起满二十五年向社会开放。经济、教育、科技、文化等类档案,可以少于二十五年向社会开放;涉及国家安全或者重大利益以及其他到期不宜开放的档案,可以多于二十五年向社会开放。国家鼓励和支持其他档案馆向社会开放档案。"

国家鼓励档案馆开发利用馆藏档案,通过开展专题展览、公益讲座、媒体宣传等活动,进行爱国主义、集体主义、中国特色社会主义教育,传承发展中华优秀传统文化,继承革命文化,发展社会主义先进文化,增强文化自信,弘扬社会主义核心价值观。

当然,档案开放也不是无条件的到期开放,档案开放的具体办法由国家档案主管部门制定,报国务院批准。涉及国家安全或者重大利益以及其他到期不宜开放的档案,可以多于二十五年向社会开放。

档案馆应当通过其网站或者其他方式定期公布开放档案的目录,不断完善利用规则,创新服务形式,强化服务功能,提高服务水平,积极为档案的利用创造条件,简化手续,提供便利。单位和个人持有合法证明,就可以利用已经开放的档案。档案馆不按规定开放利用的,单位和个人可以向档案主管部门投诉,接到投诉的档案主管部门应当及时调查处理并将处理结果告知投诉人。

开放档案创造利用条件,各地各级档案馆要积极编研档案参考资料,并通过各种渠道,例如,新闻媒体、网络、报纸等,定期公布开放档案的目录,及时地让利用者明确开放进度和内容。

(二)开放档案的意义

1. 开放档案有利于社会进步

开放档案,向社会提供更多的档案信息服务,可以有效地推动社会各项建设事业的发展,繁荣社会主义的科学文化。开放档案也是广大利用者的基本要求,体现了公民的民主权利。我国公民不但有为国家积累和保管档案的义务,同时也有享受利用档案信息资源的权利。开放档案真正有利于实现公民的这种民主权利。

2. 开放档案是现代档案馆自身发展的一项重大措施

开放档案,能够使档案馆由封闭型、半封闭型向开放型的方向转变,真正成为社会各方面开发利用档案史料的中心,也是我国档案管理工作中心由保管向利用转变的体现。开放档案,可以使社会认识到档案的利用价值,从而为档案馆的事业发展创造良好的外部环境条件。

3. 开放档案可以促进档案馆的各项业务建设

各级国家档案馆,通过开展开放档案工作,能够发现其他各项档案管理业务工作的缺点与不足,从而有利于改进其他各项业务工作的质量。开放档案,改变了过去不适当的馆(室)藏结构及收集工作的政策,对档案文件的立卷方法、整理方法提出了新的要求,转变了检索工具单一、检索效能低的局面。同时,也促进了档案利用工作及档案编研工作的发展。

(三)开放档案的依据

1. 理论依据

档案作用理论和档案价值理论,是开放档案的基本理论根据。档案的作用作为一种关系范畴,只有在档案利用实践中才能实现。档案发挥作用的规律性认识,是开放档案的重要依据之一。在档案利用实践中,档案管理部门应自觉地根据档案利用价值实现的程度、档案机密性的变化,合理地组织和开展档案开放工作。

从信息论角度看,档案的内容与载体均为信息源,档案的利用价值主要是指档案信息对利用者有用程度的量度。它既是绝对的又是相对的,是绝对与相对的对立统一。一方面,同样的档案对于不同的利用者可能有不同的价值;同样信息量的档案文件,对不同的利用者也不一定有相同的价值。另一方面,档案利用价值是客观的、绝对的,对任何利用者它都具有相等的数值。开放档案,有利于实现馆(室)藏档案的充分利用。这是因为它使更多的利用者参与利用档案的实践,从而使档案的利用价值(即各种有用性、有益性)在满足利用者需求过程中,客观地呈现出来,为社会创造更多的文化财富和物质财富。

2. 实践依据

实践表明,开放档案不仅促进了档案提供利用工作的开展、提高了档案信息资源的开发利用水平,而且带动和促进了其他各项档案业务建设工作的开展,特别是给馆(室)藏档案的质量和数量、档案整理的质量、编目与检索的质量等,提出了新的、更科学的标准和要求。开放档案使公民认识到利用档案信息资源的权利,提高了整个社会的档案意识水平。

3. 法律依据

《档案法》《档案法实施办法》《档案馆工作通则》《各级国家档案馆开放档案办法》等法律法规都有开放档案的规定和要求,它们是各级各类国家档案馆实行开放档案政策、从事开放档案实践活动的重要法律依据。

(四) 档案开放的标志、条件和流程

1. 档案开放的标志

(1) 开放档案与受控档案已经分开,并编制有开放目录。为了开放利用的方便,档案馆要将开放档案与不宜开放的档案分开,各自编目。开放档案与受控档案的界限要标记清楚。

(2) 档案开放的范围与数量已经过同级党政领导机关正式批准,并向社会发布了开放档案的信息。档案开放的范围与数量是多少,要经过同级党政领导机关正式批准后才可以向社会公布,档案馆不可随意决定。档案馆应根据《中华人民共和国保守国家秘密法》和国家档案局、国家保密局发布的《各级国家档案馆馆藏档案解密和划分控制使用范围的暂行规定》,制定档案控制使用范围。

(3) 在接待对象和接待手续方面已符合法规要求。接待对象和接待手续方面,按照《档案法实施办法》的有关规定进行。

(4) 已采取不同的形式向社会开放档案。可采取以下便于公众知晓的方式:

① 通过政府信息公开场所、政府公报等广而告之;
② 通过报纸、电台、电视台刊发、播放;
③ 通过公众计算机信息网络、政府网站传播;
④ 通过新闻发布会发布或其他形式宣读、播放;
⑤ 出版发行档案目录、原文或摘录汇编;
⑥ 公开发放档案目录、档案复制件;
⑦ 展览、公开陈列档案或其复制件。

2. 档案开放的条件

(1) 要有一定数量的档案和必要的阅览条件和复制设备。各级各类档案馆(室)要积极地了解社会需求,做好档案的收集和征集工作,丰富馆(室)藏,优化档案馆(室)藏结构。一定数量的档案,尤其是满足社会需要的档案是开放利用档案的基础和前提。档案馆(室)还要具备必要的阅览条件和复制设备,这是开放利用档案的基本物质条件。

(2) 档案已经过整理编目。开放档案应经过鉴定,并通过安全保密审查。同时开放利用的档案必须经过系统的整理,编成开放档案目录,供利用者利用。档案管理部门要及时地审查馆(室)藏档案的保管期限和密级,适时解密,确定开放档案的范围和数量,并及时将其整理,独立编撰成目录,以方便利用。

(3) 要有开放档案的规章制度。开放档案是一项严肃而细致的工作,必须有严格的规章制度做保证。各级各类档案馆(室)要依据《档案法》《档案法实施办法》《各级国家档案馆开放档案办法》等有关规定,结合实际情况,制定相关的实施细则以及其他规章制度。例如,定期审查密级制度和开放办法、开放档案的利用办法、开放档案的公布等,这些规章制度为开放利用档案提供了保障。

(4) 要正确处理好开放与保密的关系。正确处理好开放与保密的关系,明确档案开放的范围,是开放档案的基本要求。开放档案并不是无条件地敞开门户,不受任何限制。档案本身就有一定的保密性,档案管理部门在开展档案开放利用工作时,还必须注意档案的保密工作,把握好开放的"度"。

3. 档案开放的流程

最大程度地满足社会对档案开放利用的需求,保障公民、法人和其他组织档案利用权益,维护国家安全、公共安全、经济安全和社会稳定,保护知识产权和个人隐私。涉密档案提前开放,档案馆(室)应向档案形成单位提出提前解密的要求并征得同意。捐赠、寄存档案的开放,应征得捐赠、寄存者或其合法继承者的同意,且不损害第三方利益。

档案开放的流程如下页图7.6所示。

(五) 开放档案的公布

公布档案,就是将档案或档案的特定内容,通过某种形式首次公之于众。《档案法》第三十二条规定:"属于国家所有的档案,由国家授权的档案馆或者有关机关公布;未经档案馆或者有关机关同意,任何单位和个人无权公布。非国有企业、社会服务机构等单位和个人形成的档案,档案所有者有权公布。公布档案应当遵守有关法律、行政法规的规定,不得损害国家安全和利益,不得侵犯他人的合法权益。"

例如,2003年××大学历史专业的研究生在做毕业论文的过程中,到××省档案馆查阅了几个月的材料。他如饥似渴地翻阅着一摞摞很有价值的案卷,还抄录了十多份中华人民共和国成立以前形成的有关中共统一战线方面的从未公开过的档案资料,并用数码照相机照了下来。不久他向某杂志社展示了他的"宝贝",杂志社编辑立即开辟专栏公布了这个研究生以个人名义提供的"新发现"。

但是,研究生和杂志社的做法不符合我国档案公布的程序。事后,档案馆和档案局经过调查核实,认定该研究生和杂志社的上述行为属于未经许可擅自公布档案的违法行为,依据《档案法》和《档案法实施办法》,分别对研究生和杂志社处以800元和1万元的处罚。

档案利用工作是档案整体工作中最活跃的一环,利用工作做得好会对档案工作的其他环节起到一定的推动作用。但是,由于档案与其他信息不同,具有一定的机密性,所以档案部门在开展利用工作时,应注意依法把控。

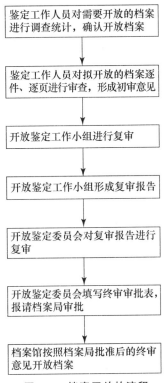

图 7.6　档案开放的流程

任务四　传统档案利用方式与电子化服务

▶ **知识目标**
- 通过学习，了解档案室或档案馆档案利用的服务方式及操作办法。

▶ **能力目标**
- 能够分析和判断档案利用服务方式以及其工作要求。

▶ **思政目标**
- 培养学生创新开拓的职业精神。
- 培养学生热心积极服务的敬业精神。

▶ **案例导入**

　　××公司档案部门工作人员向小叶反映，很多借阅档案的公司员工不及时归还档案，严重影响了他人的利用。而且，有的人虽然归还了档案，但由于其不注重保护，有的档案出现了褶皱。小叶通过调查，了解到很多借阅档案的人其实只需利用几分钟就可以解决问题，但由于档案室较小，不方便查阅，于是就把档案带回去看，一旦带走，就不记得还了。针对这种状况，小叶向上级领导申请了一间阅览室供借阅人员使用，并组织档案工作人员制定了档案借阅制度、档案催还制度，保证了档案的按时还归。

小叶的做法非常好，设置阅览室供借阅人员使用，不但保护了档案，而且也保证了档案利用工作的开展。档案室阅览是档案利用服务的基本途径之一，此外还有档案外借服务、档案展览与陈列服务、制发档案复制件服务等，以及档案电子化服务。其中，档案电子化服务是档案管理部门今后的服务方向。

▶ 任务训练

活动目标

通过网络或实地调查，了解档案利用的服务方式。

活动组织

根据情况灵活分组调查，对具体案例进行讨论。

活动内容与要求

（1）学生分组实地调查了解某单位档案室或地方综合档案馆开展档案利用工作的途径，讨论比较每种方式的具体要求及注意事项。

（2）上网登录地方档案信息网，了解电子化信息服务现状，每组代表总结分析。

▶ 理论支撑

档案利用工作是档案管理工作的根本目的，是检验档案管理工作成绩的一个指标，也是档案价值实现的途径。因此，各级各类档案馆（室）都积极开展档案利用工作，发挥档案的价值。档案利用工作主要包括提供利用的方式以及各自具体要求等。档案利用的具体方式是多种多样的，根据档案馆（室）的档案利用形式和特点，档案利用服务方式可以分为：档案阅览服务、档案外借服务、档案展览和陈列服务、制发档案复制件服务、制发档案证明服务、档案咨询服务以及档案电子化服务等。其中前六种为传统档案利用服务方式，后一种档案电子化服务是数字化时代兴起的新型档案服务方式

一、传统的档案利用服务方式

（一）档案阅览服务

档案阅览服务，是指档案馆（室）在特定的场所，开辟阅览室，向利用者提供档案信息的一种服务方式。这是最常见的也是最安全的档案利用方式。

档案是历史记录的原始材料，一般多是单份、孤本或稀本，有的内容具有一定的机密性，这些特点决定了档案一般不宜外借。档案馆（室）收藏的档案，又不能也不必要全部复制多份广为传递，而应主要采取馆（室）内阅览的方式。

建立阅览室接待利用者的方式优点很多。例如，设有专门的设施，便于保护档案的安全，避免丢失；有专人进行监护和咨询，既便于档案的保护和保密，也能为利用者提供较好的阅览条件；可以提高档案的周转率和利用率，避免因一人借出档案馆（室）外而妨碍他人利用；便于了解和研究档案利用的情况，从而改进和提高档案利用工作。

通过开设阅览室，直接提供档案原件或复制件借阅。这种方法，在企业事业单位被广泛使用。阅览室是联系档案的保管者和利用者的纽带，是档案管理工作发挥作用的主渠道。档案阅览服务一般要做好以下三个方面的工作：

（1）阅览室配备必要的设施。阅览室要求明亮、宽敞、安静、舒适、清洁和方便。一般面积不宜太小，应设有服务台、阅览桌、检索工具、目录与资料柜、计算机、监控设施和存物处等设施。阅览桌以无抽屉为宜，以便于管理人员进行必要的监管。为方便利用，档案工作人员

还应准备一些工具书以及与所藏档案密切相关的参考材料,例如,地方历史、政治、经济、文化等方面的资料,以备利用者查阅参考。

(2) 建立必要的规章制度以维护阅览室的秩序和档案的安全。阅览室需要张贴必要的规章制度,让利用者明确开放利用的要求。开放制度内容包括：阅览室接待对象,档案材料的阅览范围、批准权限和入室手续,档案索取和归还手续,以及利用者应爱护档案的若干具体规定等。

(3) 档案工作人员要态度热情、业务水平高。档案工作人员在接待利用者时要热情大方,急利用者所急,主动为利用者分析和提供需要查阅的档案；档案工作人员的业务水平要高,熟悉档案馆(室)藏档案的内容,有扎实的基本功。例如,档案工作人员要熟悉各种检索工具的使用,保证快速地为利用者服务,节约查阅时间；还要认真负责,注意借出和收回档案时,检查档案材料的情况,及时登记,以维护档案的安全与完整。

(二) 档案外借服务

档案外借服务,是指档案馆(室)为满足某些以档案原件或副本作为证据的利用需求,按照一定的制度和手续,暂时将档案借出档案馆(室)外阅览、使用的一种服务方式。

情景剧 7.2
档案事务处理

档案馆的档案一般不借出馆外使用,在个别情况下,为照顾某些工作岗位的特殊需要或必须用档案原件等特殊需要,才可以将档案暂时借出馆外。在企业内部,档案携带出档案室使用,包括到科研、生产一线现场的情况相对较多。但特别珍贵和易损的档案,是禁止借出的。例如,档案室将档案原件外借给本单位的领导和有关业务部门的情况比较多,如果有必要,档案室还可采取"送卷上门"的主动服务方式,充分发挥档案的作用。

为了便于掌握档案流动情况和进行安全检查,档案被借出时,应做好借出记录,可以填制代卷卡放在档案原来存放的位置上,借出的档案归还后再将代卷卡撤出。当然,档案的外借利用必须建立健全有关的制度。例如,在借阅手续和借阅时间、利用权限和借阅数量上都有严格规定。一般借阅时间不宜过长,要经过严格的借阅审批手续方能外借,借阅档案数量一次不宜过多。借阅的单位和个人应对所借出的档案材料负责,不能私自转借他人、不能擅自摘录、复制和翻印,更不能遗失、篡改和污损档案原件,应按期交还档案。档案工作人员在回收档案时要认真检查,确保外借档案完好无损。

总之,档案外借服务是从利用者的角度出发,本着方便利用而开展的一种利用服务方式,在档案外借时,档案馆(室)一方面要本着方便服务的原则,另一方面又要严格管理,确保档案在外借利用时的安全。

(三) 档案展览与陈列服务

档案展览与陈列服务,是指根据某种需要,档案馆(室)按照一定的主题展出档案原件或其复制品,系统地揭示和介绍档案馆(室)藏中有关档案的内容与成分的一种服务方式。其有综合性和专题性展览两种。

档案展览与陈列服务的作用表现在以下两个方面：

第一,有利于档案宣传,提高社会档案意识。经过精心选择和组织展出陈列的有代表性的、典型的档案信息材料,能够以其原始性、真实性和鲜明形象给参观者留下深刻的印象,起到生动的宣传教育作用；而且档案展览与陈列可以展示档案馆(室)藏档案内容之丰富及档案的特殊作用,引起人们的注意和兴趣,同时也对国家建设和发展档案事业进行了宣传,进而引起人们对档案和档案工作的进一步重视,增强档案意识。

第二,有利于广泛发挥档案的作用。举办档案展览与陈列本身就是一种提供利用的方式,而且这种形式能在一定时期、一定范围内满足较多观众的参观要求,服务面广泛,这种形式会使档案的宣传教育作用得到充分发挥,取得其他任何形式都达不到的广泛、深刻、生动的效果。参观者可以从中得到较为集中的系统的档案信息内容与线索,甚至发现从未见过的、难得的珍贵史料信息。

档案馆(室)举办档案展览与陈列,要注意突出档案的思想性、科学性、业务性和艺术性。为达到满意的效果,首先,档案馆(室)要选好展览主题,然后精心选取和组织材料,档案馆(室)根据自身的条件,可在馆(室)内设长期的展览厅(室);也可平时配合地方或单位重点工作和重大活动,根据具体情况举办特定类型的档案展览会。例如,历史档案展览会、革命历史档案展览会、各种纪念活动;配合单位工作,举办各种小型的展览会,例如,科研成就或工作成果展等。

其次,要对入选档案进行合理分类,编写前言、各部分标题、提要和介绍。围绕主题挑选档案,是组织展览过程中最重要的一环。档案展览内容的思想性、科学性和展出的效果如何,往往取决于展出档案的内容和种类,要选择有价值和有意义的材料,特别是能正确反映历史事件、提示事物本质的材料。

最后,还必须注意档案的保护和保密工作。对于机密档案,档案馆(室)要严格按照事先确定的范围组织参观。展出的档案一般都用复制品。必须展出原件时,应采用透明装置进行保护,以防止档案的遗失和损坏。

(四) 制发档案复制件服务

制发档案复制件服务,又称复制供应,是指档案馆(室)根据利用者的合理需要,以档案原件为依据,通过复制等手段,向利用者提供档案复制件的一种服务方式。

根据档案原件制发各种复制件,是开展档案利用工作的一种重要方式,主要包括内供复制和外供复制。

档案复制件,根据利用者的不同需要,分为副本和摘印两种。副本反映档案原件的所有组成部分,摘印是只复印档案原件的某些部分。

制发档案复制件服务具有较多的优点。一方面,利用者可不必亲自到档案馆(室)即可获得所需要的档案材料,既方便利用者,又可在同一时间内满足较多利用者的需要;既可以提高档案利用率,又可缓解供需矛盾,使档案更充分地发挥作用。另一方面,有利于档案原件的保护和流传。

由于现代复印和摄影技术的快速发展,尤其是复印机和智能手机的广泛应用,有可能使复制件数量失控,造成多处多份复制,随意公布档案的事情发生,不利于档案保密和维护技术产权等方面的权益。为此,档案工作人员必须对档案复制件制发范围和批准权限进行严格管理规定。

(五) 制发档案证明服务

档案证明,是指档案馆(室)根据机关、团体或个人的询问和申请,为核查某种事实在馆(室)藏档案中的记载情况(有无记载和如何记载)而摘抄编写的一种书面证明材料。在社会生活中,有些机关、企业事业单位或个人,为处理和解决问题往往需要档案管理部门提供证明材料。例如,公安、司法、检察部门在审理案件过程中需要证明材料;个人在确认工龄、学历、职称等方面需要证明材料等。

制发档案证明的过程和手续为:利用者提出申请—领导审查批准—查找材料—综合编写—校对—寄发。档案证明必须根据机关、企业事业单位或个人的申请才能制发,申请书中应写明申请发给档案证明的原因、所要证明的事件及其发生的时间、地点等情况。领导审查批准,主要是看其申请的理由是否充分、所需档案有无密级和能否供利用者使用、本馆(室)有无职权和能力制发档案证明等。

承担制发档案证明任务的档案工作人员,在接受任务后,应根据立档单位、时间、人物、内容、地点等线索查找档案材料,综合编写证明材料的内容,并在仔细校对的基础上,写明本馆(室)名称、档案证明编号、制发日期、制发人和材料出处,最后经领导审批后加盖档案馆(室)专用印章发出。

档案证明的编写要求有如下四个方面:

(1)档案证明应根据档案正本来编写。没有档案正本,应根据可靠的副本或抄本来编写。只有在既没有可靠副本又没有可靠抄本的情况下,才可根据草案、草稿编写,但应在证明上加以说明。

(2)档案证明必须客观引述材料。档案馆(室)制发档案证明,只是向利用者证实某种事实在本馆(室)的档案中有无记载和如何记载的,不是对该事实直接下结论。因此,档案工作人员在编写档案证明时,应以客观引述和节录档案原文为主要方法,不能擅自对材料进行解释。

(3)无论根据什么材料编写,均应在档案证明上注明材料的出处和根据。

(4)档案证明的文字要确切、明了,要限定其内容范围,不得超出申请证明问题的范围而列入其他材料。证明填写好后,必须加盖公章,这样拟写的档案证明才能生效。

(六) 档案咨询服务

档案咨询服务,是指档案馆(室)答复利用者的询问,指导其使用档案信息资源的一种服务方式。利用者在使用档案的过程中,可能会遇到许多疑难问题,要求档案工作人员帮助解决。

(1)档案咨询的种类。利用者提出的咨询问题多种多样,因而档案咨询的种类也很多,可以从不同角度进行划分。

① 按内容性质,档案咨询分为事实性咨询、指导性咨询与检索性咨询。事实性咨询,是指档案馆(室)解答利用者关于特定的事项或数据的询问。例如,关于特定事件、会议、人物、文件的相关事实与数据的询问。指导性咨询,是指档案馆(室)对利用者在查阅档案资料时发生的疑难问题进行指导服务。例如,指导利用者掌握查找所需档案资料的方法,了解和把握各种检索工具的特点及使用方法,解答利用者在使用档案文件过程中出现的历史知识等方面的询问。检索性咨询,是指档案馆(室)根据有关利用者的使用需求,对已经确定的工作、科研或生产等活动,主动地提供有计划、有组织的档案情报(包括相关的事实、数据、目录信息等)咨询服务。这种咨询不要求档案工作人员对档案文件进行分析、研究,而只需要他们根据馆(室)藏档案及资料上已有的事实或数据记录情况与他们确知的客观事实,回答利用者的询问。

② 按难易程度,档案咨询分为一般性咨询和专门性咨询。一般性咨询,是指档案馆(室)针对利用者提出的关于馆(室)基本情况、档案利用的规章制度、馆(室)藏档案的种类及内容成分等方面的询问所进行的一般性解答服务。专门性咨询,是指档案馆(室)根据对有关档

案文件的分析研究结果,解答利用者关于特定档案文件的研究价值、文件中记载事实或数据的真实性与可靠性、文件中某些术语的含义以及有关专题档案文件的范围等方面的询问。

③ 按咨询形式,档案咨询分为口头咨询和书面咨询。口头咨询,是指档案馆(室)的档案工作人员以口头解答或电话答复等方式,回答利用者在查阅、使用档案文件活动中的有关难题的一种咨询服务。书面咨询,是指档案馆(室)的档案工作人员以正式的书面材料形式,解答利用者提出的有关档案、档案目录、档案机构等方面的询问。

(2) 档案咨询服务的步骤。

① 接受咨询问题。档案馆(室)首先要审查核实利用者询问有关问题的目的、内容、范围及需要解答问题的程度,以便选择咨询服务的具体方式与途径。在审核利用者所咨询的问题及具体要求时,要弄清本馆(室)有无解答询问的档案材料和承担咨询任务的能力。凡尚未搞清楚的咨询问题,档案工作人员不可贸然解答,而应进一步询问清楚,以免出现无效劳动或答非所问等情况。对于比较复杂的咨询问题,档案馆(室)不能即刻解答的,可让利用者先填写档案咨询登记表,注明咨询的题目、咨询的内容等事项,以便在分析、研究后再进行反馈。对于利用者提出的问题档案工作人员都要处理、解答,不可无回音,如果所咨询的内容超过业务范围而应由其他机构、单位来办理的,或涉及国家机密的,或属于个人或家庭不应公开的,可直接向利用者说明情况,婉言谢绝解答。

② 分析咨询问题。接受咨询问题后,档案工作人员要进行较为深入细致的分析、研究,确定要查找档案文件的范围,做好查找档案文件的相关准备工作。在接受了较大型的档案咨询问题后,档案工作人员和有关的专业工作人员还应共同分析研究,协作制订切实可行的工作方案,以便使咨询服务活动有计划、科学地进行。

③ 查找档案材料。根据档案咨询问题的分析研究结果,即确定的查找档案文件的范围,选定档案检索工具,明确解决问题的方法和途径,并据实查找有关的档案材料。

④ 答复咨询问题。答复咨询问题的具体方法和形式主要有:为利用者直接提供有关咨询问题的答案,如按利用者要求提供有关事实、数据,介绍检索工具的使用方法;为利用者提供相关档案的信息线索,如文件的责任者、形成时间、档号、文件字号;对于无法确定准确答案的咨询问题,也可以为利用者提供选择性的答案或档案资料,由利用者决定取舍等。

⑤ 建立咨询档案。对已经答复的或未能答复的咨询问题,档案馆(室)应有目的地建立相应的咨询档案。凡是具有长远的重要保存价值的,或者今后有可能重复出现的,以及未能解答的咨询问题材料,包括各种咨询服务记录、反映解答咨询问题过程及其结果的材料等,均应归档保存。

二、档案电子化服务

档案电子化服务是在计算机发展的形势下发展起来的一种新型利用方式,是档案管理部门利用电子化办公设备和现代通信技术,向利用者提供非纸质载体的数字化档案。它是现代网络办公和办公自动化环境下的趋势和要求。

档案电子化服务的优点很多,可提供多媒体信息;可将文字、声音、图像结合起来;使利用工作更高效方便;可通过多媒体的超文本技术,将计算机存储、表现信息的能力与人脑筛选信息的能力结合,提高检索效率;能够提供超时空、全方位的信息服务。

档案电子化服务的方式与纸质档案服务方式不同,很多情况下是通过网络满足异地利用的需要,而不是集中在档案阅览室的利用。与纸质档案的利用相比,档案电子化服务利用更快捷、更方便。

(一) 档案电子化服务前的准备

(1) 各类档案信息数据库的建立。这是档案电子化服务的基础工作。档案管理部门根据社会和单位内容的现实需求,对纸质档案数字化处理,对相关已有电子档案进行筛选整理、分类存储、转换链接等工作,建立各类档案信息数据库,有效地实现多途径的档案信息电子化检索和查询。

(2) 档案馆(室)网站等平台的建设与维护。档案管理部门要以电子政务或者单位OA平台为基础,进一步加快档案信息网络资源数据建设与嵌入,尤其是电子文件目录和全文数据库建设,在网络上实现电子文件的实时查询与利用服务。

(3) 计算机网络技术、大数据等技术娴熟的专业档案人才队伍的组建。档案电子化服务涉及许多传统档案利用服务从未遇到的难题,服务的环境、处理文件的方式等均发生了变化,传统的档案专业人员不能满足互联网环境下档案电子化服务工作的开展,因此档案管理部门可通过引进或培养的方式积极组织技术力量,实现原档案查阅系统的升级与维护,查阅流程的优化,方便利用者利用网络异地查档。

(二) 档案电子化服务的方式

档案电子化利用主要是利用电子计算机软件平台来开展的,计算机是利用者的有效工具。对于档案管理部门来讲,提供电子化档案信息的方式主要有计算机系统直接查询、提供存储载体的拷贝、通信传输和网络服务。

1. 计算机系统的直接查阅服务

计算机系统的直接查阅服务,是指利用者到档案馆(室)利用电子检索系统直接查询电子档案数据库的利用方式。条件是档案馆(室)有电子档案数据库、先进的软硬件设备(如恢复、处理和显示电子档案的设备)和利用权限的限定,以确保档案信息的安全。特点是可为利用者直接提供技术支援,同通信传输相比,能减少大量的管理工作等。

2. 提供存储载体的拷贝服务

提供存储载体的拷贝,是指档案馆(室)直接向利用者提供所需档案信息的拷贝服务,一般拷贝载体多为只读式光盘(CD-ROM)等。值得注意的是,当复制拷贝件时,一定要将电子档案转换成通用的、标准的存储格式,这样利用者可以在自己的软硬件平台自行利用,否则利用者就无法打开使用。此外要注意拷贝件的管控,因为提供拷贝件必然带来利用时间和地点的分散,很容易造成电子档案信息的无原则的散失,所以在提供拷贝内容之前要对利用者的需求和使用权限进行确认。

3. 通信传输服务

通信传输,是指通过数据通信直接传递档案信息,是通过专用通信通道、计算机等设备而实现的。适用于馆际之间或同系统内各组织之间的档案信息互相交流或向固定的档案用户提供档案资源,可以是一对一,也可以是一对多。这种方式速度更快,数据更大,而且利用者不需要保管电子档案的存储载体,档案管理部门也不用包装和向利用者寄送电子档案存储载体的拷贝件,但是对通信线路的质量有更严格的要求。

4. 网络服务

基于互联网建立起来的全新的服务方式,即档案管理部门将档案信息连接在专门的档案网站和网页上，利用者根据自己的需要随时进行异地查阅。优点是超越了时空的限制，效果好；缺点是电子信息容易失控。不过网络上的档案信息服务对利用者的身份和使用权限有一定的限制，这种限制对利用系统的管理非常重要，毕竟档案不是一般的信息资源。例如，从信息安全的角度考虑，主要是对用户及利用者的管理、对利用者的身份的认定及使用中采取有效的安全保密措施等。

电子化档案信息服务必须通过其依赖的技术和系统才能完成，因此在利用过程中包含着相关利用系统的各种功能的使用，其中涉及的人员较多，有电子档案载体保管者、信息系统的管理者、利用和维护系统的操作人员以及利用者等，因此在提供利用服务时要对他们的使用权限进行严格的审核。审核一般由利用工作的决策者来执行，根据各种人员的级别、层次进行使用权限的认定，并依此向利用系统注册登录。例如，企业对内提供利用电子档案时应采取二级签字，借用绝密企业电子档案时，则实行三级签字，即需经项目管理部、技术管理部、总经理审批后方可利用。

综上所述，对于档案电子化利用服务，档案工作人员可按照国家档案局颁布的《电子文件归档与电子档案管理规范》(GB/T 18894—2016)，制定一些适合本单位或公司的档案电子化信息利用策略、政策和标准，并在具体实施过程中逐步完善，使该项工作更易于操作和规范化，以保证档案电子化服务的质量。

档案开放工作是档案整体工作中最活跃的一环，是检验和衡量档案管理部门工作水平的一个标准。开展档案利用的方式和途径有很多，有档案阅览、档案外借、档案复制、电子化档案服务等，档案价值不是自动能实现的，关键需要档案工作人员对档案内容进行开发和利用，深层次开发档案信息是开展档案利用服务的前提。为用户提供利用，服务社会是档案工作的最终目的。

思考与练习

一、案例分析

查档不见面　群众零跑腿　服务更高效

2019年开始，深圳市市场监督管理局开始谋划企业档案全面"网上查、网上办"改革。新冠病毒疫情发生后，深圳市市场监督管理局迅速开发"不见面"查档平台，组织业务人员完成系统设计、测试上线应用等工作。同时，该局加大宣传力度，通过凤凰网及地方各大主流媒体，以及深圳市场监管官方政务微博、微信公众号、抖音号等社交媒体，以图文、视频形式向公众全方位宣传"不见面"查档服务模式。"网上查、网上办"改革全面实施后，查档流程发生了根本性变化，由原来的咨询、叫号、审核材料、领取材料多环节缩减为网上申请、获取结果，完全实现"不见面、零跑腿、高效率"服务，既节约了办事人员来回奔波的交通成本和时间成本，又减少了对纸张等耗材的浪费，还精简了线下窗口接待人员的数量。

请思考以下问题：
① 此种利用服务属于哪种利用方式？
② 结合案例分析此种利用服务形式的现实意义。

二、技能题

(1) 根据下列数据计算出相对数和平均数。

××档案室的有关情况是：
① 2018年计划完成编研成果50万字，实际完成60万字，求计划完成相对数。

② 该档案室共有 12000 卷(册),其中文书档案 8000 卷(册),科技档案 3500 卷(册),会计档案共 500 卷(册),分别计算出这三种档案的结构相对数。

(2) 编写备忘录。

备 忘 录

至:秘书高叶

自:行政经理苏明

主题:企业三十年成果展览

公司定于 2019 年 4 月 8 日在公司广场举行企业三十年成果展览,现在要求你接手这项工作,并请就档案展览的主要内容、原则和作用形成备忘录,在今天下班前交到我的办公室。

行政经理 苏明　　2019 年 3 月 10 日

综合训练

档案统计与利用调查

实训内容

(1) 根据调查来的档案室的情况统计表,如××档案室的档案藏量、工作人员情况,或××档案工作基本情况表等,运用档案统计方法分析档案室的整体工作、档案利用等方面的情况,如馆(室)藏档案的结构相对数、职称的结构相对数、档案工作的强度相对数。

(2) 进入各地各级档案信息网站,了解电子档案远程服务利用的开展情况。

实训目的

(1) 通过实际调查,了解档案室统计的步骤和方法,初步掌握档案统计分析的技能。

(2) 让学生初步了解档案室如何开展档案利用,档案室的设备有哪些以及利用制度等;实地了解电子档案利用服务,以适应以后的档案管理工作。

实训地点

档案实训室。

实训组织

学生分成若干实训小组,确定本组调研的地区和代表性档案信息网站,完成档案信息网站的调查分析。

实训过程

(1) 教师预先布置实训任务,学生利用课余时间进行网络或实地调查。

(2) 按照要求收集资料、数据等。

(3) 分析计算,撰写实训报告。

知识链接

档案开放历程

在中世纪,各国档案馆的馆藏档案均为机密,只准其拥有者或少数上层人物使用。18 世纪末,法国在资产阶级大革命期间的档案改革中首先提出档案开放原则,宣布每一个法国公民均可在规定时间到国家档案馆查阅档案。这一原则很快为欧洲各国所采用。第二次世界大战后,随着各国国家档案馆普遍建立和科学文化事业的发展,档案开放已成为信息资源共享的重要途径之一,并作为各国法定的普遍性制度。

在开放档案的范围和年限上,各国根据自身的情况有不同的规定,例如,英国、罗马尼亚、法国、德国、阿根廷、奥地利等国规定除涉及国家内政、军事、外交等秘密,以及公民私人的档案外,一般自档案形成之日起满30年均实行对外开放;丹麦、荷兰等国则规定为50年。有的国家还对不同种类和内容的档案专门规定了不同的开放年限,户口登记册和医疗档案分别在其产生后的120年、100年和150年开放。

我国于1980年制定了开放历史档案的方针和具体办法。《档案法》规定:"国家档案馆保管的档案,一般应当自形成之日起满三十年向社会开放。经济、科学、技术、文化等类档案向社会开放的期限,可以少于三十年,涉及国家安全或者重大利益以及其他到期不宜开放的档案向社会开放的期限,可以多于三十年。""中华人民共和国公民和组织持有合法证明,可以利用已经开放的档案。"

(资料来源:白文坤,王文.中外档案开放之比较[J].档案,2003,(02):34-35.)

全国档案事业统计调查信息管理系统

全国档案事业统计调查信息管理系统,是一套用于全国范围内的各级各类档案机构进行年度档案统计报表填报、汇总、统计、分析的计算机管理系统,它使用计算机代替传统的手工统计,使档案统计更加快捷准确。

最早使用的统计管理软件是在国家档案局授权下,西安大东国际数据股份有限公司根据2006年8月修订的《全国档案事业统计年报制度》开发的,从2011年开始至2018年,使用的管理系统是由北京久其软件股份有限公司开发的"全国档案事业统计年报信息管理系统",2019年开始使用由北京久其软件股份有限公司开发的"全国档案事业统计调查信息管理系统",支持Windows7及以上操作系统。

全国档案事业统计调查信息管理系统软件及其统计年报参数等文件,都可登录国家档案局网站(http://www.saac.gov.cn)查询相关通知下载。2018年度全国档案事业统计调查工作相关材料下载时,必须要包括软件"全国档案事业统计调查信息管理系统.exe"和参数"2018年全国档案事业统计年报参数.jio"两个文件。

该管理系统严格按照软件开发质量规范要求,采用当今比较成熟的计算机软硬件技术,使系统最大限度地适应今后技术和业务发展变化的需要。管理系统区分"汇总单位"和"基层单位"两类客户群体,可以编写本单位信息、装入下级单位数据、数据汇总、进行分析、查询、数据传出等,界面操作简洁、风格一致,便于用户学习和掌握,同时提供了必要的帮助功能。

(资料来源:2018年度全国档案事业统计调查工作常用材料下载[EB/OL].(2019-05-08)[2019-07-18].http://www.saac.gov.cn/daj/zhdt/201905/e7b853294dae4cd08fec4b2a844fb248.shtml.)

法规阅读

《各级国家档案馆开放档案办法》

项目八 实物档案

实物档案是一个单位档案全宗的重要组成部分,它有别于传统的用文字记录信息的纸质档案。实物档案是通过特定的有形物品来记录立档单位的各项实践活动,生动反映该单位的发展历史的档案。本项目内容适用于各类单位档案管理部门的实物档案管理。

第八课
实物档案

【学习目标】

(1)知识要求:通过本项目的学习,掌握实物档案的含义与归档范围。

(2)能力要求:通过本项目的学习与任务训练,能够按照实物档案的管理方法和技巧进行实物档案管理工作,为实物档案利用工作提供保障。

(3)思政要求:通过本项目的学习与任务训练,培养学生掌握实物档案管理技能,培养学生忠于职守的职业素养、创新开拓的敬业精神、集体荣誉感。

【职业箴言】

实物档案承载荣誉,见证企业发展。

解读:这句话指出实物档案的社会意义,它是本单位职能活动和历史真实面貌的具有保存价值的特定有型物品,多为荣誉类和纪念类,生动地展现了企业发展的历程。

任务一　认识实物档案

知识目标
- 掌握实物档案的含义与特点。
- 明确实物档案的归档范围和归档时间。

能力目标
- 能够分析实物档案管理工作在某单位的档案整体工作中的地位及实物档案管理工作的要求。
- 能够按照实物档案的管理方法规范管理某单位的实物档案。

思政目标
- 培养创新开拓的敬业精神。
- 集体荣誉感与历史使命感。

案例导入

> ××纺织有限责任公司是一家规模较大的民营企业，现拥有固定资产近亿元，职工1000多人，企业效益每年以20%的幅度递增。2015年，该公司被评为省级优秀企业，并相继获得了地市级优秀企业、诚信民营企业、安全生产先进单位、守合同重信用单位等荣誉称号和奖励。几年来获得各种荣誉称号或奖励200多项，其中国家级12项、省级20项、市级124项等。这些奖状、奖杯、奖牌等实物档案形象地记录了企业的发展历史，是企业十分珍贵的财富，也是企业产品得到了社会认可的证明。但是由于用房紧张及认识上的不足，很多荣誉实物档案没有及时收集归档，没有统一保管、建立专题目录，甚至一些实物档案存在乱放的情况。例如，奖牌挂在公司大门的墙上，有的奖状、奖杯等奖品摆在各部门的展柜上或会议室内，也有一些早期的奖品成堆放在仓库里，造成损坏或散失，一些奖旗被虫子蛀蚀，未妥善保存这些荣誉实物严重影响了公司实物档案的管理和利用。

　　实物档案是立档单位集体劳动成果的结晶，有的反映各时期完成任务情况，有的反映产品质量的过硬程度等，形式有奖杯、奖旗、奖章、奖状、证书等。实物档案体现了一个单位的发展史与光荣史，有着特殊的不可替代的地位和作用，具有丰富的研究价值和利用价值。但是，实物档案因为体积、材料、形状等特性影响，不能像纸质档案那样统一装盒管理，所以许多实物档案没有被案例中的企业集中归档，造成了损坏。各立档单位应该重视实物档案的管理，及时归档编目。

任务训练

活动目标
通过对实物档案的特点及分类进行分析，训练学生进行实物档案鉴定的技能。

活动组织

根据情况灵活分组训练。

活动内容与要求

（1）学生对实物档案的分类进行分析，判定实物档案归档的范围。

（2）对比评价各组的完成情况。

◎ **理论支撑**

各单位在其职能活动中都会形成一些具有保存价值的实物，其中有些实物还与文字、图表、声像等载体保存的档案内容有着密不可分的联系，是档案的重要组成部分。例如，获得各种荣誉的奖旗、牌匾、奖杯等。实物档案具有形象直观、形式多样、工艺性强等特点，往往具有较高的保存价值。因此，整理保存好各种实物档案，对于丰富档案的内容，更好地发挥档案工作的作用，有着积极的作用。

一、实物档案的含义

实物档案，是指国家机构、社会组织和个人在社会活动中形成的具有保存价值的牌匾、证书、奖牌、奖旗、奖状、奖杯、奖章、印章，各种捐赠品、礼品、纪念品、工艺品，有关建筑物或产品的模型等反映工作成绩及表现国内外友好交往的实物形式的档案。实物档案是档案家族中一个不可缺少的成员，它与传统的文书、科技、会计、声像等档案一起，反映了一个立档单位的全部活动。从本质上讲，实物档案是将具有档案属性的实物通过收集整理而转化成的档案。

二、实物档案的特点

（一）真实性

档案直接来源于人们的各种社会活动，是"原始的第一手资料"，其内容具有真实性。实物档案的形成与传统档案一样，是单位在从事社会活动的过程中直接形成的。因此，实物档案具有真实性，只不过与传统档案记录的载体不一样而已。实物档案是通过某种特殊形态与结构反映某种行为的结果，是同一活动形成的文书档案的补充形式，因而具有真实性。

（二）凭证性

证书、奖牌等形式的实物档案是反映某一单位所取得工作成绩的物品，它是以其形成单位的工作成绩为基础的，是单位重大活动形成的有保存价值的凭证性实物，能最直接、客观、准确地记述和反映形成主体的活动的历史记录，因而具有凭证性。

（三）历史性

档案是历史活动的原始记录，实物档案既是档案家族中的特殊一员，也是历史活动的原始记录，是人类行为既往过程的伴生物和证据物。实物档案由当时活动中直接使用的非纸质的实物转化而来，并非事后为了使用而另行制造的，因而具有历史性。

（四）形象性

实物档案的形象性指实物档案用形象的特殊形式反映单位在社会活动中所取得成绩的一种属性，是以具体的物质形态来表现单位各项社会活动的，具有直观、形象的特征。

三、实物档案的分类及归档要求

（一）分类

1. 按实物形状来分

实物档案按实物形状可分为平面实物、立体实物两种，也可分为可折叠和不可折叠两种。

2. 按实物载体形式来分

实物档案的范围广，形式多样，常见的载体形式有奖旗、奖杯、牌匾等。

3. 按实物内容来分

实物档案一般分为荣誉类、纪念品（礼品）类、印信类。

荣誉类包括牌匾、证书、奖牌、奖旗、奖状、奖杯、奖章等。

纪念品（礼品）类包括纪念杯、纪念章、纪念册、纪念票证、字画、题词、雕塑、产品、样品等。

印信类包括本单位已宣布停止使用的旧印章、印模、徽标等。

（二）归档要求

实物档案进行归档时主要有以下四个方面要求：

（1）收集的实物没有明确标明主题和时间的，移交单位或个人应在移交时对实物的主题和时间进行说明。

（2）归档的实物应保持整洁、无破损。

（3）归档的实物应当拍照归档，所拍照片纳入本单位照片档案管理，两者之间要建立准确、可靠的标识关系。本单位在对外交往中赠送给外单位的重要实物，也应拍照归档。

（4）归档实物的移交和征集应符合有关的要求和规范。归档人在归档时要注明实物档案的颁发单位、获奖单位、获奖时间、种类、颁发地点等事项，将实物及其附属材料、包装盒一并归档。

四、实物档案的归档范围与归档时间

（一）归档范围

实物档案的归档范围要与已有的室存档案相协调，其归档范围与文书档案的归档范围基本相同，主要包括三个方面：

一是本单位的集体或个人在各类公务活动中获得的证书、奖牌、奖旗、奖状、奖杯等。这是与其他门类档案同时形成的、反映同一活动或同一内容的。例如，单位在各种表彰会议中获得的奖牌、奖旗、奖杯等。

二是其他门类档案中没有的、内容独特的实物。例如，公务活动中获赠的纪念品；来宾赠送的各种纪念品、工艺品等；上级领导、知名人士的题词、字画等。

三是本单位形成以来使用过的牌匾，停用的各种印章，各种重大活动中制作的纪念品和宣传品。

（二）归档时间

由于实物档案的重要性和载体的特殊性，应归档的实物归档时间比较灵活，可随时归档，也可与文书档案同时归档移交。一般应自形成后的次年六月底前向本单位的档案管理部门移交。

单位有些部门有展放某些实物一段时间的需要，档案管理部门可以与相关部门沟通好，对实物档案先进行拍照登记；有些应归档的实物确实需要在档案形成部门保留较长时间的，实物档案形成部门应该先移交档案管理部门归档后再办理借用手续。

任何部门和个人不能随意将应归档的实物据为己有或转送他人，归档的实物要保持干净、整齐、无破损。个人在公务活动中获得的颁发给单位的证书、奖杯、纪念品等实物档案也应交本单位档案管理部门归档。

各单位档案管理部门应对归档的实物档案进行检查，以确保实物档案符合归档要求。移交实物档案时，交接双方应办理移交手续，清点后交接双方在移交清册上签字。

任务二　实物档案管理

● 知识目标
- 掌握实物档案整理的内容与具体要求。
- 熟悉各类实物档案保管与存放的要求。

● 能力目标
- 能够分析实物档案的整理流程及各环节的工作要求。
- 能够按照实物档案保管方法规范管理单位的实物档案。

● 思政目标
- 培养创新开拓的敬业精神。
- 敬业守法、淡泊清廉的职业素养。

● 案例导入

> 小陈大学毕业后到一家机械设备公司担任专职档案管理员，正赶上企业三十年庆典，要筹建一个陈列室，将单位历年获得的重大荣誉或上级重要领导人的画作陈列其中。小陈到库房查看，发现这类实物档案没有系统地进行登记和编目，很多就是随意放置在案盒里或分散悬挂在各部门或公司门口。于是小陈就要求各部门相关工作负责人员梳理并上报各类荣誉证书、奖牌或奖旗等；同时，亲自到公司门口去拍摄相关实物档案的照片，按年度和类别进行登记、编目，形成实物档案目录。

档案管理员小陈的做法非常规范。实物档案整理立卷与一般文书档案不同，比较烦琐,存放形式比较灵活,可由档案室统一收集入库管理或统一放置于单位陈列室陈列;也可各部门自挂展示,但是不管哪种形式,实物档案一定要拍照,所拍照片统一按照照片档案管理办法管理。

▶ 任务训练

活动目标
通过整理实物档案,分析保管方法,训练学生实物档案整理与保管技能。

活动组织
根据情况对学生灵活进行分组。

活动内容与要求
(1) 学生整理实物档案,分析保管方法,并填写相关目录,确定保管期限。
(2) 对比评价各组情况。

▶ 理论支撑

一、实物档案的整理

实物档案的整理,是指将实物档案以件为单位进行鉴定、分类、排列、编号、编目等,使之有序化的过程。实物档案的整理一般以一件实物为一件。实物档案的整理应遵循保持实物档案的有机联系、便于保管和利用的原则。

具体要求如下:一是实物档案应齐全完整,凡是本单位在公务活动中形成、获得、接受、赠送或者征集的各种实物档案均应收集齐全、完整无损,整理归档;二是每件实物档案均应转拍照片进行相应归档。

一般来讲,收集进馆的实物档案应按证书、奖旗、奖状、奖杯、奖章、单位个人证章及其他分类编制案卷目录,并按实物档案形成时间和进馆先后顺序分类、排列、编号。书稿、著作类实物只编件号,不编页号,在目录中注明页数、散装入盒;证书材料、印章、奖旗、奖杯每件贴粘胶纸,在粘胶纸上填写编号,除奖杯外,其他散装入盒。徽案类实物档案、钱币、票证档案参照照片档案整理方法,将其固定在纸板上,左边为实物,右边加文字说明。实物档案属非全宗实物,接收征集进馆后要重新编号。进馆实物档案编号包括总登记号、案卷号。

(一) 实物档案整理操作流程

目前关于实物档案管理,国家档案管理部门尚无统一的标准,只有地方性档案管理部门出台的地方性实物档案管理规范。综合各地实际的关于实物档案的管理办法,实物档案整理具体流程主要有以下几个步骤:

(1) 将所有的实物档案收集在一起。
(2) 将实物档案按年度分开。例如,2019年3月区委授予本单位2018年度先进工作单位的奖状就应该存在2018年的档案里。
(3) 按发放单位的级别排出顺序,编上号码。
(4) 贴上标签。标签应标明档号、名称、授予单位或获奖单位、载体形式。

档号:全宗号(4位)-年度(4位)-件号(4位)

名称:实物档案题名。

授予单位：授奖单位或赠予单位名称。
载体形式：实物档案的形式。例如，牌匾、证书、奖旗、奖状、奖章等。
实物档案标签格式如表8.1所示。

表 8.1 实物档案标签

档　　号	0049-2018-0001
名　　称	2018年度明星企业
授予单位	××市政府
载　　体	奖牌

注：实物档案标签贴在实物档案的背后。

值得注意的是，实物档案数量少的可以以件为单位，按时间顺序编大流水号，一件实物一个顺序号；数量多的应先分类，再在属类下按件根据时间顺序编流水顺序号。

编号模式：大类代字＋属类代号＋目录顺序号＋案卷顺序号。具体式样可参考图8.1所示。

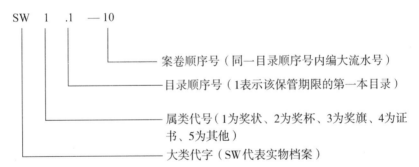

图 8.1 实物档案编号式样

（5）整理编目，形成实物档案目录。为方便管理和利用，要对已经编号的实物档案逐件登记编目，具体项目有目录号、件号、实物名称、题名、规格、授予者或捐赠者、授予时间、备注等。

① 目录号填写实物档案的目录号（大类代字＋属类代号＋目录顺序号），如SW1.1、SW2.1……

② 件号是同一个类别内实物档案的顺序号。

③ 实物名称填写实物档案的类别。例如，证书、奖牌、奖旗、奖状、奖杯、奖章、模型、题词、油画等。

④ 题名即实物档案的相关事由名称。例如，2023年度档案工作先进单位。

⑤ 规格即实物档案的尺寸大小。例如，35cm×25cm。

⑥ 授予者或捐赠者即颁发实物的单位或个人。
⑦ 授予时间即获得实物的时间。

实物档案目录的格式及填写示例如表8.2所示。

表8.2 实物档案目录填写示例

目录号：

件号	实物名称	题名	规格	授予者或捐赠者	授予时间	备注
0001	奖牌	××市政府授予××集团2018年度明星企业的奖牌	35cm×25cm	××市政府	2019.03.25	

形成的实物档案目录需汇集成册，装入"档案目录夹"中。实物档案目录由目录夹封面与脊背、分类编号说明、案卷目录三部分构成。分类编号说明与案卷目录可参考纸质档案编写。目录夹封面与脊背式样如图8.2所示。

	背脊标签	封面标签	
填写示例	类别：实物档案 全宗号： 年度：2017—2018 保管期限：永久 目录号：SW.1 起止件号：1—23	全宗名称	金州集团档案馆
		全宗号	
		类别	实物档案
		年度	2017—2018
		保管期限	永久
		目录号	SW.1
		起止件号	1—23
填写说明	1. 全宗名称填写单位全称。 2. 全宗号为市档案馆编给各单位的代号。有则填，无则空。 3. 年度、保管期限、类别、目录号、起止件号照实际情况填写。		

图8.2 目录夹封面与脊背式样

(二)各类实物档案整理

1. 荣誉类实物档案的整理

荣誉类实物档案主要有牌匾、证书、奖牌、奖旗、奖状、奖杯、奖章等,其整理方法和步骤有以下几个:

(1)分类。一般先按实物的形状和质地分类,然后按实物授予者的级别分,从中央政府到地方各级党委、政府及其部门依次排列。

(2)编号。实物档案按实物形状结合级别,按时间先后顺序排列后,按平面实物、立体实物分别从"1"开始编制流水号。实物档案应以"件"为单位按一件一号原则进行编号,并在实物上粘贴归档章。

平面实物将归档章粘贴在实物右下方,立体实物将归档章粘贴在实物底部。归档章项目包括全宗号、目录号、件号。按照分类的结果,先给各类实物一个代号,代号既可以用字母也可以用数字,一经确定,就不要随意变动。一般实物不多的单位,也可以不分类,而采取大流水编件号的办法。编号可用粘胶纸或标签牌的形式贴在或挂在实物适当的位置,以不影响对实物的观瞻为宜。

(3)编目。荣誉类实物档案目录应按件编制,每件写一条目录,内容应包括:序号、档号、实物获得者、授予者、荣誉称号、实物名称、时间、备注。

为了方便保管与利用,应当将每个荣誉类实物档案拍摄成照片,再按照片的整理方法组成案卷。有的单位还将荣誉类实物档案拍成照片后,编辑成画册,印发有关单位,扩大其影响。

2. 印章的整理

由于名称的变更等原因,很多单位在发展过程中往往会形成一些失效的印章,尤其是发生机构撤销或更名等情况时,这些印章在历史上起过较大的作用,保存起来,仍有很大价值。印章作废以后与其他档案一并移交进馆,并注明印章使用的起止时间。旧印章的整理步骤如下:

(1)分类。印章的分类方法很多,例如,按制作材料分,有木印、石印、骨印、钢印、铜印、塑料印等;按形状分,有圆印、方印、棱形印;按印文的制作方式分,有阴文印、阳文印、阴阳文印;按印文内容的性质分,有机关印、企业印、社团印等。旧印章数量少的单位,可不必分类。

(2)排列、编号。旧印章应该用一个特制的档案盒或木盒进行放置,排放顺序应与分类方法中的一致;每方印章在排放之前,都应在印模纸上盖上一个印模,然后在印把上贴上编号,同时在印模上填上相应的编号。

印章编号后即按编号顺序放入特制的木盒内,印模单独装订成一册或若干册,与其他档案一起存放。

(3)编制目录。印章应按编号顺序编制分类目录,每方印章写一条目录,目录的项目由顺序号、档号、印文、使用时间、备注等组成。

3. 字画的整理

应归档的字画主要指本单位收藏的领导或名人的题词、画作。整理步骤如下:

(1) 分类。将字画分为题词和画作两大类,字画数量很少的单位也可以作为一类。

(2) 裱装。收藏的字画一般都要进行裱装,经过裱装后,卷起来放入特制的盒子中,或再用衬纸包住。名人字画一般不装订,采取平放或卷放,每张贴粘胶纸,在粘胶纸上编号。卷放的字画隔一段时间要展开或挂出一段时间,再放回盒中。有些单位一直将字画挂起,甚至用原件展览,这样会严重地损坏那些珍贵的字画。

(3) 排列、编号。根据分类情况而定,如分两类,则编两个流水号;如分一类,则按接收先后大流水编号,每一件编一个号。

(4) 编制目录。字画目录可直接套用传统文书立卷方法中的文书档案卷内目录。其中责任者应写个人,并明确单位及职务,题名项中填字画名称,在备注栏中填写字画的规格。字画也可拍摄成照片,装订成册,以便集中利用,存放地址也可在备注一栏说明。

二、实物档案的保管与存放

实物档案的保管期限一般定为永久。实物档案整理编目后,要根据实际情况有区别地保管与存放。

(1) 实物档案统一整理编目后,实物档案目录放于单位综合档案室目录柜保管。

(2) 有些单位设置荣誉陈列室,实物原件可存放在荣誉陈列室,这里既是实物档案室,又是荣誉陈列室。

(3) 有些单位有部分荣誉实物档案需要在单位会议室展挂或在单位公共场所固定摆放,必须对原件实物进行编目并在相应位置粘贴实物档案标签,标签贴在实物档案背面的右上角或底座等,以不影响对实物的观瞻为宜,同时对每件实物进行拍照,照片放在照片档案中编号归档。

(4) 有些单位实物太多,无法全部陈列,也可以单独设"荣誉录",然后用张贴实物照片的方式在单位公共场所展示,实物原件则收回放在档案室档案柜中保管。

实物档案按可折叠和不可折叠将保管方法也分两种:可折叠的贴好标签后折叠放在档案盒里保管;不可折叠的贴上标签后放陈列柜或档案柜中保管,并在案卷目录中注明存放地址。

1. 奖旗类

(1) 去掉竹竿(或木棒)和流苏。

(2) 将奖旗折叠成 16 开或 A4 规格,将有字一侧折叠在内,无字一侧折叠在外,注意尽量不要在奖旗上有文字处留有折痕。

(3) 将奖旗背面(右上角)贴有实物档案标签的地方露出在最上面。

(4) 将折叠好的奖旗装入档案盒中。

(5) 在档案盒背脊填写盒内所装实物档案的目录号、件号等项目。

奖旗类实物档案装盒可参考下页图 8.3。

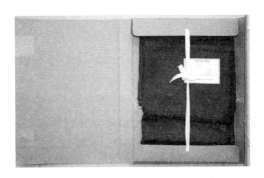

图 8.3　奖旗类档案装盒保管

2. 印章

旧印章应该用一个特制的档案盒或木盒进行排放，排放顺序应与分类方法中一致。印章档案盒的具体式样可参考图 8.4 和图 8.5。

图 8.4　印章档案盒盒脊与封面式样

图 8.5　印章档案盒内式样

3. 奖牌、奖杯等大件

对于奖牌、奖杯等大件实物档案可以存放在陈列室或档案室档案柜里,只要编号贴好标签即可。若无陈列室,且不允许展示,可以直接打包放入木质或纸质箱子里,包装好统一保管。

实物档案是各单位工作和管理活动中形成的具有保存价值的实物,是本单位工作成绩及对外友好交往的见证。实物档案形式多样、直观立体。因此,整理保存好各种实物档案,对于丰富档案的内容,更好地发挥档案工作的作用,有着积极的作用。

思考与练习

一、案例分析

小常在××单位办公室工作,每年单位都获得不少证书、奖旗、奖杯等,同时,由于近几年单位内部机构设置变动频繁,积累了一些失效的印章。于是小常就按照实物档案管理办法,将它们按证书、奖旗、奖状、奖杯、奖章、单位个人证章及其他分类编制案卷目录,按实物档案形成时间和进馆先后顺序分类编号,集中存放。

结合所学知识分析案例中小常的做法。

二、技能题

按照工作惯例,××机械设备公司为成立20周年要建设一个荣誉陈列室,以宣传企业。根据这一情况,回答下列问题:

① 荣誉陈列室可陈列哪些类型的实物档案?
② 该公司实物选材范围是什么?
③ 结合案例分析一下实物档案管理的意义。

综合训练

实物档案管理训练

实训内容

(1)了解实物档案收集范围及管理技巧。
(2)实地操作整理、鉴定实物档案,并向档案工作人员咨询相关工作的技巧。

实训目的

通过调查整理某单位档案室,了解实物档案管理的内容及管理方法,并按照国家标准练习整理该单位一些相关实物档案。

实训地点

某单位档案室或档案实训室。

实训组织

学生分组进行,每组整理单位的待整理实物档案;参观整理好的实物档案,分析其档号、案卷编号的具体做法。

实训过程

(1)教师或学生准备待整理的实物档案。
(2)分组整理,填写表单和封面。
(3)讨论分析,撰写实训报告。

法规阅读

(1)《广西壮族自治区实物档案整理规则(试行)》

(2)《印章档案整理规则》(DA/T 40—2008)

项目九 专门档案管理

专门档案是指国家机关、社会团体、企业事业单位及其他社会组织在从事某些专业性较强的活动中,为了实现相关职能目标而形成和使用的,具有查考、利用和保存价值,并按照专门的管理办法整理归档的各种载体形态的历史记录。专门档案包括人事档案、会计档案、社保档案、诉讼档案、病历档案等。本项目主要介绍人事档案、会计档案和社保档案三类专门档案的管理方法,其中人事档案和会计档案的管理方法适用于国家机关、社会团体、企业事业单位及其他社会组织,社保档案的管理方法适用于社保经办机构和业务部门。

第九课 专门档案管理

【学习目标】

(1)知识要求:通过本项目的学习,初步掌握专门档案——人事档案、会计档案和社保档案管理工作的内容、意义及要求。

(2)能力要求:通过本项目的学习与任务训练,能够按照专门档案管理的工作方法和步骤,做好专门档案管理工作,以服务社会。

(3)思政要求:通过本项目的学习与任务训练,学生能够掌握人事、会计和社保三类档案的管理方法,具有忠于职守、创新开拓的职业素养,以及遵规守法的法律意识。

【职业箴言】

以人为本,廉洁自律;依法管档,惠及民生。

窗口是一面镜子,能照出民意,更能照出我们的人格。

解读:人事、会计和社保三类专门档案事关企业用人、财务和民生,是单位重要的特殊档案。作为相关档案的管理人员,应该熟悉相关法规制度,不为利益所诱惑,不弄虚作假,不泄露秘密;始终按章办事、清正廉洁,树立服务意识,提高服务质量。

任务一　人事档案管理

知识目标
- 掌握人事档案的内涵。
- 明确人事档案管理的任务及要求。

能力目标
- 能够掌握人事档案收集、整理、鉴别、查(借)阅等方面的管理方法。
- 能够根据人事档案管理要求规范地管理人事档案。

思政目标
- 树立以人为本的服务意识。
- 守正清廉的职业素养。

案例导入

人事档案丢失　单位被判赔偿

刘先生原来是××纺织集团公司(前身××厂)的职工,于1987年10月10日调往××经贸有限公司(前身××街道生产服务管理处)。2013年,刘先生为办理社会保险多次到××纺织集团公司查找自己的档案,但该公司称在刘先生1987年10月10日调往××街道生产服务管理处时,其档案就已经转出。后刘先生又到××经贸有限公司查找,该公司称自己于1999年根据政企分开的政策接收了××街道生产服务管理处的相关档案,但从未接收过刘先生的档案材料。为了查找自己的档案,刘先生无数次往返于××纺织集团公司与××经贸有限公司之间,但两个公司均称没有刘先生的档案。找不到档案,刘先生无法办理社会保险,甚至将来退休时无法办理退休手续。于是刘先生起诉××纺织集团公司与××经贸有限公司,要求这两个公司赔偿其档案丢失的损失。经过开庭审理,该区人民法院依法做出判决,判决××纺织集团公司和××经贸有限公司共同赔偿刘先生档案丢失损失费6万元人民币。

公民的人事档案是取得就业资格、缴纳社会保险、享受相关待遇应提供的重要凭证,人事档案的存在以及其记载的内容对公民的生活有重大影响。《档案法》第五条规定:"一切国家机关、武装力量、政党、团体、企业事业单位和公民都有保护档案的义务,享有依法利用档案的权利。"因此,本案例中的两个公司对刘先生的档案丢失都负有不可推卸的责任。

任务训练

活动目标

学生通过实地调查某单位人事处,或者结合学生自身档案情况进行讨论分析,了解人事档案的内容及管理制度,掌握人事档案收集、整理、鉴别、转递等的手续。

活动组织

根据学生情况灵活分组进行调查。

活动内容与要求

(1)学生分组调查了解某单位人事处的档案管理方法,或者结合学生自身档案情况进行讨论分析,各组指定代表介绍小组成员的调查情况,并总结人事档案管理的具体任务。

(2)结合实际出现的"丢档、弃档"现象,讨论人事档案管理的重要性。

理论支撑

人在成长和从事社会活动过程中,会形成记录其历史足迹的文件——人事档案。在单位,人事档案既是员工业绩的客观记录,又是单位合理使用、开发人力资源的依据和工具,所以人事档案的管理工作直接关系到个人和单位的切身利益。在人事档案的管理中,机关单位的干部人事档案管理有其特殊性。

一、人事档案的内涵

人事档案,是指人事管理活动中形成的,记述和反映个人经历和德才表现,以个人为单位组合起来,以备考察的文件材料。人事档案主要是由人事、组织、劳资等部门在培养、选拔和使用职员的工作活动中形成的,是个人参与社会各方面活动的记载,是个人自然情况的真实反映。在平时的工作中产生的人事档案材料有年度考核登记表,考察材料,学历材料,职称材料,入团、入党材料,奖励材料,工资材料,违纪材料等。人事档案是个人经历、学历、社会关系、思想品德、业务能力、工作状况以及奖励、处罚等方面的原始记录。

人事档案一般分为以下十类:

(1)履历材料。凡是记载和反映员工个人自然情况、经历、家庭、社会关系等基本情况的各种表格材料属于履历材料。例如,本人填写的历年履历表、登记表、简历表等。

(2)自传材料。自传是以记述自己的生平事迹为主的自述生平和思想变化过程的文章或材料。例如,本人历次所写的自传及带有自传性质的材料,含自传内容的入团、入党申请书等。

(3)考察考核鉴定。考察考核鉴定主要包括统一填写的组织鉴定材料,年度考核登记表,干部调配、任免考察考核工作中形成的各类登记表、任免呈报表、组织考核、鉴定、群众评议等综合材料。

(4)学历和评聘专业技术职务材料。学历和专业评聘职务材料包括:学习教育中形成的学生登记表、考生登记表、学习成绩表、毕业生登记表、学历证明书、培训结业成绩登记表、学习鉴定、学员思想小结(结业)等材料;评聘专业技术职务工作中形成的专业技术职务任职资格审批表和同行专家鉴定表;创造发明、科技成果鉴定材料,工人技术等级审批表,工人技术等级复核登记表等。

(5)政审材料。政审材料包括:在政审工作中形成的调查报告、审查结论、上级批复、本人检查交代或情况说明的材料及对结论的意见,作为结论依据的证据材料;甄别、复查结论、调查报告、批复及有关主要依据材料等。

(6)党团材料。即党团组织建设中形成的材料,主要包括入党申请书、转正申请书和被批准转正的入党志愿书、自传、政审材料,入团申请书和入团志愿书,民主评议为优秀党(团)

员登记表、被认定为不合格党(团)员登记表,被党(团)组织劝退或除名的组织审批意见及主要事实依据材料,取消预备党员资格的记载组织意见的退党(团)材料,加入民主党派的有关材料等各种材料。

(7) 表彰奖励活动材料。表彰奖励活动材料包括：表彰奖励活动中形成的各种先进人物登记表、先进模范事迹、嘉奖材料；国家、省部级科技奖(含国家发明奖、自然科学奖、社会科学奖、科技进步奖等)获奖材料等。

(8) 处分材料。处分材料包括：国家行政管理部门等形成的处分决定、处分意见、上级批复、查证核实报告、本人检查交代材料和对处分决定的意见、撤销处分的有关材料、通报批评材料、法院判决书；复查甄别报告、决定(结论)、上报批复材料等。

(9) 工资材料、职务任免材料。工资材料、职务任免材料包括：工资变动、提职晋级和奖励工资及其他与待遇相关的工作中形成的登记表、审批表、享受政府特殊津贴的专家呈报表；解决各种待遇问题的审批表、批复材料；录(聘)用干部工作中形成的录(聘)用干部审批表、登记表、录(聘)用通知书、合同书、录(聘)用期考核材料、续聘审批表、解聘、辞聘、辞职、退职等材料。

(10) 其他。例如,工伤致残诊断书及确定致残等级的有关材料；退休、病休等有关材料；党代会、教代会、政协会议和各类群众团体代表会议以及民主党派代表会议形成的代表登记表、委员简历、政绩材料等；非正常死亡的调查报告、遗书及有关情况说明材料；其他可供组织参考的有保存价值的材料等。

人事档案管理,是指人事档案的收集、整理、保管、鉴定、统计和提供利用的活动。

人事档案管理中,针对机关干部有一定的特殊性,档案工作人员在机关干部的人事档案管理中有如下几项职责范围：

(1) 保管干部档案,为国家积累档案史料；

(2) 收集、鉴别和整理干部档案材料；

(3) 办理干部档案的查阅、借阅和转递；

(4) 登记干部职务、工资的变动情况；

(5) 为有关部门提供干部的情况；

(6) 做好干部档案的安全、保密、保护工作；

(7) 调查研究干部档案工作情况,制定规章制度,搞好干部档案的业务建设和业务指导；

(8) 推广、应用干部档案现代化管理技术；

(9) 定期向档案馆(室)移交死亡干部档案；

(10) 办理其他有关事项。

二、人事档案的收集

人事档案的收集是人事档案工作的起点,收集工作的好坏直接影响到档案的质量和提供利用的效果。人事档案材料的收集渠道主要有以下五种：

(1) 通过人事、组织、劳资及其他人事管理部门收集各有关人员的人事档案材料；

(2) 通过员工所在的党团组织、政府机关、企业事业单位的有关部门收集有关党团材料；

(3) 通过业务部门、科技部门及学校、培训部门收集学历、学识、才干及奖惩材料；

(4) 通过纪检、监察、司法及有关部门收集处分或免于处分的决定、查证核实报告、上级批复、个人陈述或检查、法院判决书；

（5）通过本人或报纸杂志及有关部门收集发明创造、科研成果、著作、译著和有重大影响的论文等。

在人事档案的收集中，机关单位的干部人事档案有更严格的要求。为确保机关干部人事档案材料的完整与齐全，各机关单位必须建立健全人事档案管理制度，针对机关干部人事档案材料的收集主要包括以下五个方面：

（1）要建立收集材料的联系制度，及时掌握人事工作动态和信息，通过有关部门收集干部任免、调动、考察考核、培训、奖惩等工作中新形成的反映干部德、能、勤、绩的材料，充实档案内容；

（2）建立常规联系制度，经常交流材料渠道，变"坐等"材料为"主动"索要，指定专人负责，定期或不定期收集干部档案材料，确保干部档案材料齐全；

（3）接到干部任免、工资变动通知后，要及时登记干部职务变动和工资变动情况；

（4）要定期查看干部档案，发现缺少材料和材料不符合要求的情况，要及时登记并向有关部门、单位索取；

（5）根据工作需要有计划地填写干部履历表等，及时充实干部档案内容。

新形成的档案材料应及时归档，归档的大体程序是：第一，对材料进行鉴别，看其是否符合归档的要求；第二，按照材料的属性、内容，确定其归档的具体位置；第三，在目录上登记材料名称及有关内容；第四，将新材料放入档案中。应严格按照中共中央组织部《关于印发〈干部人事档案材料收集归档规定〉的通知》（中组发〔2009〕12号）的规定做好干部人事档案材料的收集工作，及时将全面反映干部自然情况和德、能、勤、绩等方面的材料收集归档，充实档案内容。归档材料必须是办理完毕的正式材料，材料形成后需填写干部档案材料收集登记表，并在规定时间内送入人事档案室。

收集归档的材料应对象明确、齐全完整、文字清楚、内容真实、填写规范、手续完备，要有承办单位或个人署名，有形成材料的时间。

归档材料必须手续完备，凡头尾不清、来源和时间不明的材料，要查清注明后再归档；凡查不清楚或对象不明确的材料，不能归档；凡不符合归档要求、手续不完备的材料，应补办完手续后归档。

凡规定由单位审查盖章的，必须有单位盖章；规定要由本人签字的材料（如审查结论、复查结论、处分决定或意见、组织鉴定等），应有本人签字，本人未签字的，可由归档单位注明。

归档文字材料不得使用圆珠笔、铅笔、红色墨水及纯蓝墨水书写，不得用复写纸书写。除电传材料、学历学位证书、获奖证书等复印存档外（人事部门与原件核对后盖章），其他归档材料不得用复印件代替原件存档。发现送交的归档材料不符合相关规定的要求的，人事档案管理人员有权通知材料形成部门，补送或补办有关手续。

涉及当事人政治历史问题或其他重要问题的，需要查清而未查清的材料以及未办理完毕的材料，不能归档，应及时移交有关组织处理。要严格清除虚假不实的档案材料，严肃查处伪造制假行为，坚决维护干部档案的真实性。对不属于所管干部的材料及不应归档的材料，应区分情况及时转给有关部门或干部本人。

三、人事档案的整理

对经鉴别应予归档的材料,应按照 2012 年中共中央组织部发布的《关于做好文件改版涉及干部人事档案有关工作的通知》(组通字〔2012〕28 号)及其他相关政策规范的要求去收集、整理归档。人事档案的整理工作是指对收集起来并经过鉴别的人事档案,按照有关要求,以个人为全宗,进行分类、排列、编号等,并在此基础上不断地对档案内容进行补充的活动。

整理方法有集中整理、经常性整理和补充性整理。人事档案整理工作应做到"认真鉴别、分类准确、编排有序、目录清楚、装订整齐",通过整理使每个档案达到完整、真实、条理、精练、实用的要求。

完整,是指一个人的材料要全部集中在一起以反映全貌,档案中的每件文件材料要完整。

真实,是指人事材料必须经过组织认可方可归档,材料的内容应符合客观实际。

条理,是指人事材料的分类明确,有条有理。

精练,是指人事档案中的文件必须具有保存价值,重复的材料和不属于人事档案的材料均不能归入人事档案。

实用,是指方便利用。

人事档案整理工作的步骤如下所示:分类—复制—技术加工—排序编号—编制卷内目录—打孔与装订—书写卷名—检查验收。

人事档案整理装订成卷后,应进行认真细致的检查,经验收合格后方能入库。

四、人事档案的鉴别

人事档案的鉴别,是指人事档案的管理部门根据人事档案的归档范围和要求,对收集的文件进行审核甄别,判定文件的真伪和保存价值,确定能否归档。它是维护人事档案真实性和完整性的重要手段。根据归档要求,每个人事档案管理人员都要认真做好材料鉴别工作:① 发现有同名异人、张冠李戴的情况或重复多余的材料要清理出来,进行再核定;② 每份材料要进行核对,是否齐全完整,对头尾不清、来源和时间不明的材料要查清,填写明确,凡手续不完备的材料必须通知材料形成单位补办完手续后再上交;③ 鉴别中发现有的当事人的填写年龄、参加工作时间、学历等项目有不实之处,应认真地进行复核、把关、纠正。

具体地讲,人事档案鉴别工作的内容有以下五项:

(1) 判定文件是否属于人事档案;

(2) 判定是否属于同一对象的人事档案;

(3) 判断材料是否真实、准确;

(4) 审核文件是否手续完备;

(5) 核实归档文件的质量。

对不符合归档要求的材料的处理方法有以下四种:

(1) 转出,经鉴别凡属于非人事档案或非当事人本人的材料,均应将其转给有关单位保存或处理,文件转出时应填写转递材料通知单;

(2) 退回,对于内容需要核实或手续不完备的文件,应提出具体意见,退回有关单位,待修改、补充或完备手续后再交回,退还时应履行清点和签字手续;

（3）留存，对于不属于人事档案归档范围而具有参考价值的文件，经过整理后，可以作为企业事业单位人事部门的业务资料予以保存；

（4）销毁，无保存价值和重复无用的材料，应按有关规定履行相应手续后做销毁处理。

五、人事档案查(借)阅制度

人事档案是个人经历和社会实践的真实记录，它主要是供企业事业单位的人事部门对当事人进行考察、任免、聘任、政审、调动、组织处理等管理过程中使用，其他目的一般不予查(借)阅。

查(借)阅人事档案的查(借)阅人员，必须严格遵守保密制度和阅档规定，严禁涂改、圈划、增添、污损、抽取、折叠或撤换档案材料；查(借)阅人员不得泄露或擅自对外公布档案内容，违者视情节轻重予以批评教育或纪律处分。查(借)阅人事档案的单位和个人，只允许查(借)阅批准的内容，未经批准的档案内容不得擅自抄录、拍摄或复制；因工作需要而从档案中取证的，必须由企业事业单位人事部门主管领导审查批准后方可抄录、拍摄或复制，并进行登记和加盖组织人事科公章后，方为有效。

查(借)阅人员，严禁查(借)阅本人及其亲属的档案，严禁用电话查询和答复档案内容；编制地方志、撰写人物传记等一般不得查阅人事档案，如果确需查阅的，必须经企业事业单位人事部门主管领导同意后，方可查阅档案的有关部分内容。因入学、入团、入党、参军和出国等需要进行政治审查时，所在单位和组织一般不得查(借)阅其父母及其亲属的档案。

查阅人事档案，必须在人事档案室进行，严禁将档案材料带出，如因特殊情况必须借出时，要申明理由，并按照干部管理权限审批，方可借出；借出的档案必须妥善保管，不得转借他人，不得给无关人员翻阅，必须在规定时间内归还；下级人员不得查阅上级人员的档案；严禁因私查(借)阅档案；除干部死亡撰写生平材料需要外，干部档案一般不外借，如因其他工作需要必须借出使用时，要经档案管理单位负责人批准，限15天内归还，借用期间不得擅自转借其他单位或个人。

查(借)阅人事档案的手续：各部门因工作需要，需查(借)阅人事档案，查(借)阅人员应填写查(借)阅人事档案审批表，格式如表9.1所示，按规定程序办理相关手续；查(借)阅本单位其他人员档案，由查(借)阅人员所在单位负责人审批及企业事业单位人事部门主管领导审批后方可查(借)阅。在查(借)阅人事档案时，必须履行登记手续，查(借)阅人员应填写登记表，并注明结束时间。

六、人事档案的转递制度

职工调离单位，人事档案必须及时转递到新的工作单位人事部门；接收单位的人事部门对转进的人事档案，要及时认真清点，查实无误后，回执方可退回档案寄出单位。辞职、自动离职或被单位辞退的职工，本人必须到人事部门办理档案转至有关省(市)人才交流中心等有关部门的手续。

人事档案需通过省、市机要交通部门以机密件寄出或由单位人事部门的两名正式党员取送，严禁公开邮寄或本人自带。人事档案的转出，必须完整齐全，按规定进行认真的整理并装订成卷，不允许有零散材料，不得扣留材料或分批转递；装订完毕的档案，要严密包封，并加盖密封章。

表 9.1　查(借)阅人事档案审批表

查(借)阅单位					
查(借)阅人姓名		身份		政治面貌	
被查人姓名		身份			
查阅干部档案□　　借阅干部档案□　　查阅职工档案□　　借阅职工档案□					
查(借)阅事由					
查(借)阅内容					
查(借)阅人所在单位意见						盖章： 　年　　月　　日
组织人事办审批意见					
备注					

注："查(借)阅内容"项应注明了解哪些内容,是否需要摘录或复印等。

转递档案必须详细填写干部档案转递通知单,严密包封,并在包缝处加盖档案管理单位的印章。收到档案的单位应认真核对档案,在回执上签名盖章并立即退回;凡属误转的档案,应写明情况,尽快退回转出单位;凡转出档案 1 个月后未收到回执的,应向接收单位催问,以防丢失。干部调配、任免部门应与干部档案管理单位加强沟通和联系,及时通报有关干部的调动、任免情况,以做到"档随人走"。

七、人事档案的保管

人事档案是各级组织了解和掌握职工基本情况以及选拔干部的重要依据,它的重要性和机密性决定了人事档案必须运用科学的保管方法。

单位人事部门按照干部人事档案管理与利用的要求,对所管理的干部人事档案进行严密、科学的保管和保护。做到人事档案库房必须符合"八防"要求和规定面积的要求,档案必须存放于铁质专用柜并按顺序摆放;安全保管,便于查找;对所管范围的档案集中管理;实行专人管理,专柜存放,专室保管;管理的档案应写清编号,有序排列,科学存放;存放档案必须配置档案柜;定期对保管档案的物质条件、保管保护设备进行检查,对所管档案进行核对与统计,发现问题及时纠正。

人事档案设施和安全措施必须符合国家有关规定,确保人事档案的绝对安全;严禁携带人事档案进入公共场所;严禁无关人员进入人事档案室;严禁个人私自留存他人档案材料;档案材料不得擅自转移、分散、销毁和丢失。

定期检查与核对是保证人事档案完整、安全的重要手段。检查的内容是多方面的,既包括对人事档案材料本身进行检查,如查看有无霉烂、虫蛀等,也包括对人事档案保管的环境进行检查,如查看库房门窗是否完好等。检查一般要定期进行。

在职、非在职和死亡干部的档案应分开保管,人员变动后档案的保管也应随之变动。退(离)休人员的人事档案,一般由原保管部门保管。死亡人员人事档案的保管:中央和国务院管理的省级干部死亡后,其档案先由原单位保管五年,之后移交中央档案馆;中央和国家机关各部委和各省、市、自治区管理的司局级职务的干部以及全国著名的科学家、艺术家、教授和有特殊贡献的英雄、模范人物、知名人士死亡后,其档案先由原单位保管五年,之后移交本机关档案部门保管,并按照规定的期限,向同级档案馆移交。其他退职、自动离职、辞职、解聘的人员,其人事档案转至有关组织、人事部门或所属的人才服务中心保管。

被开除公职而未就业人员,其人事档案由原单位保管;已就业的,其人事档案由有关的人事、劳动部门或所属的人才服务中心保管。受刑事处分的人员的档案,由原单位保管,刑满释放后重新安置工作的,其人事档案由主管该人员的部门或所属的人才服务中心保管。出国不归、失踪和逃亡人员的人事档案,由原主管部门保管。

八、人事档案的销毁

经清理需要销毁的材料,销毁前要妥善保管,并按档案材料销毁制度进行销毁。收集的人事档案材料,经过鉴别后属于重复的或不应归入人事档案的材料、无保留价值的材料要及时销毁。销毁的材料要进行登记,注明标题及简要内容,材料形成时间和销毁理由,经单位主管领导审批后方可销毁。任何个人不得以任何借口随意销毁人事档案材料。销毁材料时,必须到保密部门指定的场所进行销毁,并有两人负责监督销毁。在人事档案管理过程中形成的废纸需作粉碎处理。

随着社会体制的变革,出现很多"无主档案"。"无主档案"是指查找不到档案当事人下落的人事档案。它形成的原因主要是单位人事档案管理制度不健全,以致单位变动或人员调动时,未及时转递相关人事档案,或转递档案工作出现差错等。

对于"无主档案"的处置应注意:认真鉴别档案材料的保存价值,认真查询档案当事人的下落,转存档案。经多方查询确实难以找到档案当事人下落的"无主档案",可以根据规定将其转交档案当事人原籍档案馆保存。

任务二 会计档案管理

▶ **知识目标**
- 掌握会计档案管理工作的内涵。
- 明确会计档案管理的任务及要求。

▶ **能力目标**
- 能够明确会计档案内容及其装订、保管、查(借)阅、鉴定等方面的管理方法。
- 能够根据会计档案管理要求规范地进行会计档案的管理。

思政目标

- 树立遵纪守法的法律意识。
- 守正清廉的职业素养。

案例导入

单位会计档案丢失被行政处罚

2015年,××市××区档案局接到区属××委所属××单位有关人员的举报,反映该单位会计档案2010—2014年的现金日记账、银行存款账丢失。经调查情况属实,该单位会计档案2010—2014年现金日记账、银行存款账不知去向,并发现2013—2014年现金日记账和银行存款账为后补。究其原因为出纳员形成的会计档案没有及时归档而导致丢失了。事实清楚,证据确凿,最终该单位的行为被认定为违法行为,××区档案局给予区属××委所属××单位警告,并处罚款1万元;给予出纳员警告,并处个人罚款1000元。责令区属××委所属××单位2015年12月31日前完成整改工作,并建议区属××委对当事人出纳员给予行政处分。这是××市××区档案局依据《××市实施〈中华人民共和国档案法〉办法》办理的第一起行政处罚案件。

任务训练

活动目标

通过实地调查某单位财务处或档案室,了解会计档案的内容及管理制度,会计档案收集、整理、保管的具体要求。

活动组织

根据学生情况灵活分组进行调查。

活动内容与要求

(1) 学生分组调查某单位财务处或档案室,了解会计档案的内容及管理制度;掌握会计档案收集、整理、保管的具体要求,然后各组指定代表介绍本组的调查情况,并总结分析会计档案管理的具体任务。

(2) 结合现实案例,讨论会计档案管理的地位。

(3) 教师进行总结。

理论支撑

一、会计档案的内涵

会计档案,是指单位在进行会计核算等过程中接收或形成的,记录和反映单位经济业务事项的,具有保存价值的文字、图表等各种形式的会计资料,包括通过计算机等电子设备形成、传输和存储的电子会计档案。会计档案主要有会计凭证、会计账簿、财务会计报表以及其他会计资料等专业材料,它是记录和反映经济业务的重要历史资料和证据。

(1) 会计凭证。会计凭证是记录经济业务,明确经济责任的书面证明。它包括自制原始凭证、外来原始凭证、原始凭证汇总表、记账凭证(收款凭证、付款凭证、转账凭证)、记账凭证汇总表、银行存款(借款)对账单、银行存款余额调节表等。

(2) 会计账簿。会计账簿是由一定格式、相互联结的账页组成，以会计凭证为依据，全面、连续、系统地记录各项经济业务的账簿。它包括按会计科目设置的各类总账、各类明细账、现金日记账、银行存款日记账、固定资产卡片以及其他辅助性账簿等。

(3) 财务会计报表。财务会计报表是反映单位财务状况和经营成果的总结性书面文件，有主要财务指标快报，月度、季度、半年度、年度财务会计报表等，包括资产负债表、损益表、财务情况说明书等。

(4) 其他会计资料。其他会计资料属于经济业务范畴，是指与会计核算、会计监督紧密相关的，由会计部门负责办理的有关数据资料。例如，经济合同、财务数据统计资料、财务清查汇总资料、核定资金定额的数据资料、银行存款余额调节表、银行对账单、纳税申报表、会计档案移交清册、会计档案保管清册、会计档案销毁清册、会计档案鉴定意见书等。实行会计电算化的单位存储在磁性介质上的会计数据、程序文件及其他会计核算资料均应视同会计档案一并管理。

会计档案有如下三个特点：

(1) 产生与使用的普遍性。从会计档案的形成部门与单位来看，凡是具备独立核算资格的单位，都会产生会计档案。

(2) 形成过程的连续性。从会计档案的形成过程来看，会计凭证最先产生，然后依据会计凭证填写会计账簿，最后根据会计账簿编制财务会计报表。

(3) 形成程序的严密性。会计工作有严密的法规和制度作为规范和保障，会计档案形成从会计凭证的项目书写、审核，到会计账簿的设置、填写、核算，到财务会计报表的完成，不仅程序密切相连，而且都必须执行国家规定的标准、方法和手续。

二、会计档案的装订

会计年度终了后，需要对会计资料进行整理立卷。会计档案的整理一般采用"三统一"的办法，即分类标准统一、档案形成统一、管理要求统一，并分门别类按各卷顺序编号。

分类标准统一：一般将财务会计资料分成四类，包括会计凭证、会计账簿、财务会计报表、其他会计资料。

档案形成统一：案册封面、档案卡夹、存放柜和存放序列统一。

管理要求统一：建立财务会计资料档案簿、会计资料档案目录；会计凭证装订成册，财务会计报表和其他会计资料分类立卷，其他零星资料按年度排序汇编装订成册。

操作演示 9.1 会计凭证的装订

会计档案的装订主要包括会计凭证、会计账簿、财务会计报表的装订。

(一) 会计凭证的装订

会计凭证一般每月装订一次，装订好的凭证按年分月妥善保管归档。

会计凭证装订前的准备工作主要包括以下内容：

(1) 分类整理，按顺序排列，检查日数、编号是否齐全；

(2) 按凭证汇总日期归集（如按上旬、中旬、下旬汇总归集），确定装订成册的本数；

(3) 摘除凭证内的金属物（如订书针、大头针、回形针），对大的张页或附件要折叠成与会计凭证相同大小的页面，且要避开装订线，以便翻阅时保持数字完整；

（4）整理检查会计凭证顺序号，如有颠倒要重新排列，发现缺号要查明原因，要检查附件是否有漏缺，领料单、入库单、工资、奖金发放单是否齐全；

（5）检查记账凭证上有关人员（如财务主管、复核、记账、制单等）的印章是否齐全。

会计凭证装订时的要求主要包括以下内容：

（1）用"三孔一线"装订法。装订会计凭证应使用棉线，在左上角部位打3个孔，实行"三孔一线"装订法打结装订，结扣应是活的，并放在会计凭证封皮的里面，装订时尽可能使记账凭证及其附件保持大的显露面，便于事后查阅。

（2）会计凭证外面要加封面，封面用质量好的牛皮纸印制，封面规格略大于所附会计凭证。

（3）装订会计凭证厚度一般为1.5cm，这样才可以保证装订牢固、美观大方。

会计凭证装订后需要注意以下内容：每本封面上填写好凭证种类、起止号码、凭证张数，会计主管人员和装订人员签章；在封面上编好卷号，按编号顺序入柜，并要在显露处标明凭证种类编号，以便于调阅。

（二）会计账簿的装订

各种会计账簿年度结账后，除跨年使用的会计账簿外，其他会计账簿应按时整理立卷。基本要求主要包括会计账簿装订前，先按会计账簿启用表的使用页数核对各个账户是否相符，账页数是否齐全，序号排列是否连续；然后按会计账簿封面、会计账簿启用表、账户目录、该会计账簿按页数顺序排列的账页、会计账簿装订封底的顺序装订。

活页会计账簿装订要求主要包括以下内容：

（1）保留已使用过的账页，将账页数填写齐全，去除空白页和撤掉账夹，用质量较好的牛皮纸做封面、封底，装订成册。

（2）多栏式活页账、三栏式活页账、数量金额式活页账等不得混装，应按同类业务、同类账页装订在一起。

（3）在账本的封面上填写好账目的种类，编好卷号，会计主管人员和装订人（经办人）签章。

会计账簿装订的其他方面要求还包括：会计账簿应牢固、平整，不得有折角、缺角、错页、掉页、加空白纸的现象；会计账簿的封口要严密，封口处要加盖有关印章；封面应齐全、平整，并注明所属年度及账簿名称、编号，编号为一年一编，编号顺序为总账、现金日记账、银行存（借）款日记账、分户明细账；会计账簿按保管期限分别编制卷号，如现金日记账全年按顺序编制卷号；总账、各类明细账、辅助账全年按顺序编制卷号。

（三）财务会计报表的装订

财务会计报表编制完成并及时报送后，留存的报表按月装订成册以防丢失。小企业可按季装订成册。第一，财务会计报表装订前要按编报目录核对是否齐全，整理报表页数，上边和左边对齐压平，防止折角，如有损坏部位需进行修补，完整无缺后装订；第二，财务会计报表装订顺序为财务会计报表封面、财务会计报表编制说明、各种按编号顺序排列的财务会计报表、财务会计报表的封底；第三，按保管期限编制卷号。

三、会计档案的保管

2016年实施的《会计档案管理办法》第十一条规定："当年形成的会计档案，在会计年度终了后,可由单位会计管理机构临时保管一年,再移交单位档案管理机构保管。"根据上述规定,会计档案的保管要求主要有以下两项:

(1) 会计档案的移交手续。财务会计部门在将会计档案移交本单位档案管理部门时,应按下列程序进行:编制会计档案移交清册,填写交接清单;在账簿使用日期栏填写移交日期;交接双方经办人和监督人在交接清单项目核查无误后,在会计档案移交清册上签名签章。

(2) 会计档案的保管要求。会计档案室应选择在干燥、防水的地方,并远离易燃品堆放地,周围应备有适宜的防火器材;采用透明塑料膜作防尘罩、防尘布,遮盖所有档案架;会计档案室内应经常用消毒药剂喷洒,经常保持清洁卫生,以防虫蛀;会计档案室应保持通风透光,并有适当的空间、通道和查阅地方,以利查阅;设置归档登记簿、档案目录登记簿、档案借阅登记簿,严防毁坏损失、散失和泄密;会计电算化档案保管要采取防盗、防磁等安全措施。

四、会计档案的查(借)阅

《会计档案管理办法》第十三条规定:"单位应当严格按照相关制度利用会计档案,在进行会计档案查阅、复制、借出时履行登记手续,严禁篡改和损坏。单位保存的会计档案一般不得对外借出。确因工作需要且根据国家有关规定必须借出的,应当严格按照规定办理相关手续。会计档案借用单位应当妥善保管和利用借入的会计档案,确保借入会计档案的安全完整,并在规定时间内归还。"

会计档案为本单位提供利用,原则上不得借出,有特殊需要需经上级主管单位或单位领导、会计主管人员批准;单位外部人员借阅会计档案时,应持有借阅人单位正式介绍信,经本单位会计主管人员或单位领导人批准后,方可办理借阅手续;单位内部人员借阅会计档案时,应经会计主管人员或单位领导人批准后,办理借阅手续。借阅人员应认真填写档案借阅登记簿,将借阅人员姓名、单位、日期、数量、内容、归还日期等情况登记清楚。借阅会计档案的人员不得在案卷中乱画、标记,拆散原卷册,也不得涂改抽换、携带外出或复制原件(如有特殊情况,需经领导批准后方能携带外出或复制原件)。

五、会计档案的鉴定

会计档案的鉴定,是指划分会计档案的保管期限,对其进行初步鉴定、复查鉴定和对丧失价值的会计档案予以销毁的工作。

各种会计档案的保管期限,按其特点可分为永久性和定期性两类。凡是在立档单位会计核算中形成的,记述和反映会计核算的,对工作总结、查考和研究经济活动具有长远利用价值的会计档案,应永久保存。定期保管期限一般分为 10 年和 30 年。会计档案的保管期限,从会计年度终了后的下一年 1 月 1 日算起。例如,2018 年度终了的日期为 12 月 5 日,保管期限从 2019 年 1 月 1 日开始计算。属于永久保管的会计档案包括年度决算报表,涉及外事和对私改造的会计凭证、账簿等。属于定期保管的会计档案包括会计账簿、凭证和月报表等。

会计档案鉴定工作应当由单位档案管理机构牵头,组织单位会计、审计、纪检监察等机构和人员共同进行。会计档案鉴定工作的组织与方法主要包括以下内容:单位在鉴定会计档案时,应成立由主管领导、会计部门与档案管理部门负责人参加的鉴定工作领导小组,制订方案,明确要求、步骤和方法,确保质量。任何个人不得擅自处理会计档案。

会计档案鉴定工作的步骤主要包括以下内容：

(1) 初步鉴定，由会计人员完成。在每年的年度终结时，对需要归档的会计材料进行整理、编目、装订，并根据《会计档案管理办法》确定保管期限。

(2) 复查鉴定，由档案管理部门负责完成。

(3) 销毁鉴定，对保管期满、可以销毁的会计档案，由档案管理部门提出意见，再由财务会计部门与档案管理部门共同鉴定，确认可以销毁的档案；然后编制销毁清册，经批准后，对档案实施销毁。

六、会计档案的编目

编目是指为会计档案编制案卷目录。会计档案案卷目录通常按会计凭证、会计账簿、财务会计报表和其他会计资料分别编制，尤其是永久保管的会计档案，应单独编制案卷目录。会计档案案卷目录的格式如表9.2所示。

表9.2 会计档案案卷目录

顺序号	案卷号	原凭证号	案卷标题	起止年月日	页数	保管期限	存放位置			备注
							库房号	柜号	格号	

会计档案案卷目录的项目及填写方法如下所述。

(1) 顺序号是指会计档案在案卷目录中顺序排列的序号，用阿拉伯数字填写。

(2) 案卷号是指目录内案卷编排的顺序号，是按自然数为序，每卷一个号。

(3) 原凭证号是指记账时按科目赋予的凭证编号。无原始凭证号的，可填写该凭证册上的编号。

(4) 案卷标题应写成"××单位××××年度报表""××单位××××年度经费总账"等。

(5) 起止年月日是指案卷最早形成年、月、日至最后形成年、月、日。

(6) 页数是填写案卷的总页数。

(7) 保管期限是指会计档案的保存时间，分为永久、30年、10年等三种。

(8) 存放位置是指会计档案存放库房号以及柜(架)、格(盒)的编号。

(9) 备注填写需要说明的事宜。

七、会计档案的检索与编研

会计档案记录着单位资金运行和管理情况，是单位的一个重要信息源。有效地开发利用会计档案信息，可以为单位制定发展目标、改善经营管理、提高经济效益提供可靠的数据。因此，做好会计档案的开发利用工作十分重要。

利用前会计部门要编制会计档案的检索工具，检索工具主要包括以下内容：

(1) 案卷目录。案卷目录的编制方法有：① 编制会计凭证、会计账簿、财务会计报表三者合一的会计档案案卷目录;②分别编制会计凭证目录、会计账簿目录、财务会计报表目录;③按保管期限的不同编制不同的会计档案案卷目录。其中,第三种编制方法与会计档案的排列、编号一致,比较有利于档案的保管、移交和销毁。

(2)专题目录。专题目录是根据国家经济建设和编制长远规划的需要,将历年案卷目录中有关生产、基建、供销、经费的内容以及财务决算及说明等按照专题编制的目录。

会计档案编研工作的主要内容是根据档案的内容和本单位的需要编制一定形式的档案参考资料。通常,会计档案管理部门以编制数据性档案参考资料为主。会计档案的编研工作主要包括以下几个方面:

(1)基础数字汇编。基础数字汇编是利用会计档案中各方面的数据信息,将立档单位经济管理活动的数据按若干项目编辑而成的一种档案参考资料。其作用主要是供单位领导和业务人员全面、系统地掌握情况。

(2)重要数据汇编。重要数据汇编是按照时间顺序,将资金、产值、利润、利税、工资、奖金成本等分项制成表格而形成的档案参考资料。

(3)阶段性资金分析表。阶段性资金分析表是按时期对比及反映企业资金运转使用情况的参考资料,主要供单位领导用于掌握单位经营情况、吸取经验教训和研究发展方向。

八、会计档案的销毁

会计档案保管期满,需要销毁时应由本单位档案管理部门会同财务会计部门共同提出销毁意见,并且共同鉴定、严格审查,编造会计档案销毁清册。机关、团体、事业单位和非国有企业会计档案要销毁时,报本单位领导批准后销毁;国有企业经企业领导审查后,报请上级主管单位批准后销毁。

不过,会计档案保管期满,但其中未结清的债权债务会计凭证和涉及其他未了事项的会计凭证不得销毁,纸质会计档案应单独抽出,另行立卷,电子会计档案单独转存,由档案管理部门保管到结清债权债务或未了事项完结时为止;建设单位在建设期间的会计档案,不得销毁。

此外,销毁档案前,应按会计档案销毁清册所列的项目逐一清查核对。各单位销毁会计档案时应由档案管理部门和财务会计部门共同派员监销;各级主管部门销毁会计档案时,应由同级财政部门、审计部门派员参加监销。会计档案销毁后经办人在会计档案销毁清册上签章,注明"已销毁"字样和销毁日期,以示负责,同时将监销情况写出书面报告一式两份,一份报本单位领导,一份归入档案备查。会计档案销毁清册的格式如表9.3所示。

表9.3 会计档案销毁清册

案卷号	单位	类别	案卷标题	所属年月	会计专业编号	页数	保管期限	鉴定日期	销毁日期	备注

会计档案销毁审批报告格式如下页表9.4所示。

表 9.4　会计档案销毁审批报告

会计档案销毁审批报告					
经会计档案鉴定小组于　　年　　月　　日鉴定后,共清理出无保存价值的会计档案(　)卷,应予销毁,请审批。 　单位名称:					
会计档案名称	起止卷号	共计册数	起止年度	应保管年限	已保管年限
主管部门审批意见: 　　　　年　　月　　日			本单位领导意见: 　　　　年　　月　　日		
财会部门审批意见: 　　　　年　　月　　日			档案部门审批意见: 　　　　年　　月　　日		
监销人签名:			销毁人签名:		

任务三　社保档案管理

🔘 知识目标

- 掌握社保档案管理工作的内涵。
- 明确社保档案管理的任务及要求。

🔘 能力目标

- 能够明确社保档案收集、整理、查(借)阅等方面的管理方法。
- 能够根据社保档案管理要求规范地进行社保档案的管理。

🔘 思政目标

- 树立以人为本的服务意识。
- 守正清廉的职业素养。

🔘 案例导入

2003年1月戴××开始在浙江××公司工作。2016年11月戴××与该公司解除了劳动关系,之后又到外地打工。期间,该公司因联系不到戴××,也就没有将戴××的档案及社会保险转移,致使其社会保险中断,失业金无法领取。于是,戴××向法院申诉要求该公司为其转移档案及社会保险关系,并要求赔偿2016年12月至2017年12月期间的失业金损失6000余元。

社保档案是参保人缴纳社会保险费、计发社会保险待遇的重要凭据,根据《中华人民共和国劳动合同法》(2012年修订,2013年施行)第五十条规定:"用人单位应当在解除或者终止劳动合同时出具解除或者终止劳动合同的证明,并在十五日内为劳动者办理档案和社会保险关系转移手续。"实现社保档案的规范化管理,保证社保档案的完整、安全和有效使用,直接关系到参保单位和参保职工的合法权益和切身利益。

任务训练
活动目标
通过调查××单位人力资源部门或地方社保中心,了解社保档案的内容及管理制度,社保档案收集、整理、保管等的具体要求。

活动组织
根据学生的情况灵活分组进行调查。

活动内容与要求
(1) 学生分组调查××单位人力资源部门或地方社保中心,了解社保档案的内容及管理制度,社保档案收集、整理、保管的具体要求,然后各组指定代表介绍本组的调查情况,并总结分析社保档案管理的具体任务。

(2) 结合现实案例,讨论社保档案管理的地位。

理论支撑
社保档案,主要指事关民生的各类社会保险业务档案,是社会保险经办机构在办理社会保险业务过程中,直接形成的具有保存和利用价值的专业性文字材料、电子文档、图表、声像等不同载体的历史记录。我国的社会保险制度从局部试点到全面推开经过多年,而与之对应的社保档案管理制度建设相对较慢,直到2009年9月1日,酝酿达两年之久的《社会保险业务档案管理规定(试行)》正式实施,对社保档案管理职责、归档范围、保管期限等方面做出了明确规定,这是社保档案制度化管理的里程碑,为社保档案的规范管理和合理利用提供了重要的法律依据。

社保档案记录了参保人从申请参保到办理离退休享受社会保险的各项待遇的原始信息,时间跨度较长,中间经历工作流动、失业而变更、续接保金等诸多环节,涉及内容繁杂,数量庞大。这些信息是之后社保机构支付参保人社会保险待遇的原始凭证与依据,在社会保险工作中具有不可替代的重要作用。

一、社保档案的内容及特点

社保档案包括各级社会保险经办机构在办理养老保险、医疗保险、失业保险、生育保险和工伤保险等业务工作中形成的档案材料。

(一)社保档案的内容

社保档案是社会保险事业发展的基础,具有凭证和依据作用,社保档案事关参保人一辈子,是一种比较特殊的档案,在服务民生、保障权益方面起着积极的基础作用。根据人力资源和社会保障部、国家档案局颁布的《社会保险业务档案管理规定(试行)》和社会保险相关政策规定,各单位及社会保险经办机构负责社会保险业务档案的管理工作,应依法管理好员工的各类社保档案材料。社保档案按照其材料涉及内容来分,共包括9类,即4个共有的基础类:管理类、征缴类、统计类、稽核类;5个分险种的待遇类别:养老类、工伤类、失业类、医疗类、生育类。

按照材料的性质，每一大类社保材料又可分为：登记管理类文件材料（如参保登记、分立、更名、注销等核定材料，保险关系、基金转移材料）、保费征缴类文件材料（如缴费基数核定、增减变化及补缴各类保险费材料）、待遇核付类文件材料（调整待遇、增加补助、补贴等有关材料）、业务统计类文件资料（年度、月统计报表）、稽核监督类文件材料（包括与社会保险有关的参保单位或个人有关情况，财务账簿、记账凭证、工资报表、财务报表、统计报表等资料的录音、录像、照相、复制材料）等。

（二）社保档案的特点

社保档案主要有以下特点：

（1）社会性强。社保档案的社会性源自社会保险自身的社会性。当前，我国的社会保险项目不断拓展，覆盖范围不断扩大，参保人数急剧增加，社保档案涉及人群越来越广。

（2）专业性强。社保档案管理的工作流程与经办业务流程同时进行，归档范围和保管期限由资料所记载信息的专业查考价值决定，与一般的文书档案管理相比，其对档案工作人员的管理水平和操作技能都有较高的专业要求。

二、社保档案的收集

社会保险经办机构办理社会保险业务过程中形成的文件材料，按照《社会保险业务档案管理规定（试行）》的附件《社会保险业务材料归档范围和保管期限》进行收集、整理、立卷、归档，确保归档材料的完整、齐全，不得伪造、篡改。

社保机构档案收集范围主要是在社保机构办理养老保险、失业保险、医疗保险、工伤保险、生育保险过程中，直接形成的具有保存价值的文件、图表、声像、数据等各种形式和载体的原始记录。

三、社保档案的整理

社保档案分类应当按照社会保险业务经办的规律和特点，以方便归档整理和检索利用为原则，采用"年度—业务环节"或"年度—险种—业务环节"的方法对社会保险业务材料进行分类、整理，并及时编制卷内目录、案卷目录等。社保档案的整理主要包括以下步骤。

（1）确定文件材料的收集范围和划分保管期限。

（2）分类、立卷与排列。

① 分类：将归档文件按其险种结合管理方式一般分为 9 大类，即社会保险管理类（GL）、社会保险费征缴类（ZJ）、养老保险待遇类（YL）、医疗保险待遇类（YB）、失业保险待遇类（SB）、工伤保险待遇类（GS）、生育保险待遇类（SY）、社会保险业务统计报表类（TJ）、社会保险稽核监管类（JH），有时也会根据具体情况需要增加社会保险基金收缴支付结算类（JS）。

② 立卷与排列：按年度立卷，材料少的一个年度一卷，材料多的可按结构的不同结合厚度分成若干个卷，按序排列，但不同年度的材料不能混合立卷。社会保险业务文件材料按一年编一个案卷流水号，保管期限为永久、100年、50年、30年、10年的档案分别以卷为单位顺延流水号统一从"1"排，先排永久，后排100年、50年、30年，最后排10年。

（3）装订及折叠。

① 社保业务文件材料按卷装订。按办理业务环节流程中形成的文件材料依次排列装订。

② 去除铁质订书钉,不要使用不符合要求的纸张进行裱糊、不符合要求的字迹进行复制,以文件左边线和下边线为基准,在距左边线 1.5cm、距上下边线 4.5cm 处等分三孔,用棉线装订,在背面打结,要求结实、平整、美观。

(4) 编文件页码。给每卷归档文件材料编完整的页码,有文字和图表的页面算一页,页码编在右上角(背面有文字的编在左上角)。

(5) 编制档号。档号可以有次序地固定档案的位置,便于档案的保管、检索、统计和利用。编制档号要根据全宗内社保档案分类有关的代字、代号确定档号的结构,其档号结构如下所示,社保业务档案档号:全宗号—类别—年度—期限—案卷号。

(6) 编制检索工具。主要工作是进行社保档案的著录,使用计算机文件档案管理系统"案卷级档案管理"模块著录以下内容:案卷题名、编制单位、案卷时间、页数、文件份数、保管期限、目录号、案卷号、全宗号、档号。

(7) 标注案卷皮。案卷皮的标注主要包括以下内容:
① 案卷皮封面的填写:全宗号—类别—年度—保管期限—案卷号。
② 案卷题名:即案卷标题。
③ 立档单位:填写立档单位全称或规范简称。
④ 起止日期:填写本卷档案文件形成的最早日期和最后日期。
⑤ 保管期限:填写本卷档案所划定的保管期限。

(8) 填写备考表。标注卷内件数、页数,填写本卷情况说明(如文件缺损、修改、补充、复制、移出、销毁等情况),填写立卷人、检查人、立卷时间等信息。

(9) 装盒。同一年度、同一类别、同一保管期限的若干个卷可装入一盒中。装好盒后,社保档案盒正面所在案卷题名粘贴处粘贴案卷题名。盒脊需要填写全宗号、年度、类别、保管期限、案卷号、盒号等信息。

四、社保档案的鉴定

档案管理部门应当成立由社保经办机构相关负责人、业务人员和档案工作人员,以及人力资源与社会保障行政管理部门有关人员组成的业务档案鉴定小组,负责鉴定并提出意见,有必要继续保存的,应当重新确定保管期限。

社保档案的保管期限定为永久和定期两种,定期又分为四类。社保档案的保管期限代码为:永久(Y)、100 年(H)、50 年(C)、30 年(Z)、10 年(D)。社保档案的保管期限,自形成之日的下一年 1 月 1 日开始计算。经过鉴定可以销毁的档案,编制销毁清册,报同级人力资源与社会保障行政部门备案,经社会保险经办机构主要负责人批准后销毁。未经鉴定和批准,不得销毁任何档案。社会保险经办机构应当派两人以上监督销毁档案。监督人员要在销毁清册上签名,并注明销毁的方式和时间。销毁清册要永久保存。

五、社保档案的查(借)阅

社会保险经办机构依法为参保单位和参保个人提供档案信息查询服务。

社保档案查询利用程序主要包括以下内容:

(1) 参保单位或参保个人申请。可向社会保险经办机构管理人员办理查询借阅手续,填写社会保险业务档案查询申请单,并根据利用范围履行相应的审批手续,在指定的阅览区域内查阅。社保档案查阅完毕后,由借阅人在登记簿上签字。档案工作人员收回查阅档案时,应当检查页码是否完好,并注明归还日期。

(2) 社保档案一般不外借。因特殊情况需要将社保档案借出时,需经分管领导批准,借出时间不超过两个星期。严禁在档案上打点、画线、折角、做记号以及涂改、撕、拆。

(3) 未经社会保险经办机构主要负责人批准,任何组织和个人不得擅自公布档案内容。

六、社保档案的保管

社会保险经办机构应当认真按照档案保管、保密、利用、移交、鉴定、销毁等的管理要求执行相关程序,保证社保档案妥善保管、有序存放,严防毁损、遗失和泄密。

社保档案由县级以上社会保险经办机构集中保存。社会保险经办机构应当设置专门的部门和档案工作人员,配备必要的设施、场所,确保档案的安全,并根据需要配备适应档案现代化管理要求的技术设备。

档案库房、阅览室、办公室应按要求分设,三个区域间应保持一定的分隔与联系,避免交叉,保持畅通。实行社保档案保管、查阅、办公三分开。档案库房中应使用档案装具对档案进行保管。

档案装具包括存放档案的档案架和装订档案的包装材料。按照保存档案的载体类型,应当配备存放纸质档案的活动密集架、档案箱、档案柜,以及存放磁性载体档案的防磁柜等。装订档案的卷皮、档案盒应采用符合国家标准(一般为pH7.68±0.01)的无酸牛皮纸制作。

在具体使用中会用到档案工具。档案工具包括整理装订档案的工具和对档案进行信息化管理的设备。

(1) 整理装订档案的工具包括页码打号机、裁纸机、打孔装订机、归档章等。

(2) 对档案进行信息化管理的设备包括计算机、打印机、复印机等常用办公设备,以及扫描仪、数码相机、数码摄像机、刻录机等档案数字化设备。

专门档案是特殊专业领域内工作或管理活动中形成的原始资料,涉及人和资金的问题,非常重要。因此对于专门档案要特别重视,尤其是人事档案、社保档案,可能会涉及当事人工资福利待遇等,且时间比较长,几乎跟随一生的,相关部门应认真管理,确保相关材料的完整与安全。

▶ **思考与练习**

一、案例分析

××单位职工田××,因对组织调动工作不满,将自己管理的会计档案100多份,从办公室抱到寝室撕毁,领导发现后及时予以制止,但已有49份会计档案被毁,造成了无法弥补的损失。根据《档案法》第四十九条和《会计档案管理办法》第十三条等相关规定,经研究决定,给予田××留用察看一年的行政处分。请用所学知识对田××的行为及后果进行分析。

二、技能题

(1) 小张是××机械厂的一名工人,2008年因偷窃被判有期徒刑5年,期间社保停缴。2013年释放后小张到××汽车修理厂工作。那么,小张可否查阅自己的社保档案?需要办理的手续有哪些?

(2) 齐××原为一纺织厂工人,自1993年出国后,一直去向不明,人事档案也一直没有转走。现在这家纺织厂被并入另一家公司,那么,齐××的人事档案应如何处理?

综合训练

专门档案管理技能训练

实训内容

(1)了解人事档案、会计档案、社保档案的收集范围及管理技巧。

(2)实地操作整理、鉴定单位人事档案、会计档案和社保档案,并向档案工作人员咨询操作整理的技巧。

实训目的

通过调查整理单位人事档案、会计档案和社保档案,实际了解专门档案的内容及管理工作;并练习按照国家标准整理相关人事档案、会计档案和社保档案材料。

实训地点

档案实训室/单位档案室。

实训组织

学生分成几个小组,认真预习实训内容,准备相关材料。

实训过程

(1)教师讲解本次实训的目的及基本要求。

(2)实地整理、鉴定单位待整理的人事档案、会计档案或社保档案;参观整理好已上架的人事档案、会计档案或社保档案案卷,分析其档号、案卷的排列编号的具体做法。

(3)讨论人事档案、会计档案和社保档案在收集、鉴定销毁、保管利用等环节的区别。

法规阅读

(1)《会计档案管理办法》

(2)《社会保险业务档案管理规定(试行)》

项目十

档案数字化与数据库管理

档案数字化是数字档案建设最基础的工作,传统载体的档案经高科技数码技术加工成数字档案形式,目的是适应档案信息服务新环境的挑战,增强档案业务部门的服务水平。它为社会和单位内部的档案利用者实现计算机检索与阅读、网络在线服务等打下良好的基础。本项目将重点介绍传统档案数字化及档案数据库管理的具体操作过程与方法,适用于各级各类档案馆(室)的传统档案数字化及档案数据库管理工作。

第十课 档案数字化与数据库管理

【学习目标】

(1)知识要求:通过本项目的学习,掌握传统档案数字化工作的方法和步骤。

(2)能力要求:通过本项目的学习与任务训练,能够按照传统档案数字化工作的方法和步骤、档案数据库建设的要求和标准,做好传统档案数字化和档案数据库管理工作,以服务社会。

(3)思政要求:通过本项目的学习与任务训练,学生能够学会档案数字化与数据库管理技能,具有与时俱进、创新开拓的职业素养,以及精益求精的工匠精神。

【职业箴言】

数字驱动、守正创新,共享安全、云端服务。

解读:这是大数据时代对我们档案工作人员的要求和使命,科技发展给档案管理工作带来了前所未有的发展机遇,也给档案管理工作带来了一定的挑战,档案工作人员应不畏困难,迎难而上,守正创新,积极进行档案数字化,以实现云端服务。

任务一　传统档案数字化

▶ **知识目标**
- 掌握传统档案数字化的内涵。
- 明确传统档案数字化的任务及流程。

▶ **能力目标**
- 能够明确传统档案数字化的意义与原则等。
- 能够根据相关程序,规范地进行传统档案数字化工作及其维护管理。

▶ **思政目标**
- 培养学生与时俱进创新开拓的职业精神。
- 培育学生敬业尽责、精益求精的工匠精神。

▶ **案例导入**

> **浙江省温州市龙湾区数字档案馆成功通过国家级测试**
>
> 　　近年来,龙湾区档案局(馆)在项目建设、资源建设、服务绩效等方面取得了突破性进展,从2013年数字档案馆系统立项开始,先后投入434.03万元到硬件平台、软件系统、档案数字化加工等项目建设中,目前,建成机房设备为硬件平台中心,馆藏档案管理系统、馆室一体化系统、龙湾档案网等系统为软件平台中心,涵盖局域网、政务网和互联网的数字档案馆系统。同时,累计完成馆藏118个全宗,45698卷321093件的纸质档案数字化工作,数字化比例达到了99.43%。建成专题(民生)数据库16个,30927卷188923件,占馆藏总量的59.9%。开展电子文件接收工作,累计完成13家单位,60483件,15种类型的电子档案移交工作。最终建成了以软硬件系统为基础、数字资源为保障、安全管理为核心、服务利用为目标的数字档案馆体系。
>
> 　　(资料来源:龙湾区数字档案馆成功通过国家级测试[EB/OL].(2018-03-05)[2019-07-08].http://daj.longwan.gov.cn/art/2018/3/5/art_1251564_15976689.html.)

　　档案数字化顺应潮流、适应时代发展的新要求,是新环境下档案信息服务的新举措。传统档案数字化是数字档案馆建设最基础的工作,传统载体的档案经高科技技术加工成数字档案形式,通过局域网、政务网、互联网进行计算机检索、阅读电子档案,不仅提高了档案管理部门的管理水平和工作效率,而且也增强了档案业务部门的服务水平,为档案内部管理及社会利用提供了高效率的全面服务。

▶ **任务训练**

活动目标

通过训练使学生获得纸质档案数字化的技巧。

活动组织

根据学生情况灵活分组;教师课前准备一些纸质档案的案卷、扫描仪若干台。

活动内容与要求

(1) 学生分组运用计算机、扫描仪或数码相机等设备按照纸质档案数字化的具体要求,将待数字化的纸质档案扫描,或通过文字录入方式将案卷信息输入到计算机系统,讨论如何更好地进行数字化建设。

(2) 结合当前档案信息网的具体案例,讨论我国纸质档案数字化的现状。

◆ **理论支撑**

随着网络技术的发展,互联网因其便利快捷的特点逐渐成为人们获取信息、利用信息的主要途径。为了便于档案信息的收集、保存和开发利用,必须运用先进的网络技术来改善传统的档案保护和利用工作模式。利用数字图像处理技术等现代化手段,对纸质档案等进行数字化管理,成为当今档案信息化建设的重要内容。这要求充分应用计算机软硬件功能,最大限度地发挥人力资源和数字化加工设备的作用,兼顾保护档案原件的要求,保证数字化档案的真实可靠,以便更好地发挥档案信息资源的作用。

我国档案信息现代化管理主要经历了两次飞跃:第一次,从 20 世纪 80 年代开始,档案信息目录实现使用计算机检索,建立可供计算机检索的档案信息目录数据库(包括案卷级和文件级目录);第二次,从 21 世纪初开始,逐渐实现了档案信息数字化的管理与利用,即通过对档案信息的电子扫描,建立档案信息图像文件数据库,运用档案管理信息系统,结合计算机网络通信技术,使人们无论是到馆查阅,还是异地网络浏览,都可以做到在授权范围内实现档案信息全文查阅。

一、档案数字化的内涵

档案数字化是利用数据库技术、数据压缩技术、扫描技术等技术手段,将纸质档案、银盐感光材料照片档案、以模拟信号为记录形式(录音带、录像带)的录音、录像档案等介质的档案进行数字加工,将其转化为存储在磁带、磁盘、光盘等载体上并能被计算机识别的数字图像或数字文本的处理过程。它将各种载体的传统档案资源转化为数字化的档案信息,以数字化的形式存储,网络化的形式互相连接,利用计算机系统进行管理,形成一个有序结构的档案信息库。主要包括传统档案数字化处理和档案数据库的建设,目的是及时提供利用,实现资源共享。档案数字化有以下三个方面内容:

首先,数字化加工、存储档案信息。包括馆(室)藏的各种传统档案的数字化和归档的电子档案的数字化处理;其中前者是主体,即纸质档案、录音录像档案等各种载体的传统档案资源数字化加工处理,转化为可存储的数字化档案信息,利用计算机系统进行管理。

其次,整合资源,构建档案信息库。根据档案馆(室)的馆(室)藏档案资源特点以及社会或单位档案信息利用方向,整合数字化的档案资源,形成一个个有序的、不同结构的档案信息数据库。

最后,网络化连接搭建网络服务平台。通过互联网等架构一个网络化信息服务平台,实现资源共享,及时提供利用服务。

二、档案数字化的意义

(1) 档案数字化能够提供方便快捷的档案信息利用服务方式。档案收藏的目的除保存历史记录外主要是为了利用,这是档案工作的生命线。数字化的档案信息可以通过网络等现代技术实现异地的远程利用,为利用者提供方便快捷的档案信息服务方式和途径。

(2) 档案数字化是对纸质档案原件实行有效保护的方式。档案具有原始性和凭证性,是真实记录历史的重要体现,随着时间的推移,需要最大限度地保护档案原件,档案数字化之后,档案利用方式主要是使用数字化的档案信息,档案原件得到了有效保护。此外,计算机存储方式给档案原件抢救开辟了新的途径,档案数字化是保护濒危档案原件最经济和最便捷的方法。

(3) 档案数字化能够使不同载体形式的档案信息得到转化与再现。当档案载体形式不同时,我们经过数字转换,将录音录像、照片等各种形式的档案信息进行再现,既加强管理又方便利用。

(4) 档案数字化为实现档案信息资源共享奠定了基础。我国档案信息数据库随着近年来科学技术的发展而快速发展起来,以信息网络和数字技术为手段,推进我国档案管理资源共享,尤其是面向社会和民生的档案信息。《"十四五"全国档案事业发展规划》正在加快推进档案信息化建设,实施档案信息化强基工程。其重点建设项目之一——全国档案查询利用服务平台建设项目,其建设目标是依托国家档案局官方网站,运用信息网络技术,打破各省档案信息资源交互壁垒,构建全国范围的档案查询利用服务平台总门户,并对已建成的省级档案查询利用服务平台进行技术对接,实现全国档案信息资源的共享利用。目前全国档案查询利用服务平台即将进入内部试运行阶,正在从国家、地区多层面一体推进档案信息共享利用工作,建设以全国档案查询利用服务平台为支撑、档案查询"一网通办"的全国档案信息共享利用体系。

在信息化和数字化技术飞速发展的时代,档案数字化是档案管理发展的必然趋势,我们现在所做的档案数字化工作除强化档案管理部门自身管理和方便档案信息的利用外,也为在国家大环境下建立的科学技术档案信息数据库并入国家数字档案联网数据库、实现资源共享做好了基础准备。

三、档案数字化的原则

档案数字化要以档案利用为导向,以优化为原则,有步骤地进行,要符合实际,符合现代管理理念,不可片面追求速度而忽略质量,造成浪费。

(一) 科学性原则

档案数字化的科学性原则指在进行数字化时遵循档案信息的形成、保管、利用的客观规律,使档案信息数字化工程真正服务于社会,发挥其信息资源的作用,要求从档案信息的收集、处理、存储、传递、利用乃至反馈的整个过程,都必须保证真实、准确、可靠,数字化的方法和手段要注意科学性。

(二) 实用性原则

针对馆(室)藏档案有重复利用和紧急利用两种方式,急用、常用档案应优先进行数字化,坚持"现用现扫,常用先扫,已用定扫"的快捷服务方式。社会需求是制定和调整档案数字化工作策略的"风向标"。档案业务部门应注重多年档案利用的情况统计,把利用频繁的档案进行综合分析,科学地确定优先进行档案数字化的范围。许多档案信息具有实效性,过了一定期限后其价值就会降低,甚至丧失,因此在进行档案数字化时要用发展的眼光看待,争取在档案信息价值的升值前期完成。档案数字化加工与数字化档案利用同步实现,是充分利用计算机网络技术,更好、更快地实现档案数字化的最佳途径。

（三）规范性原则

档案数字化的规范性原则指档案数字化后的文件格式符合国家档案局颁布的档案电子文档标准,具有较好的通用性,能够通过计算机网络检索提供给利用者。数字化后的档案信息内容要与原纸质档案信息完全一致。如果解决了数字档案的法律凭证作用问题,利用者在计算机网络上利用的数字化档案信息相当于在档案馆实地查阅原始档案实体,对于有些特殊的电子文件能以原始形成格式进行还原显示,例如照片、图纸等。

（四）安全性原则

档案数字化的途径一般有两种：一是通过归档接收电子文件；二是馆（室）藏传统载体档案数字化。馆（室）藏传统载体档案数字化的方式一般是通过计算机录入和扫描两种方式进行的,与传统的档案信息相比,这些数字化档案信息,因为依托于计算机存储技术、网络技术,所以具有明显的不稳定性,数字化信息的内容和位置易发生变化。因此,在档案数字化过程中,要做到以下几点,以保证安全性原则：(1)通过录入或扫描方式得到的数字化档案信息,要确保档案原件的安全；(2)在处理和存储数字化档案信息时,要确保数字化档案信息的内容与档案原件相吻合；(3)遵循原始档案的保密性,确保涉密档案的信息不被未授权者浏览；(4)利用先进的计算机安全技术,如防火墙、实时杀毒软件以及存储设备等,保证已经数字化的档案信息的安全。

（五）共享性原则

档案数字化的共享性原则是由档案信息的利用率决定的,因为档案信息是来自社会的宝贵财富,数字化的档案信息利用得越广泛,其作为资源的作用就发挥得越充分。因此,要建立完备的档案数字化保障体系和高效的信息流通、传递和利用体系,通过有效的分析和管理,及时准确地把利用率高且具有较大社会效益和经济效益的档案信息最大限度地进行利用。

四、档案数字化的标准

档案数字化的目标是实现档案信息的资源共享,但各行各业的单位档案信息载体、内容等千差万别,因此在档案数字化过程中各单位档案业务部门必须遵循国家档案管理和信息管理方面的标准。

目前,档案数字化工作的参照执行的各类标准有：《纸质档案数字化规范》(DA/T 31—2017)、《录音录像档案数字化规范》(DA/T 62—2017)、《录音录像类电子档案元数据方案》(DA/T 63—2017)、《电子文件归档光盘技术要求和应用规范》(DA/T 38—2008)、《照片类电子档案元数据方案》(DA/T 54—2014)、《特殊和超大尺寸纸质档案数字图像输出到缩微胶片上的技术规范》(DA/T 49—2012)、《数字档案 COM 和 COLD 技术规范》(DA/T 53—2014)等,这些标准是档案数字化过程中资源整合、有效共享的基础,也是档案数字化工作需要解决的首要问题。

五、档案数字化的工作环节及操作方法

档案数字化的工作环节主要有两个方面：一是每年新增的档案信息的数字化；二是馆

(室)藏档案信息的数字化,馆(室)藏档案指已经经过档案工作人员整理上架的待检索查阅的纸质档案、录音录像档案等传统载体的档案信息。数字化处理方式有直接扫描法、数码相机拍摄法、缩微影像转换法等。数字化基本程序包括前期准备、实施转换、图像处理、数字化存储、后期整理。

1. 增量档案数字化

增量档案是指每年各单位形成的待归档的各种形式的档案材料。随着我国信息化技术和电子政务、网络办公的发展,各单位文件在形成初期就以电子文件形式存在于计算机存储设备中,归档时是电子档案与纸质档案双套移交的,因此每年增量档案文件基本为各种形式的电子文件。为了后续管理的衔接顺畅,档案管理部门预先会结合单位实际情况,研发或购置相应的电子档案管理系统软件直接参与前期预立卷控制和管理。因此增量档案文件的数字化操作与馆(室)藏的纸质档案等传统档案数字化相比,操作比较简单,工作量也相对少。

增量的电子档案归档主要有两种方法,一是在线归档,二是离线归档。这类档案的数字化过程比较简单,一般经过归档后就基本完成。

(1) 在线归档及数字化。在线归档即联机归档,是指将在计算机网络中的电子文件目录和电子档案原件,经过系统软件进行在线归档处理,集中存储在受档案管理部门控制的计算机存储器中,向档案管理部门移交的过程。在线归档不改变存储方式和存储位置,即实现将电子文件的管理权限向档案管理部门移交。

在线归档要求档案管理系统软件的功能模块中具有异地实时归档移交功能,就是在计算机网络中采用C/S或B/S的架构,使档案形成部门的兼职档案工作人员在办公室的计算机终端上,利用功能模块中电子文件的上传功能,把不同内容的电子文件根据分类和档案著录原则分别挂接到档案管理部门的数据库服务器中的对应字段中,完成电子文件的在线归档。

常用的在线归档方法以下两种。

① 在线集中式归档:在档案管理部门控制的数据库服务器中开辟中心文件库,各档案形成部门将归档电子文件分类别、分年度、分内容存储到该中心文件库中去,归档时集中到中心文件库中去调取。

② 在线分布式归档:各档案形成部门将归档电子文件存储在本地终端中,归档时通过电子档案管理系统软件中的网络传输功能向档案管理部门移交。

档案形成部门在上传归档文件时已经根据分类和档案著录原则把不同内容的电子文件分别挂接到档案管理部门的数据库服务器中的对应字段中,所以档案的数字化过程已基本完成,档案管理部门只需验收审核,并根据服务器数据库中的案卷、卷内目录等对部分增量档案进行局部调整,分类整合。

(2) 离线归档及数字化。电子文件的离线归档,就是指档案形成部门将电子文件集中下载到可脱机保存的载体介质上,并向档案管理部门移交的过程。形式一般为记录有电子文件的磁性载体,如光盘、磁带等磁性材料。

在离线归档中,归档的电子档案只是存储位置从档案形成部门转移到档案管理部门,归档方式与传统的纸质档案归档类似。档案管理部门在接收到离线归档的电子文件光盘或磁性材料的载体后,应及时根据服务器数据库中的案卷、卷内目录以及电子档案原件的类型的字段把归档的字段内容一一对应后,再著录导入、归类挂接,追加到数据库服务器中,完成增量档案信息的数字化。

2. 馆(室)藏档案数字化

馆(室)藏档案数字化指把档案库房内经过归档上架的纸质档案、录音录像档案等传统载体的档案信息经过扫描仪、数码照相机等数字化设备将档案信息由各种物理载体形式体现出来的信息进行数字化。这类档案数字化工作量较大,要有目的、有步骤地进行。主要内容包括前期工程——鉴选(鉴定、鉴别、优选),实现方式——转换、存储、著录,最终目的——检索、利用,后期管理——验收保管、维护(数据迁移、系统升级)。档案馆和各单位档案室应结合馆(室)藏档案的珍贵程度、开放程度、利用率、数字化资金情况等因素,科学有序地开展馆(室)藏档案数字化工作。

(1) 纸质档案数字化操作。纸质档案数字化即采用扫描仪等设备对纸质档案进行数字化加工,使其转化为存储在磁带、磁盘、光盘等载体上的数字图像,并按照纸质档案的内在联系,建立起目录数据与数字图像关联关系的处理过程。

纸质档案数字化的基本环节包括数字化前准备与处理、档案扫描、图像处理、数据挂接、数字化成果验收与移交、档案归还入库等。

① 数字化前准备与处理。

首先,档案管理部门应对档案进行清点登记和质量检查。对要进行数字化的案卷进行出库清点登记和档案质量检查,确保纸质档案的安全。检查重点是对档案的完整性、破损情况进行检查,记录并反馈缺码、缺页、重码、破损等情况。对于字迹不清、破损污染、编号有误、案卷(文件)题名不确切、缺少目录等不能进行数字化加工或数字化后影响利用的档案,应在数字化之前解决这些问题。解决这些问题不是对档案进行重新整理,而是要根据数字化的需要进行,根据数据采集的方式不同要区别对待。

其次,拆除装订与整理修补。一般在扫描前要拆除装订物,特殊装订且拆除装订后需恢复的档案,在拆除前应采用拍照等方式记录档案原貌,以便于恢复。之后根据检查及反馈的情况对档案实体错误进行纠正,重新调整档案,包括重编页码、补编页码、纠正卷内(案卷)目录、备考表等。破损严重或其他无法直接进行扫描的纸质档案,应先由专业技术人员进行技术修复。

最后,还要建立数据库并进行相关设置。按照目录数据库建立时制定的数据规则,对照档案原件内容,规范档案中的目录内容。

② 档案扫描。依照整理后的纸质档案顺序进行档案的扫描,依据案卷档案号进行文件夹管理,同时依据件号进行文件命名。

档案管理部门在扫描时应注意扫描分辨率、扫描方式、扫描模式、压缩存储格式四个扫描参数的确定。扫描分辨率参数大小的选择,原则上应保持扫描后的图像清晰、完整、不影响图像的利用,采用黑白二值、灰度、彩色几种模式对档案进行扫描时,分辨率一般均建议选择不小于200dpi,特殊情况下,如文字偏小、密集、清晰度较差等,可适当提高分辨率,应不小于300dpi,个别需要高精度仿真复制的档案,扫描分辨率建议选择不小于600dpi。

扫描方式是根据档案幅面的大小(A4、A3、A0等)选择相应规格的扫描仪或专业担描仪进行扫描。大幅面档案可采用大幅面数码平台,或缩微拍摄后的胶片数字化转换设备等进行扫描,也可以采用小幅面扫描后的图像拼接方式处理。纸张状况较差,以及过薄、过软或超厚的档案,应采用平板扫描方式,纸张状况好的档案可采用高速扫描方式以提高工作效率。

扫描模式中扫描色彩模式一般有黑白二值、灰度、彩色等,通常采用黑白二值。页面为黑白两色，并且字迹清晰、不带插图的档案，可采用黑白二值模式进行扫描。页面为黑白两色，但字迹清晰度差或带有插图的档案，以及页面为多色文字的档案，可以采用灰度模式扫描。页面中有红头、印章或插有黑白照片、彩色照片、彩色插图的档案，可根据具体情况采用彩色模式进行扫描。

纸质档案数字化过程中，较常见的压缩存储格式有 TIFF、JPEG、PDF 等。

③ 图像处理。按照实体档案顺序排列扫描图像，并进行文件管理，确保图像端正、页码连贯无缺、图像干净无黑边。对分幅扫描形成的多幅数字图像，应进行拼接处理，合并为一个完整的图像；对阅读方向不正确或者不规范的数字图像应进行拼接、旋转、纠偏、裁边、去污等处理。

④ 数据挂接。档案管理部门挂接前应以档号为基础对数字图像命名，并依据整理后的档案实体录入卷内目录及案卷目录。按照"年份—档号—件号"这种电子档案信息的逻辑保存方式进行数据的管理，并按照合理的方式进行光盘刻录。

档案管理部门在档案管理软件开发单位的支持下，应借助相关软件将数据库中的目录数据和对应的纸质档案数字图像进行挂接，以实现目录数据与数字图像的关联，并逐条对挂接结果进行检查，确保对应准确，目录数据与数字图像一一对应。

⑤ 数字化成果验收与移交。档案管理部门应对数字化成果验收，包括目录数据中各条目的内容、格式等的准确性，元数据元素的完整性和赋值规范性，目录数据和对应的数字图像挂接的准确性等，验收合格方能装订移交。

⑥ 档案归还入库。档案管理部门在档案数字化完成后，应将档案原件依据国家标准与规范装订成卷，用"三孔一线"装订法重新装订还原档案，还原装订的档案要保证正确、美观。在还原装订后，按照要求履行一定手续将档案原件移交入库保存。

（2）录音录像档案数字化操作。录音录像档案数字化，即对以模拟信号为记录形式的录音录像档案进行数字化加工，使其转化为存储在磁带、磁盘、光盘等载体上的数字音频文件和视频文件，并按照录音录像档案的内在联系，建立起目录数据与数字音视频文件关联关系的处理过程。

录音录像档案数字化过程有：数字化前处理、数据库建立、信息采集、音视频处理、数据挂接与检查、数字化成果验收与移交、档案归还入库等。

① 数字化前处理。档案管理部门应先确定数字化的录音录像档案信息采集范围，再对录音录像档案载体进行外观检查，如出现卷曲、变形、划伤、脆裂、粘连、变色、生霉等影响数字化的不良情况，应对录音录像档案载体进行适度的清洗或修复等技术处理。

② 数据库建立。档案管理部门应根据档案著录的要求预先制定目录数据库数据规则，包括数据字段类型、字段长度、字段内容要求等。在选择数据库时要注意数据格式的通用性，以便于数据交换；数据库中要进行功能设置，如数据自检的校对功能，可对著录项目的完整性、著录内容的规范性和准确性进行纠错提示，发现不合格的数据可及时进行修改。

③ 信息采集。使用专业的录音录像数据采集设备、按照标准要求设置和调整相关参数后采集信息，具体录音录像数字化技术参数可参考《录音录像档案数字化规范》(DA/T 62—2017)执行。一般录音档案数字化的采样率不低于 44.1kHz，珍贵的录音档案采样率不低于 96kHz；量化位数为 24bit，声道为原始声道数记录，文件格式为 WAVE 格式。录像档案数字化的视频编码格式采用 H.264 或 MPEG-2 IBP；采集为标清时分辨率为 720×576 或 720×480，采集为高

清时分辨率不低于1920×1080,视频比特率标清时不低于8Mbit/s,高清时不低于16Mbit/s,文件格式为 AVI 或 MXF 格式。

④ 音频视频处理。主要包括格式转化与效果处理、著录与命名两个方面。格式转化与效果处理：数据采集后要对原始音频视频文件的拷贝文件进行压缩编码与格式转换,并对声音进行降噪、画面去划痕、校色等处理等,以保证采集后的数字音频视频信息清晰完整、不失真,效果最接近档案原貌。

著录与命名：档案管理部门应将录音录像档案特征进行著录,并录入数据库,形成准确完整的目录数据；再按照档案管理部门的档号编制规则,编制档号,且以档号为基础对音频视频文件命名,命名后要建立音频视频文件的存储路径。

⑤ 数据挂接与检查。档案管理部门应借助相关软件按照存储路径对数据库中的目录数据和对应的录音录像档案数字化音频视频文件进行挂接,以实现目录数据与音频视频文件的关联。挂接完成后应对挂接结果逐条检查,包括挂接文件与实际数字化数量是否一致、文件是否能正常打开等,发现问题应及时进行纠正。

⑥ 数字化成果验收与移交。档案管理部门应成立专门的验收小组或者采用计算机自动检验与人工检验结合的方式对录音录像档案数字化成果进行验收。验收合格的数据应及时移交,并履行交接手续。

⑦ 档案归还入库。数字化处理完成后,档案管理部门应按照相关要求对录音录像档案原件进行处理和清点,并履行档案手续入库保存。

相对于纸质档案数字化,录音录像档案数字化工作对设备和技术要求较高,在实际工作中往往外包加工。在具体实施过程中,档案部门应依据《档案数字化外包安全管理规范》(档办发〔2014〕7号),对数字化服务机构、数字化场所、数字化加工设备、数字化成果移交接收等有严格的安全管理要求,同时应指派专门人员参与档案数字化外包业务的监督、指导。

此外,在进行数字化时,还要注重档案数字化工作与档案数据库建设、档案信息网络开发的有机衔接。提出系统优化的技术路线,规划设计档案鉴定与数字化同步、档案数字化与上网利用同步、多种档案数据库建设同步的流程,以实现档案数字化与上网利用的低成本、高效率、高效益。同时,运用 CA 认证、数字水印、电子签章等技术,为网上档案信息资源安全、准确地利用提供了技术保证,也为档案管理部门提供了很好的实践模式。

六、档案网站建设

档案数字化的目的主要是建立数据库,实现远程网络服务与利用,而档案网站就是很好的平台。数字化档案信息可通过网站使利用者不受时间、空间的限制,可进入档案管理系统查阅自己需要的档案信息。

档案网站是档案机构在公共信息服务网站上建立的站点,它一般是以主页方式提供相关档案服务和开展档案宣传。档案网站建设是档案信息化建设的重要步骤,是档案管理部门联系社会的重要窗口。档案网站的功能有服务功能、宣传功能、交流功能等。档案网站的主要内容是档案工作信息、档案机构信息、档案资源信息、档案利用服务信息。

网站建设的战略方针是"统一规划,整体建设,一步到位"。"统一规划"可以最大限度地避免信息孤岛；"整体建设"可以集约化实施,降低建设中重复开发的投入,以较少的花费搭建公共平台,并解决基层经费少、缺乏专业人才等问题。"一步到位"即使用统一的软件系统，能够事先考虑到档案资源的社会共享问题，避免将来在不同的软件和数据格式中出现的协调统一问题。

目前，各地档案信息网设立了"在线利用服务平台"，以"馆室一体化"为理念，面向政务网建立档案服务中心，具有馆藏资源检索、虚拟档案室、现行文件阅览、在线移交、在线答疑、在线咨询等多种功能，涵盖了档案工作各环节。档案数字化的关键内容是档案全文数字化，只有将档案全文信息公布在网上，才能真正发挥档案信息网络的作用，构建现代意义上的数字档案馆，使用户在足不出户的情况下借助网络查阅档案，获取档案信息。

档案信息网作为档案界一个新兴的专业网站，近年来虽然点击率不断增长，但是档案网站如何建设、管理和运作，如何能够吸引更多人的眼球，仍是一个必须不断探索、研究、解决的重要问题。

服务社会是档案信息网生存的必经之路。如上海档案信息网，截至2019年7月中旬总访问量达2960多万人次，这在全国的档案网站中访问量很大，这一名列前茅的访问量与该网站较强的社会服务功能分不开。上海档案信息网现有20多个栏目。"开放档案一站式查询""档案政务""政策法规""档案指南""查阅服务""档案博览""档案论坛"等栏目适应了市民不同查阅档案或政务信息的需要。还有"网上展览"等专题栏目，可以根据社会热点或国家时事重点将该馆档案资料整理形成专题产品不断地提供在网站，让市民在第一时间了解相关信息。此外，"软件下载""一网通办"等栏目，为社会各方面办理档案业务提供了方便。只有提供完善的服务才能引起社会的关注，上海档案信息网的成功证明了这个道理。

七、数字档案馆建设

数字档案馆是一个数字化的信息系统，它把分散于不同载体、不同地理位置的信息资源，以数字化的形式存储，以网络化的方式相互连接，从而提供即时利用，实现资源共享。数字档案馆是数字信息时代档案传递和利用的新途径。数字档案馆是指以二进制编码的数字方式存储、处理档案信息内容，并应用计算机通信和多媒体技术，提供电子网络检索和服务的档案信息系统，它采用现代高新技术进行支持，是档案信息的组织模式，代表的是一种信息环境和基础设施的构建，是超大规模的、便于使用的、没有时空限制的知识信息中心。

建设数字档案馆的动因来自外部和内部两个方面。从外部来看，一是电子政务的推动。随着电子政务的发展，各地政务部门都把档案信息资源作为政务信息的一个组成部分，进行统筹规划。二是档案信息化的推动。国家档案局在2002年提出了推进档案信息化建设的任务，2002年发布了《全国档案信息化建设实施纲要》，2011年发布《全国档案事业发展"十二五"规划纲要》，2016年发布《全国档案事业发展"十三五"规划纲要》，使数字档案馆的建设有了宏观依据，也有力地推动了数字档案馆建设的进程。三是信息技术的推动。信息技术的飞速发展，使其应用成本不断下降，应用普及越来越快，这就使得数字档案馆的建设有了现实的可能性。

从内部来看，一是档案接收的需要。随着计算机的应用和普及，各单位产生了大量的电子文件。按照2012年国家档案局发布的《电子档案移交与接收办法》及附件《电子档案载体标注内容》等规定，要求档案移交单位定期向同级档案馆移交电子档案。因此，若不采用信息技术建设数字化档案数据库，档案馆就无法实现电子档案的接收。二是档案管理与利用的需要。目前的办公环境基本都是数字化、网络化，档案馆若不加大数字化、信息化的建设，就无法将传统的档案管理业务固化在电子档案管理系统中，实现数字档案资源自动化管理，实现收、管、存、用的自动化。

数字档案馆是利用电子网络远程获取档案文件信息的一种方式,它强调的是在数字化档案馆环境下档案利用者利用档案信息资源的便利。

数字档案馆的主要特点有以下三点:

(1) 存在方式上,是一种无形的信息组织与利用环境;

(2) 运行方式上,是存取的档案信息的网络化;

(3) 功能定位上,以存取为中心。

数字档案馆与现行实体档案馆的关系:一是现行实体档案馆的馆藏档案是数字档案馆形成的基础;二是数字档案馆的出现对现行实体档案馆的馆藏建设提出了新的要求;三是数字档案馆为现行实体档案馆提供了新的管理和服务机制。两者不是替代关系,而是相互依赖、相互促进的关系。

数字档案馆与传统档案馆相比,有丰富的数字化资源、海量的存储空间、便捷的检索服务、快速的传输速度、高度开放、信息共享等优点,使传统档案馆望尘莫及。然而,它也不可避免地存在一些缺陷和不足,有的甚至可能是致命的缺陷,主要存在的问题包括以下五个方面。

1. 数字化档案的凭证价值问题

档案的基本价值有两个方面:凭证价值和参考价值,而尤以凭证价值最为重要。目前,人们对数字化档案具有参考价值这一点已无疑义,但是由于一系列技术和立法问题还未解决,数字化档案目前还不具备法律凭证效力。究其原因主要有两点:一是认识上的问题,数字化档案不具备"白纸黑字"的直观性,完全脱离了以往人们对档案"原件"的认识,从而引起人们对其原始性、可靠性的怀疑;二是技术上的问题,数字化档案具有易复制、易修改、易删除的特点,使得档案凭证价值降低。

2. 数字化档案信息的长期存取问题

数字化档案信息的长期存取问题是数字档案馆建设的一个具体而又棘手的难题。存储的介质材料的使用寿命、对设备的依赖使得数字化档案必须依赖于计算机设备才能读出,这个特征对其长期存取带来很多问题。

3. 数字化档案信息的安全问题

安全问题是计算机网络世界最难解决的问题,也是数字档案馆中的重大难题之一。数字档案馆虽然被称为"馆",但它的存在是虚拟的,计算机病毒、黑客等很容易对档案网络信息安全带来损害。

4. 数字档案馆建设的标准化问题

数字档案馆建设的目的是要使地区档案馆、全国档案馆乃至全世界的档案馆连成一个整体,以实现档案信息资源共享。这个整体性的数字档案馆事实上是一种基于网络环境下的数字化档案信息资源共享的社会档案馆系统,是由一个个相对独立的数字档案馆实体组成的。要对这分散在各地的数字档案信息资源进行组织控制,就必须要有彼此兼容的硬件环境,要有一致的文件格式、统一的著录标引标准、数据描述标准、元数据标准、全文数据库标准等。

5. 数字档案馆建设的投入与产出问题

数字档案馆建设存在着投入与产出不协调的问题。在市场经济下,数字档案馆不像数字图书馆那样经济收益大,但它的建设费用却要远远高于数字图书馆的建设费用。全国各个档案馆保存的档案几乎都是孤本,因而档案馆用于档案数字化的费用要比图书馆用于数字化的多,但是由于档案信息自身限制,利用率不高,因此在建设数字化档案馆时要注意投入与产出的比率。

总而言之,档案数字化是国际上档案信息管理的发展趋势,建设数字档案馆适应了当前社会发展的需要,符合电子政务迅速发展对档案工作的迫切要求。数字档案馆是符合当下实情的档案信息保管和利用的理想模式,它是充分运用计算机和网络等信息技术,对数字化档案信息实施有效控制和科学管理的档案馆,是电子政务与办公自动化的一个必不可少的组成部分,是信息社会中档案管理新模式的集中体现,代表着今后档案工作的方向。

任务二　档案数据库管理

◎ **知识目标**
- 掌握档案数据库管理的内涵及类型。
- 明确档案数据库的建设及管理流程。

◎ **能力目标**
- 能够明确档案数据库的内容等。
- 能够了解档案数据库的建设与开发情况。

◎ **思政目标**
- 培养学生与时俱进、创新开拓的职业精神。
- 培养学生敬业尽责、精益求精的工匠精神。

◎ **案例导入**

> 2013年上海市扩大民生档案查询"全市通办"种类并有序扩大受理点,居民可就近在任一社区的事务受理服务中心查询。2012年,上海市和区县档案局(馆)以档案服务民生为着力点,针对市民急需查询、各区又能提供的民生档案情况进行汇总,依据实际情况,加快纸质档案信息化,建立了与民生相关的专题档案数据库,基本建成"就地查询、跨馆出证、馆社联动、全市通办"民生档案远程利用服务机制。目前,上海共有五大类民生档案可供市民联网查询,包括婚姻登记、独生子女、知识青年上山下乡、知青子女返沪、支内等。
>
> (资料来源:上海民生档案查询年内覆盖全市,市民可联网查询[EB/OL].(2013-03-09)[2019-07-08]. http://sh.sina.com.cn/news/b/2013-03-09/091937470.html.)

建立档案信息专题数据库是档案工作为经济建设服务的一项新措施,是档案工作介入经济建设领域,为社会民生服务的一种新尝试,是不断挖掘档案信息,深层次开发、利用档案信息资源,发挥档案作用的有效方法。

◎ **任务训练**

活动目标

通过档案数据库的操作及管理训练,使学生掌握档案数据库管理与维护技巧。

活动组织

根据学生的情况灵活进行分组。

活动内容与步骤

（1）学生分组运用计算机，并讨论如何更好地进行数字化建设。

（2）结合关于档案数据库的具体运行使用情况案例，讨论我国档案数据库建设的现状。

◆ **理论支撑**

数据库技术是 20 世纪 60 年代末发展起来的一门信息管理技术，是公认的信息资源开发、管理和服务的核心手段。目前，数据库的建设规模、信息量大小和使用频率已经成为衡量一个国家信息化水平和综合国力的重要尺度。在我国各级的档案信息化规划中，档案数据库作为档案信息资源管理的核心工具，也逐渐得到广泛的重视。

一、档案数据库的内涵及类型

档案数据库是指在计算机存储设备上合理存放的、可以共享的、具有共同存取方式和一定组织方式的、相互关联的档案信息数据的集合。"相互关联""共同存取方式和一定组织方式""共享"是档案数据库的三个本质要素。

（一）档案数据库的内涵

档案数据库，从广义的角度讲，就是以特定方式组织起来的档案数据集合。具体地讲，就是为了满足多个利用者多种利用需求，按照一定的数据模型将本单位所保管的档案信息存储在计算机中以备使用的数据形式，可以从以下两个方面进行理解。

1. 数字档案信息的组成形式

按照一定的规范与标准将不同载体的档案信息，通过各种方式进行数字化后录入计算机系统，组成档案数据库的内容。支持利用者全文和多媒体信息检索需求，促进档案数据库的数据类型的拓展。

2. 档案信息系统的核心

数据库中存储的是一系列相互关联的档案信息数据，而不是杂乱无章的数据，这些数据包括档案题名、责任者、分类号、主题词、内容摘要等，还包括全文、图像、声音、影像等。这些相互关联的数据是经过调查、试验、统计、整理和归纳后得到的，并经合理分类和规范化处理之后，以记录的形式存储。

此外，档案数据库系统并不只是纯粹的档案数据的集合，还包括档案管理活动中的其他信息，这些信息可以在数据库设计过程中被纳入管理。例如，在使用工具进行数据库需求分析的时候，可以将许多业务流程方面的管理信息纳入数据字典；数据库的概念设计阶段经常使用的 ER 模型（Entity-Relation Model）要求仔细分析档案管理领域中各实体及各实体之间的联系，并据此建立档案数据库模式，通过这种设计方法得到的数据库通常还包括一些管理实体，如各类人员库、标准库、组织机构表、保管期限表、人员权限表、库房信息等，甚至还包括档案利用者信息，而其中相当一部分不属于档案本体数据所包含的范围。

（二）档案数据库的类型

1. 按照档案数据的加工深度来分

档案全文数据库、多媒体数据库属于档案一次信息。

档案目录数据库(机读档案目录库)属于档案二次信息,如案卷目录、文件目录、专题目录等分类数据库。档案目录数据库是存储在计算机内相互关联的按一定次序排列的档案目录数据的集合,它提供存储和检索档案信息,是利用者查阅档案信息的指南。档案馆建立档案目录数据库,是开发利用档案信息资源,实现计算机网络技术在档案信息管理应用中的基础和关键环节,是实现档案管理现代化的重要途径。

档案编研数据库、档案专题数据库属于档案三次信息。

2. 按照档案数据库的数据模型分类

按照档案数据库的数据模型可以将档案数据库分为档案文档数据库、结构化数据库、半结构化档案数据库、非结构化档案数据库等类型。

档案文档数据库有档案全文资源树(树状模型)。

结构化数据库有关系数据库、网状数据库、树状数据库、层次数据库等。例如,各类档案目录数据库。

半结构化档案数据库有档案元数据库、档案文本数据库。档案元数据库是使用某种半结构化数据库管理系统组织起来的,按照档案元数据标准采集、置标的数据库。档案文本数据库是使用某种半结构化数据库管理系统组织起来的,可实现全文检索的数据库。

非结构化档案数据库,如多媒体数据库等。

3. 按照档案数据库所用管理系统的品牌分类

按照档案数据库所用管理系统的品牌可分为以下五类。

VFP,是微软推出的可视化数据库管理系统。1992年收购FOX公司后改良其FoxBase而成的。此后不断升级,最新版本为Visual FoxPro 9.0。它提供了功能完备的工具、极其友好的用户界面、简单的数据存取方式、良好的兼容性和较强的安全性,是目前最快捷、最实用的数据库管理系统。

Access,是由微软发布的关联式数据库管理系统。Access是数据库引擎的图形用户界面和软件开发工具结合在一起的一个数据库管理系统,是Office套件之一,与Office集成,具有强大、灵活的数据管理功能,可利用Web检索发布数据,实现与Internet的链接,界面友好、易学易用,开发简单、接口灵活,适用于中小型系统,或作为C/S的客户端数据库。最新的版本为微软OfficeAccess2019。

SQL Server,是一个关系数据管理系统,具有使用方便、可伸缩性好、与相关软件集成程度高等优点,有微软开发和推广的关系数据库管理系统(Data Base Management System,DBMS),目前最新版本是SQL Server 2019。图形化用户界面,使系统管理和数据库管理更加直观、简单;丰富的编程接口工具,为用户进行程序设计提供了更大的选择余地;对Web技术的支持,使用户能够很容易地将数据库中的数据发布到Web页面上。

Sybase,是Sybase公司研制的RDBMS,它是基于C/S体系结构的数据库。它支持共享资源且在多台设备间平衡负载,允许容纳多个主机的环境,充分利用了企业已有的各种系统。

Lotus Notes,是目前最为流行的文档数据库系统,全面实现了对非结构化信息的管理与共享,数据是分布式管理,安全性较高,易于管理,在企业、政府办公自动化方面的应用越来越广泛。

二、档案目录数据库建设

档案数据库建设是信息化建设的主要内容和重点,尤其是档案目录数据库建设,它是档案信息化建设的起点,是开发档案信息资源的关键。

(一)档案目录数据库的结构设计

1. 确定档案目录数据库的著录项目

即确定字段、字段名。根据行业通用标准《档案著录规则》(DA/T 18—1999)以及各地区相关文件中有关著录项目的规定,主要著录项目包括正题名、责任者、时间项、分类号、档号、电子文档号、缩微号、主题词或关键词等必要项,其余为选择项,如附件、提要与附注等。

2. 确定每个著录项目的格式

确定著录项目的字段类型、字段长度和约束条件等,具体可参照各地文书档案文件级目录数据库结构域数据交换形式,例如,江苏省的《文书档案文件级目录数据库结构与数据交换格式》(DB32/505—2002)对著录项目的数据格式规定如表10.1所示。

表10.1 著录项目及数据格式

序号	著录项目	著录项目在计算机中的数据格式				说明（约束条件）
		字段名	字段类型	字段长度字节	允许空（NULL）	
1	分类号	FLH	Char	30	是	
2	档案馆代号	DAGDH	Char	6	是	
3	组织机构代码	ZZJGDM	Char	9	否	
4	档号	DH	Char	19	否	
5	电子文档号	DZWDH	Char	12	是	
6	缩微号	SWH	Char	9	是	
7	题名	TM	Var Char	120	否	
8	文件编号或文号	WH	Char	30	是	
9	责任者	ZRZ	Var Char	60	否	
10	稿本	GB	Char	10	是	
11	文种	WZ	Char	8	是	
12	密级	MJ	Char	1	是	统一使用数字代码
13	保管期限	BGQX	Char	1	否	
14	时间或成文日期	CWRQ	Char	8	是	要求合法
15	载体规格	ZTGG	Char	12	是	
16	载体类型	ZTLX	Char	12	是	
17	载体数量	ZTSL	Int	4	是	
18	载体单位	ZTDW	Char	2	是	
19	主题词或关键词	ZTC	Var Char	100	是	
20	全文标识	QWBS	Var Char	255	是	用于访问全文
21	主办部门	ZBBM	Var Char	60	是	多用户环境下用于控制数据访问权限
22	协办部门	XBBM	Var Char	255	是	
23	附注或备注	BZ	Var Char	120	是	

注:1. Char 为定长字符型,Var Char 为可变长字符型,Int 为整型;

2. 对不允许空值的著录项目,若无法确定输入何值时,可取"不详"等类似的内容代之。

（二）档案目录数据库平台的选择

选择档案目录数据库管理平台的要求是具有高安全性、良好的开放性、大数据量处理能力、操作简便、支持多用户共享，具有高性价比和适用性。

档案目录数据库属于结构化数据库，RDBMS 在可靠性、冗余度、一致性和并发控制等方面具有一定优势。因此，档案目录数据库通常选择主流的 RDBMS 作为建库平台。

目前，主流关系型 RDBMS 主要有：SQL Server、Oracle、VFP、Access 等，前两者要求操作人员具备丰富的计算机知识和扎实的数据编程功底，需要由计算机专业人员担当，价位相对高些，VFP、Access 是桌面数据库系统，管理者即使不了解编程也可方便地设计、构造数据库，后两者对操作人员的要求相对较低些。一般档案馆优先考虑 SQL Server，普通档案室可选择 VFP 或 Access，国家综合档案馆可考虑 Oracle。

三、档案综合管理系统开发

数据库作为管理系统知识数据的工具，为了有效地管理档案目录信息，通常需要在作为工具的"数据库管理系统平台"和"操作系统平台"上进一步开发"档案管理应用系统"（即应用软件），档案综合管理系统是一套集档案采集、档案管理、档案利用于一体的综合管理软件。该系统的应用可实现档案及档案材料的收集、鉴别、整理、保管、转递、统计、查阅等日常工作的数字化管理。档案综合管理系统的构建平台如图 10.1 所示。

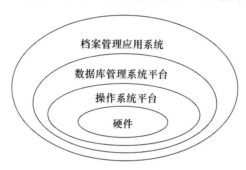

图 10.1 档案综合管理系统构建平台

（一）档案管理应用系统

档案管理应用系统，是指通过建立统一的标准来规范文件管理的系统，包括各业务系统的文件管理。目前，市场上有不少档案综合管理软件，应用于不同行业、不同种类的档案数据库管理，例如，人事管理软件、社保档案管理软件等。

档案管理应用系统主要包含六个方面内容：档案业务管理系统、档案采集系统、网上查阅系统、档案业务处理功能、基础信息维护及其他辅助功能。

1. 档案业务管理系统

档案业务管理系统主要用于实现业务档案管理工作中对业务档案、材料的收集、鉴别、整理、保管、转递、统计、查阅等功能，主要由四大模块组成，包括业务管理、信息管理、系统维护及管理工具。

2. 档案采集系统

档案采集系统主要负责完成对纸质档案材料的数字化采集处理工作。系统提供了目录整理、档案采集、档案审核、系统维护四大功能,并利用现代化网络技术,实现多人多客户端,对多本档案、不同材料同时进行采集,是一套高效、快捷的档案数字化采集软件。

3. 网上查阅系统

网上查阅系统是以组织系统专网为网络基础,采用 B/S 模式架构,在组织系统内部实现了本地及远程查档、阅档功能,并采用多种安全加密处理方式,确保系统运行安全可靠,达到单位内部或异地对档案的查阅要求。在查档过程中,系统进行全面的日志记录,对信息传输、用户访问、数据打印等进行了全面的安全设计。

4. 档案业务处理功能

系统中的档案业务处理功能紧密结合组织部门档案管理工作,完成日常档案业务处理功能。档案业务处理功能主要包括档案案卷管理、档案材料管理、档案零散材料收集、档案信息审核、任前档案审核等功能。

5. 基础信息维护

基础信息维护包括档案信息管理、不同类别档案数据管理、各种样式名册输出等,查询处理、统计分析,并以二维表、柱状图、名册等形式显示。

6. 其他辅助功能

其他辅助功能包括数据的发送、接收;数据的备份、恢复,用户管理、日志管理功能以及事务提醒等。

档案管理应用系统为企业事业单位的档案现代化管理,提供了完整的解决方案,档案管理应用系统既可以自成系统,为用户提供完整的档案管理和网络查询功能,也可以与本单位的 OA 办公自动化系统、DPM 设计过程管理系统,或者 MIS 信息管理系统相结合,形成更加完善的现代化信息管理网络系统。

(二)数据库管理系统

数据库管理系统是一种操纵和管理数据库的大型系统,用于建立、使用和维护数据库。用户通过 DBMS 访问数据库中的数据,数据库管理员也通过 DMBS 进行数据库的维护工作。它可使多个应用程序和用户用不同的方法在同时或不同时刻去建立、修改和询问数据库。该数据库管理系统主要有数据库的运行管理、数据组织存储与管理、数据库的保护与维护以及通信等功能。前两个功能尤为重要,其中数据库的运行管理主要负责 DBMS 的运行控制、管理,包括多用户环境下的并发控制、安全性检查和存取限制控制、完整性检查和执行、运行日志的组织管理、事务的管理和自动恢复,这些功能保证了数据库管理系统的正常运行。数据组织存储与管理功能是对各种数据进行分类组织、存储和管理,包括数据字典、用户数据、存取路径等数据。

档案管理部门采用的档案管理系统软件有利用 Access 开发的适合中小型系统关联性的档案数据库,或者基于关系数据库管理系统加应用软件的 SQL Server 信息系统。

随着大数据时代的到来,数据服务要面对 TB、PB 级别的数据量。一种基于非关系型 TRIP 数据库系统逐渐被应用到档案管理系统之中。档案馆要充分考虑到自身的数据分析需要、技术力量和馆藏资源特点等因素,选择恰当的开发方式,实现信息系统的建设。

(三)数据库操作系统及硬件

数据库操作系统(即 OS)是系统软件,而数据库管理系统(即 DBMS)是应用软件。一般

DBMS 是安装在 OS 上、DBMS 的数据管理可以用 OS 的文件管理，也可以向 OS 申请空间然后自己管理数据。目前流行的现代操作系统主要有 Linux、Windows、Windows Phone 和 Z/OS 等，除了 Windows 和 Z/OS 等少数操作系统，大部分操作系统都为类 Unix 操作系统，档案数据库多使用此类操作系统。

档案数据库的硬件设备一般包括计算机（包括 PC 机与 Mac 机）、服务器、数据录入设备、存储与备份设备以及网络服务设备等。

计算机的硬件设备包括中央处理器、主存储器、磁盘存储器、打印机、磁带存储器、显示器、键盘输入设备和鼠标等。

服务器指一个管理资源并为用户提供服务的计算机，通常分为文件服务器、数据库服务器和应用程序服务器。相对于普通 PC 机来说，服务器在稳定性、安全性、性能等方面都要求更高，因为 CPU、芯片组、内存、磁盘系统、网络等硬件和普通 PC 机有所不同。服务器有机架式、刀片式和机柜式三种。档案数据库一般使用机架式服务器多台，用于数据库部署和应用/Web 部署。

存储与备份设备包括扫描仪、磁盘柜与硬盘、磁带库、光纤及光纤交换机等。

思考与练习

一、案例分析

××市档案局一直重视民生档案专题数据库建设，先后投入了大量的人力和物力，采用内外结合、技术外包等形式，先后建立了山林土地、婚姻、移民知青等与老百姓相关的数据库。2018 年 9 月，××市档案局坚持"就近申请、远程出证"的原则，投入使用了民生档案远程利用平台。民生档案远程利用平台在全市范围 163 个查档窗口实现了全面覆盖，做到了市、镇、村三级联动查档，百姓只要携带身份证就可到各村、社区便民服务中心查询，让百姓足不出村（社区）就能查询土地承包、婚姻等与百姓息息相关的民生档案，大大方便了百姓办事。截止到 2019 年 10 月，该平台已为 53 人次提供了民生档案查询服务。下一步，××市档案局还将丰富民生档案查阅内容，推出包括农民建房、收养、二胎生育审批、病残儿鉴定、计生奖励扶助、学籍和劳动模范等七类民生档案。

结合案例分析纸质档案数字化的社会意义及数字化建设原则。

二、技能题

秘书常丽是一家证券公司的档案室资料员，公司积累了大批的客户资料，现公司为方便管理客户资料，领导让常丽负责将以前的纸质客户资料扫描录入计算机，建立以客户为检索目录的专题目录数据库。你认为常丽应该如何着手设计此数据库建设？

综合训练

纸质档案数字化

实训内容

给学生提供相应的纸质档案案卷资料，让学生按照纸质档案数字化的要求和标准进行纸质档案数字化操作。

实训目的

通过实训，使学生了解档案数字化流程中的要求，练习使用扫描仪、数码相机、计算机等数字化设备，掌握档案数字化技能，以适应实际的档案管理工作。

实训地点

档案实训室。

实训组织

学生分成若干组,每组发一份待录入的案卷,要求学生进行上机操作。

实训过程

(1) 教师讲解档案数字化的标准与基本要求。

(2) 教师演示扫描文件格式的转化,文字识别、保存等技巧,讲解操作要求。

(3) 学生分组操作:依照整理后的档案实体顺序进行档案的扫描,依据案卷档案号进行文件夹管理,同时依次按照件号进行文件命名。

(4) 讨论纸质档案数字化应有何标准与注意事项。

◉ **法规阅读**

(1)《纸质档案数字化规范》(DA/T 31—2017)

(2)《录音录像档案数字化规范》(DA/T 62—2017)

参 考 文 献

[1] 王英玮,陈智为,刘越男.档案管理学[M].4版.北京:中国人民大学出版社,2015.
[2] 唐明瑶,刘益芝.档案管理[M].北京:科学出版社,2013.
[3] 王英玮.专门档案管理[M].3版.北京:中国人民大学出版社,2017.
[4] 冯惠玲,刘越男.电子文件管理教程[M].2版.北京:中国人民大学出版社,2017.
[5] 肖秋会.档案信息组织与检索实验教程[M].武汉:武汉大学出版社,2016.
[6] 张虹.档案管理基础[M].4版.北京:中国人民大学出版社,2019.
[7] 楼淑君,钟小安.档案管理实务[M].2版.重庆:重庆大学出版社,2018.
[8] 冯惠玲,张辑哲.档案学概论[M].2版.北京:中国人民大学出版社,2006.
[9] 陈琳.档案管理技能训练[M].2版.北京:机械工业出版社,2015.
[10] 黄隆洋.建设工程档案基础[M].重庆:重庆大学出版社,2012.
[11] 贺存乡.信息与档案[M].杭州:浙江大学出版社,2010.
[12] 甘霖,刘满成.信息管理系统[M].南京:南京大学出版社,2017.
[13] 杨戎,黄存勋.文书处理与档案管理[M].上海:华东师范大学出版社,2013.
[14] 王芳.数字档案馆学[M].北京:中国人民大学出版社,2010.
[15] 金波,丁华东.电子文件管理学[M].上海:上海大学出版社,2015.